中国当代图书馆
馆 长 文 库

书眉集

图书馆的传承与变革

李西宁 著

上海科学技术文献出版社
Shanghai Scientific and Technological Literature Press

图书在版编目（CIP）数据

书眉集：图书馆的传承与变革 / 李西宁著．—上海：上海科学技术文献出版社，2016

（中国当代图书馆馆长文库）

ISBN 978-7-5439-7110-3

Ⅰ．①书…　Ⅱ．①李…　Ⅲ．①图书馆工作—文集　Ⅳ．①G25-53

中国版本图书馆 CIP 数据核字（2016）第 150842 号

责任编辑：刘　娴
装帧设计：许　菲

丛书名：中国当代图书馆馆长文库
书　名：书眉集——图书馆的传承与变革
李西宁　著
出版发行：上海科学技术文献出版社
地　　址：上海市长乐路 746 号
邮政编码：200040
经　　销：全国新华书店
印　　刷：上海中华商务联合印刷有限公司
开　　本：850×1168　1/32
印　　张：9
字　　数：201 000
版　　次：2016 年 10 月第 1 版　2016 年 10 月第 1 次印刷
书　　号：ISBN 978-7-5439-7110-3
定　　价：45.00 元
http://www.sstlp.com

作者简介

李西宁，1966年生于青海省西宁市，祖籍山东省成武县。1988年毕业于山东大学汉语言文学系，研究生学历。1988年到山东省图书馆工作，历任副馆长、馆长，现任山东图书馆副馆长，山东省文化共享工程中心主任，研究馆员。兼任中国图书馆学会理事，中国图书馆学会阅读文化研究委员会主任，山东省图书馆学会常务副理事长，山东省青年新闻工作者协会副主席，山东省青少年基金会理事，山东省艺术科学协会常务理事，山东省尼山书院秘书长。武汉大学特聘研究员，曲阜师范大学客座教授，文化部优秀专家。

主持编辑了《山东省图书馆馆史资料汇编》《五三惨案资料汇编》《山东省图书馆志》《古本十三经》等。撰写了《人淡如菊——张元济传》《唐弢与读书》《血荐中华》和《喜马拉雅探险》，点校了《大金国志》《契丹国志》等著作。

出版说明

当前，我国正在实施推动社会主义文化大发展大繁荣、建设社会主义文化强国的战略国策。作为积聚知识、传播信息的当代图书馆活动，在公众生活中正发挥着越来越重要的作用；而活跃在当代中国图书馆活动第一线的各位馆长，则肩负着推动国家与民族文化建设的历史责任。他们在致力图书馆管理实践的同时，还在各自的专业领域从事着多种学术研究，在文献资源建设、创新图书馆发展、社会文化服务等不同领域，形成了众多研究成果，并得到了图书馆界同仁的认可。

上海图书馆所属的图书馆杂志社与上海科学技术文献出版社，多年来致力于图书馆业界的宣传推广，努力成为图书馆事业发展的前沿阵地。为此，两单位联袂发起、编纂系列丛书《中国当代图书馆馆长文库》，旨在汇集出版当代中国著名图书馆馆长的主要学术成果，记录改革发展进程中我国图书馆事业的发展轨迹，宣传当代中国图书馆活动的科学实践，交流源于实践一线的当代图书馆学最新成果。希望能够为未来的中国图书馆活动提供理性的参考，也为当前全国的公共文化建设提供一份助力。

《中国当代图书馆馆长文库》的各位作者，作为图书馆转型时代的亲历者和领航人，他们的知与行，见证了当代图书馆事业大变革的历程，缔造了当代图书馆事业大变革的格局。读者能从中感受到领航者激情开拓、坚守志业的精神和风骨。与此同时，《文库》还收录了部分馆长的散文随笔，让读者于他们的信手闲笔中，更多地发现思想的渊源和所能抵达的美妙境界。

希望《中国当代图书馆馆长文库》能够成为记录中国当代图书馆事业家思想结晶的碑版，成为传播当代中国图书馆事业家智慧成果的媒介。

序

王余光

由于专业相近，我经常读到西宁兄所写的关于山东文献或山东所藏文献方面的文章，颇多收益。近日，西宁兄将这方面的论文结集为《书眉集》，行将付梓。读这部文集，观其内容，大略有以下几端：

首先是关于古籍的版本、流传与收藏的研究。如《古代类书提要五种》《论〈四库禁毁书丛刊〉对〈四库全书〉文献体系的完善与贡献》《千卷类书〈册府元龟〉》《皇家秘籍〈吕氏家塾读诗记〉》等。

其次是关于馆藏珍品文献的研究。如《珍稀奇丽的宋刻巾箱本〈万卷菁华〉》，这部宋刻曾经是元代书法家鲜于枢家的插架之物，后一直深藏皇宫天禄琳琅之中，世人难以窥见其真实面目，大约在20世纪60年代收藏于山东省图书馆。《馆藏宋刻本〈文选〉流传纪略》，原为王懿荣所藏，王氏殉国后，此书递经其子王崇焕及马官和、张景轼等收藏，现存山东省图书馆，已成为馆内的珍贵藏品之一。这方面论文讨论这些珍品书籍的版本、价值、流传与收藏情况，对版本目录学极有参考。

第三是关于山东文献的研究。如《海内孤本明万历〈兖州府志〉》《〈聊斋志异〉手稿闯关东传奇》《稿本〈聊斋文集〉旧事》等。关于《兖州府志》的流传，西宁兄有一段很生动的文字加以记录：

> 明万历《兖州府志》的失传一直为诸多学者所惋惜，没想到这本珍贵古书会在农贸市场意外出现。一天，山东巨野县文化馆

的干部老王去离县城不远的一个农贸集市上赶集时发现一位头发花白的农妇在卖一只老母鸡，老母鸡旁边一个很不起眼的竹篮子里还放着一摞古书，书纸很白，开本很大。老王好奇地翻阅了一下，原来这摞古书是一套地方志——由明代大学士于慎行所编的《兖州府志》。他喜欢读书，平时对古籍版本学有些了解，从感觉上知道这套书的出版年代比较久远，打算把它买下来。农妇索价不高，她说这个纸很好，自己曾裁了几页做鞋样，因生活困难，不得不把它卖点钱，购买油、盐、火柴之类的生活用品。最后老王便以几元钱（一说3元、一说5元）连鸡一起买了下来。后来老王把这部国内现存的孤本书捐献给了山东省图书馆。

第四是关于山东省图书馆老馆长、文献学家王献唐的研究。文集收有《王献唐〈硖江行卷〉补证》《王献唐〈山居图〉琐谈》《齐鲁文献珍宝播迁往事》等。王献唐先生是我国现代著名的历史学家、考古学家、图书馆学家和版本目录学家，自1929年出任山东省图书馆馆长，着力文献收藏、筹建新藏书楼“奎虚书藏”。当日本侵略军逼近济南时，为使大量珍贵的文物、图书免遭劫难，他求亲靠友，甚至把自己的收藏品卖掉拼凑运费，将省馆珍藏的善本书和文物，辗转万里，运至四川后方保存，对山东省图书馆有着不可磨灭的特殊贡献。西宁兄一直以文献学研究为专长，又长期担任山东省图书馆领导，我想他这样的身份，对王献唐的认识与理解，要比其他研究者更为深刻。在这组文章中，作者并不是对王献唐学术的探讨，而是就王氏的诗、画加以补正与评点，及抗战前夕山东省图书馆珍品文献文物入川过程的记述。这不仅是对一位老馆长的纪念，也是对先贤贡献的崇敬与表彰。

西宁兄长期任职于山东省图书馆。该馆以历史悠久、馆藏宏富而著称，其中以齐鲁方志专藏、海源阁专藏、易经专藏等为海内翘楚。齐鲁方志海内现存约600种，而该馆馆藏528种，善本58种，《(万历)兖州府志》则为海内孤本。海源阁专藏计2 319种32 378册，约占海源阁现存藏书的三分之二，并有较多名人手迹，如林则徐、翁同书、吴式芬、钱仪吉、许瀚等人的书札。收藏易经文献 1 317 种，总计 2 205 个版本，近万册。另外，该馆收藏的唐人写经卷、宋刻蝴蝶装《文选》、宋刻巾箱本《万卷菁华》、蒲松龄手稿《聊斋文集》、王士祯批校《昆仑山房集》稿本等，均为传世珍品。正是依据这样丰富的馆藏，西宁兄写出了一篇篇精彩的文献学论文，嘉惠图林。我也曾多次去过山东省图书馆公差，在西宁兄的指引下，参观过奎虚书藏与古籍书库，为该馆宏富的古籍收藏、良好的馆舍与科学的管理赞叹不已。

在本书《海内孤本明万历〈兖州府志〉》一文开头，西宁兄写道：今年(2009)济南的夏天，雨水格外的大，下雨之前天气闷热多潮湿，使人易生烦躁。在或雨或热的夜晚，我常以读书破烦解暑。读前辈学者的绝妙文字，“冰雪满怀清兴孤”，诚一大乐事也。

今年北京夏季亦闷热潮湿，现已过立秋，但酷热仍未消退。在电脑前读西宁兄《书眉集》，亦如西宁兄当年的心境，“冰雪满怀清兴孤”，诚一大乐事也，诚一大快事也。是为序。

2015 年 8 月 12 日于北京大学畅春园

目录

1 序（王余光）

上篇　风·实践研究

3 公共图书馆在开拓创新发展先进文化中的责任与担当

11 以文献征集和研究为重点，建设儒学文献中心

18 积极打造优秀传统文化服务品牌

29 探索古籍保护工作的“五位一体”新模式

38 山东省公共数字文化建设取得的成就及面临的主要问题

50 区域性馆际协作与藏书发展

59 山东新修方志的分期及特色

66 古代类书提要五种

86 论《四库禁毁书丛刊》对《四库全书》文献体系的完善与贡献

118 王献唐《硖江行卷》补证

中篇 雅·善本故实

129 珍稀奇丽的宋刻巾箱本《万卷菁华》
134 馆藏宋刻本《文选》流传纪略
141 名山宝籍明内府刻本《道藏》
147 海内孤本明万历《兖州府志》
152 掖县《永乐大典》佚卷始末
156 明代泥金写本《大方广佛华严经》
162 千卷类书《册府元龟》
167 色彩炫目的闵凌套印本
172 皇家秘籍《吕氏家塾读诗记》
178 海源阁旧藏《湘山野录》
182 刺血写本《华严经》
187 泰山磁版《蒿庵闲话》
193 《聊斋志异》手稿闯关东传奇

199 稿本《聊斋文集》旧事
207 清宫廷画家冷枚《十美图》品鉴
211 《曹操集》遗落的残编断句
216 王献唐《山居图》琐谈

下篇　颂·纪念序跋

223 从涉园涵芬楼到东方图书馆
231 齐鲁文献珍宝播迁往事
237 卢松安先生与易庐易藏
251 哲人其萎　遗泽永长
255 《唐弢与读书》卷首语
258 《血荐中华》前言
263 《喜马拉雅山探险》前言二则
267 《契丹国志》《大金国志》校点后记

270 后记

上篇

风·实践研究

风　如切如磋，如琢如磨

瞻彼淇奥，绿竹猗猗。
有匪君子，如切如磋，
如琢如磨，瑟兮僩兮，赫兮咺兮。
有匪君子，终不可谖兮。

《卫风·淇奥》

公共图书馆在开拓创新发展先进文化中的责任与担当*

历史告诉我们，任何一个国家的发展，都是由经济、政治和文化三者相互促进、相互协调构成的。先进文化往往作为一种“扩大了的生产力”，为经济发展和社会文明进步奠定了坚实的基础。人类历史上经济发展的黄金时期往往同时也是文化领域推陈出新、创新繁荣的时期。而文化的百家争鸣时期，也往往会为新时代的到来提供新的先进思想，成为新时代的先导。在近现代中国，没有辛亥革命后中国大地上蓬勃兴起的新文化运动，就不可能有马克思主义的传播，也不可能有中国共产党的诞生。没有真理标准问题的大讨论，就不可能出现思想解放运动，也不可能出现改革开放的大好局面。文化对促进经济增长、增强综合国力、培育民族精神、提高人的素质、推动社会全面进步具有基础性、战略性作用。因此我们要继承中华优秀文化传统，汲取世界各类文明成果，树立既符合社会主义精神文明建设的特点和规律，又适应社会主义市场经济发展要求的新的文化发展观，并以此通过文化显现的力量，坚定中国人民的理想、信念，培育民族

* 本文原载于《戏剧丛刊》，2003 年第 6 期，第 9—10 页。

精神、提高人的素质、促进经济增长、增强综合国力、推动社会全面前进。

我们一方面要看文化产品是不是具有先进文化的品质。另一方面注重文化产品的形态属性，同时又要重视文化产品的产业属性。文化产品的意识形态属性和产业属性是紧密相连的，占领市场和占领意识形态阵地是统一的，社会效益和经济效益是一致的。只有更好地占领市场，才能更多地占领阵地。只有更好地搞好服务，才能更好地体现价值。才能最大限度地发挥文化的先进性作用，始终保持与时俱进的精神状态。从继承优秀传统文化和群众生活实践中获取发展动力，这是历史赋予我们文化工作者的神圣使命。因为，经济转轨期的价值体系与行为方式，要靠先进文化为之创新；中国特色社会主义的现实进程，要靠先进文化的指引和激励；价值观念的更新和生产力的发展，要靠先进文化的推动。

1. 图书馆在发展先进文化中的地位和作用

建设和发展先进文化是建设小康社会的重要内容，是发展基础和思想保障。文化作为综合国力的重要组成部分，不仅仅是手段，也是目的。而图书馆在先进文化为社会进步创造精神动力和智力支持的过程中起着不可替代的作用，提供了强有力的支撑，被称为知识桥梁、信息枢纽、终身学校、文化基地。人民思想道德素质、科学文化素质的提高，形成比较完善的国民文化教育体系、科技和文化创新体系；满足人们不断增长的文化需求，营造全民学习，终身学习的学习型社会等，无不与图书馆有着密切关系，其作用和地位主要体现在以下几个方面。

（1）图书馆是保存先进文化的宝库

图书馆具有保存人类优秀文化遗产的职能，集中存储多种文化载体，是收藏先进文化的基地，这包括传统优秀文化和西方优秀文化。以山东省图书馆为例，截至 2002 年底，我馆共收藏各类文献 453 万册。其中中文图书 2 865 185 种，中文期刊302 780 种，中文报纸 1 225 515 份；古籍 745 654 册，其中善本20 万余册；外文图书 253 295 册，外文报刊 168 006 册，构成了山东省文化资源的基础，积极为社会文明发展提供文献保障、智力支撑，在政治、经济、文化和社会发展中作用不断增强。

① 传承优秀传统的文化：这些珍贵典籍集中入藏保存体现了对本民族文化的继承和延续，它的开发和保存体现了对先进文化的发展。

② 借鉴优秀的世界文化：外文是了解世界、面向世界的窗口，这些文献集中体现了世界文化的珍贵遗产，是我们汲取人类优秀文化、发展先进文化的基础。

（2）图书馆是传播先进文化的枢纽

① 用先进技术传播先进文化：从世界范围看，21 世纪是信息时代，信息将成为比资本更重要的因素，它具有强大的竞争力，谁拥有信息，谁就拥有了财富和力量，拥有发展经济、文化的主动权。图书馆不但是社会最主要的信息存贮场所，更重要的是信息与用户之间的桥梁。而先进的计算机技术为传播信息发展先进文化提供了条件，二者的结合，使其先进性更加突出。图书

馆强化了现代化技术的应用。

② 图书馆公益性使之成为公民终身的学校，成为宣传党的政策、创建学习型社会、倡导读书的重要阵地。图书馆的服务具有广泛性、全民性、全程性、自由性等特点，这是其他教育宣传机构所不能代替的。当人类进入 21 世纪，科技飞速发展，要改变人们的思维方式、生活环境，就要不断学习，提高科学文化水平和身体素质，成为人们的第一需要，图书馆必然肩负起这个重任，成为真正的“没有围墙的大学”和终身学习教育的基地。

（3）图书馆是发展先进文化的基地

① 文献的开发、咨询就是创造了文化信息的产品，提升了文化价值，扩大了文化的传播范围，资源共享以及“文化共享工程”的实施，为先进文化发展开拓了新的途径。图书馆把海量的信息汇集加工，构成庞大的信息库，使之从无序变为有序，由无形的财富变成有形的产品。

② 文献整理、学术研究的开展为先进文化做出了贡献。如“中华善本再造工程”是文化部牵头进行的一个宏大的文化保护工程。旨在“传本扬学、继绝存真”，保存优秀的中华传统典籍，并使之化身亿万、普惠天下。我馆藏善本近 20 余万册，海源阁 2 319 部 32 378 册，这次计 11 种入选第一批国家珍贵古籍选目。而全国各地的地方性珍籍的“善本再造”也引起了有关专家和领导的高度关注，现在四川等地在地方财政的支持下省级的“善本再造”已经启动。

2. 改革和创新是发展先进文化的不竭动力

创新和改革是一个民族赖以生存和进步的法宝，在竞争日益激烈的今天要求发展，要求进步，只有创造和改革才能实现。图书馆作为社会公益性事业单位，作为民族文明、先进文化的重要传承者，若要在新环境中求得生存发展，同样离不开改革和创新。《中共中央关于完善社会主义市场经济体制若干问题的决定》（2003年10月14日中国共产党第十六届中央委员会第三次全体会议通过）指出："十、深化科技教育文化卫生体制改革，提高国家创新能力和国民整体素质，深化文化体制改革。按照社会主义精神文明建设的特点和规律，适应社会主义市场经济发展的要求，逐步建立党委领导、政府管理、行业自律、企事业单位依法运营的文化管理体制，转变文化厅行政管理部门的职能，促进文化事业和文化产业协调发展。坚持把社会效益放在首位，努力实现社会效益和经济效益的统一。公益性文化事业单位要深化劳动人事、收入分配和社会保障制度改革，加大国家投入，增强活力，改善服务。"为改革创新、发展先进文化指明了道路。

（1）加大投入

① 加大国家投入的力度。用活国家对文化事业的支持和扶持政策，积极争取国家投入随经济发展指数而稳定增长的基础上，努力创新，开拓服务新领域，围绕中心任务和工作加大新课题、新项目的立项，争取专项经费的投入。

② 广开社会捐助之门。图书馆作为社会公益性单位，在做好

文献服务同时，以先进文化和读者需求为导向，传播先进文化的新职能，广泛举办公益性活动。如：讲座、展览、报告主动参与社会公益性推介活动。增强社会对图书馆公益性的认识，争取更多的企业和个人参与其中，关心公益事业，利用图书馆的文化品牌，达到双赢的目的。不但广开了捐助之门，强化其社会责任感，也扩大了我们自身的影响。

③ 增加文化产业的亮点。积极加大文化产业的发展，以产业促事业，以产业助事业。一方面强化社会效益，拓展服务领域，积极开展惠民活动。近年来，我馆及全省图书馆利用文化广场举办文化消夏活动，开展公益活动社会办，据不完全统计文艺团体演出 59 场，电影 120 场，讲座 112 次，展览 300 场，人数 475 万人。我们图书馆到馆读者人数由年初的日千人，到现在的日均 3 000 至 4 000 人，取得良好的社会效益，对公益活动商业化运作进行了良好的尝试。另一方面引入社会资本，作为多渠道发展图书馆事业的重要内容，并纳入图书馆发展的长远规划之中。主要以协议方式引入社会资本进行文献信息、数据库建设开发；以合作方式共同研制信息产品；以合作方式进行联合办学等，运用所有权和经营权分离的原则，充分发挥效益，推动图书馆事业可持续发展。

（2）增强活力

① 人事制度改革。把以人为本，公平竞争的理念引入人事工作中，建立科学合理的用人机制，实行全员聘任制，竞争上岗制：首先，科学设岗，明确岗位职责；其次，因岗立制，规范行为；第三，实行聘任，双向选择，合理流动；第四，坚持考核，定期评定。

② 分配制度改革。首先，建立分配激励机制，根据岗位高低、工作量大小、责任轻重、贡献大小、工作态度好坏发放津贴，把“活津贴”用活。其次，把奖金的发放权下放到部室，并向特殊岗位倾斜，调动积极性，促进工作的开展。

③ 业务流程改革。依据图书馆事业自身特点，结合实际，考虑到事业发展和社会需求，理顺业务流程，细化每个工作环节，规范操作，明确职责，建立科学、高效、规范的管理模式。

④ 改革进程把握。改革是有成本的，将改革的力度和人们的可承受能力发展的速度有机地结合起来，将业务改革体现的“责”，人事改革体现的“权”，分配改革体现的“利”三者有机地结合起来。显现竞争激励和责任约束的统一，改革创新和继承发展的统一。

（3）改善服务

我们必须始终认识到图书馆一切工作的出发点和落脚点都应该放在服务上，服务是一切工作的根本，服务是图书馆永恒的话题，也是图书馆安身立命、事业发展之本。没有服务，图书馆就失去了存在的价值。但随时代的进步和社会发展，传统意义基础服务和阵地服务已不能适应社会的需要，应变被动服务为主动服务，拓展服务领域，结合社会和读者需求发展，结合新技术应用，结合新理念阐发，做到服务愿望和服务效果的统一，服务需求和服务水准的统一。

（4）人才培养

严把进人关，从调查需求到编制计划，以及遴选人员、面试答辩、审查报批、到入馆教育、见习考察、定岗定责以及随读学习等形成一系列规范，通过培训、辅导、自学、课题研究等方式，进行专业技能教育。鼓励大家立足岗位出成果，结合工作写论文，培养有广博知识、高素质的管理人才和学有所成、专业技术精湛的专业人才。争取用5—10年时间培养2—3名在全国范围内有一定知名度的学术专家，培养5—10名在省内知名的学术带头人，促进事业的发展。

3. 结语

总之，我们作为图书馆的工作人员是代表山东9 000万人民管理图书文献，管理代表先进文化的载体，必须要认清身上肩负的历史责任。另外，图书馆是政府举办的公益性单位，体现了党和政府对广大人民群众文化生活的关怀，图书馆的工作要时刻牢记，我们通过自己的服务把党和政府的关怀送到群众心坎上，图书馆的服务是满足人民终身学习的需求以及渴望知识、提高素质、发展自身的要求，本身就体现了人民群众的利益。我们必须解放思想，与时俱进，恪尽职守，勤勉工作，抓住机遇，不断延伸服务的领域，为发展先进文化作出自己的贡献。

以文献征集和研究为重点，建设儒学文献中心*

根据省文化厅实施“大师引进工程”，在省图书馆等“四馆”聘请名誉馆长的工作安排，山东省图书馆聘请原全国人大副委员长许嘉璐担任省图书馆名誉馆长。我馆结合许嘉璐副委员长研究领域和馆藏优势，邀请省内高校、科研院所等专家，召开座谈会，进行研究讨论，充分梳理当前制约我馆事业发展的因素，结合实际，充分发挥大师引领作用，提出解决问题的方案和措施。同时，开展国内外儒学文献普查征集，打造“儒学文献中心”，推动学术研究，多出成果，多出人才，带动图书馆人才培养，推动事业发展。

1. 当前制约我馆事业发展的主要问题

山东省图书馆创建于清宣统元年，至今已走过了百年的历程。经过一个世纪几代人的辛苦经营，山东省图书馆文献藏量丰富，基础业务扎实，但在影响力、知名度、数字化水平方面与国内先进图书馆相比仍有很大差距，主要体现在以下几个方面：

---

* 本文为 2013 年名誉馆长许嘉璐先生视察图书馆时汇报稿的节选。

一是我馆馆藏文献丰富，但文献开发、课题研究能力不足，具有影响力的成果不多。体现了我馆研究人才短缺、对学术研究重视不够，缺乏规划的现状，亟须通过大师引领，带动我馆学术研究，加强学术人才队伍建设。

二是基础业务扎实，但知名度不够高。我馆有着丰富的馆藏文献和良好的服务队伍，在阵地服务、延伸服务以及古籍保护、共享工程建设等方面取得了显著成绩，但在国内同类公共图书馆中的知名度还不够高，这也体现了我们工作的创新性和学术研究缺乏业界影响力。

三是业务和学术领军人物和拔尖人才欠缺。领军人物和拔尖人才是事业发展的决定因素之一，其榜样作用和引领作用是非常重要的。我馆历史上曾出现过王献唐、屈万里、路大荒等具有影响的学者，带来了图书馆学术繁荣事业发展，由于诸多因素影响，学术人才存在青黄不接的状况。

四是现代化水平和数字化服务水平亟待提高。目前，我馆已经实现了办公和服务的自动化，但在新技术应用、数字化服务等方面还需加大力度，如自助图书馆、手机图书馆、触摸屏等应用还不够普遍，自建数字资源还需进一步加强，文献数字化水平不够高等，这些都需要在以后的工作中逐步解决。

2. 以文献征集和研究为重点，打造儒学文献中心

在许嘉璐先生的指导和引领下，集中人力，广泛开展国内外儒学文献普查征集，打造国内外知名的“儒学文献”收藏服务中心。同时加强“儒学文献中心”的学术课题研究和成果出版，充

分发挥大师引领作用，培养一批在国内图书馆界，乃至学术界有影响的学术带头人和高层次人才，全面提升我馆在全国学术和服务方面的竞争力、创新力和影响力。

首先，山东省建设儒学文献中心的优势。

山东省建设儒学文献中心，是在新形势下提出的新设想，具有现实意义和前瞻性。山东省图书馆作为儒学文献萃集之地，有责任、有义务也有条件来完成这一使命。总的来说，我们具有以下三个方面的优势：

一是“大师引进工程”为我们提供了坚实的基础支撑。省文化厅“大师引进工程”顺利实施，许嘉璐先生受聘为我馆名誉馆长，实现了“引进高端人才”，带动事业发展的目的，为我馆儒学文献中心的建设提供了最好的基础支撑。许嘉璐先生是我国著名学者，长期从事古代汉语、训诂学、音韵学、《说文》学、古代文化学、应用语言学等方面的教学和研究工作，取得了很多成果，是享誉国内外的学术大师。许嘉璐先生的研究方向与儒学和儒家文化是非常契合的。

二是山东省作为儒学发源地，地域人文优势雄厚。山东是儒家思想的发源地，两千余年来，从儒家五圣到新儒学代表人物牟宗三，儒家代表人物层出不穷，儒学文献丰富浩繁，研究成果丰硕。而且，长期以来，在山东大地上形成了以儒家思想为核心的，既重传统又尚革新，具有丰富历史内涵的极具厚重的齐鲁文化，是中华民族传统文化的缩影。山东作为儒家文化的发源地，具有浓厚的人文环境，在我国传统文化传承发展中占有重要的历史地位和文化地位，具有建设儒学文献中心得天独厚的地域人文优势。

三是山东儒学研究繁荣，有利于形成合力。目前，国内儒学研究推广机构众多，仅山东就有孔子基金会、孔子研究院、山东大学儒学高等研究院、山东师范大学齐鲁文化研究中心、尼山圣源书院等儒学研究推广机构。儒学文献中心的建设就是要结合这些良好的儒学研究推广平台，广泛开展国内外儒学文献调研普查，促进海外儒学文献的回归，汇集文献资料，服务儒学研究推广。同时，依托省图书馆的丰富馆藏，与山东大学儒学高等研究院的学术研究中心和尼山论坛等国际学术推广交流中心并举，形成资源、研究、推广联合体，资源共享，优势互补，相得益彰，形成儒学研究推广的整体合力，促进儒学文献资源的全面开发利用，夯实儒学国际研究推广的基础。

第二，山东省图书馆建设儒学文献中心具备的条件。

一是馆藏儒学文献十分丰富，特点突出。

山东省图书馆藏有古籍 75 万册，近 12 万部，其中儒学文献约有 5 600 余部，这些文献主要有以下特点：

馆藏宏富。仅儒家经学著作就有 5 000 余部，其他如儒家理论著作有 500 余部，儒家历史资料有 100 余部。

特色突出。山东省图书馆馆藏的儒学文献中，以易学、小学文献最为突出。本馆的易经专藏，是海内外屈指可数的一座易经文献宝库，约有 1 317 种，近 1 万册。小学类著作多达 1 500 余部，约占馆藏经学著作的 30% 。本馆还藏有一批独具特色的金石文字类著作。如清邵元瀚《古籀韵编》《汗简韵编》稿本，民国王献唐撰并批校的《临淄封泥文字叙目不分卷》等，不仅是海内孤本，亦是山左金石学雄厚实力之展现。

珍品迭现。山东省图书馆馆藏的儒学文献中，不乏珍品。仅以易学、小学类文献为例，易学文献有元刻本 2 种、明刻本 67 种。此外还有自清初以来的各种抄、稿本约 90 种，其中很多都是传世很少的珍本。

我馆还有民国及解放后的儒学及儒家文化类图书、报纸、期刊等大量儒学文献。另外我馆现有数据库中也包含有大量儒学文献，可以辑出加工，作为儒学文献数据库的建设资源。同时，还可通过购买数据库的方式，进一步充实儒学文献数字化馆藏。

二是良好的硬件和软件资源。

我馆现有古典文献学及相关专业博士后 1 人，博士 4 人，硕士 17 人，人才队伍配备优势明显。自 2009 年以来，全馆职工发表专业论文 134 篇，出版专著 14 部，国家级、省级科研立项共 9 项，科研项目获奖 8 项，具备较高的科研能力。

我们非常重视文献数字化工作，硬件设施较为完备，配有专业数码相机、拍摄架、扫描仪等。近年来参与了四川大学《儒藏》项目、山东大学《山东文献集成》和《子海》项目的选目、扫描、点校等工作，在书目遴选、版本鉴定和古籍数字化方面积累了宝贵经验。

3. 儒学文献中心建设思路

总体目标：建设国内最完备、国际知名的儒学文献收藏服务中心。

在许嘉璐先生指导带领下，以科学发展观为指导，以建设文化强省，促进民族复兴为宗旨，广泛开展国内外儒学文献调研普查，加强与山东大学儒学高等研究院的学术研究中心和尼山论坛等国际学术交流中心的合作，通过普查、征集、研究、出版等手段，经过5年努力，建成集普查、收藏、研究、出版、服务“五位一体”的儒学文献体系，建设国内最完备、国际知名的儒学文献收藏服务中心。

建设思路：

一是成立专门工作机构。成立“山东省图书馆儒学文献中心”，围绕总体建设目标积极开展工作，主要承担工作规划、业务指导及儒学文献的调研、普查、征集、学术研讨、项目策划、学术交流和成果出版等工作。机构挂靠在省图书馆办公室，抽调专职人员3—4名，结合各部门兼职人员8—10名，同时外聘专家、研究人员10名，负责具体工作的实施，如方案制订、内外协调和中心日常工作等。随着工作的深入开展和许嘉璐先生的工作研究需要，每年确定招录、引进专业人才，逐步扩充，形成不同课题的专业团队。

二是建设儒学数字图书馆。在收集整理文献，充实中心实体媒介资源的同时，利用现代新兴计算机技术和网络技术，开展儒学文献数字化，建设资源丰富的儒学文献全文数据库，以及易学、小学等不同类别的特色资源库，面向国内外提供开放性服务。在此基础上，建设儒学数字图书馆，搜集、加工、购入海内外儒学文献数字化成果，经过几年努力，形成国际儒学数字文献服务的重要阵地。

三是启动两个专项计划。制订“海外儒学文献回归计划”和“齐鲁珍贵地方文献回归计划”两个专项计划，由省文化厅启动，在省委、省政府的关心支持下，面向国内外，通过复制、扫描、拍照、胶片及采购、协议共享等方式，广泛开展山东省未藏儒学文献和地方珍贵文献的调研普查和征集整理工作。同时，鼓励海外人士和国内民间收藏人士，以捐赠的方式，促成儒学典籍的回归。尤其要注重海外儒学文献的调研征集，充分利用世界各地已公开发布的数字化资源、书目数据（如日本早稻田大学的中文古籍已在网络公开发布），通过免费阅览、下载等方式，调研普查并收集海外文献。通过采集访求、购入等方式，充实儒学文献中心文献总量，在此基础上整理出《儒学文献目录》，搭建起儒学文献收藏框架，为开展儒学文献研究整理和开发利用工作打下坚实基础。

四是推出一批高水平的具有国际影响力的成果。积极申请国家级、省级项目，整理出版珍稀儒学文献及珍贵齐鲁地方文献具有归纳总结意义的项目，为建设经济文化强省提供精神智力支持，推出代表文化繁荣发展的标志性文化出版成果。尤其儒学重点文献，主要是对历代钞刻的经文、经注、经解、经说著作结集出版，推出一批高水平的具有国际影响力的成果，如《山东儒学珍本丛刊》《〈论语〉集成》《〈孟子〉集成》《〈尚书〉集成》《易学集成》等。建立学术交流平台，依托《山东省图书馆学刊》，编辑《儒学研究》专刊，推动儒学文献的深度研究。

积极打造优秀传统文化服务品牌*

2014年五月份以来，为充分发挥山东公共文化阵地特别是公共图书馆在传承文明、教育群众、引领风尚中的重要作用，继承弘扬中华优秀传统文化，培育践行社会主义核心价值观，省文化厅在全省公共图书馆系统创新推进“图书馆＋书院”模式，积极发展社区儒学和乡村儒学，推行优秀传统文化的创造性转化创新性发展，取得了明显成效。

1. 充分认识尼山书院建设的重要意义

作为文化教育机构，书院和现代图书馆同样具备着保存典籍文献、教化育人、研究传播等职责，在文脉传承、教育推广、人才培养等方面发挥着重要作用。将现代公共图书馆和传统书院有机结合，在全省公共图书馆推进“图书馆＋书院”模式，就是要进一步提升图书馆文献收藏、整理、研究、提供以及社会教育的职能，进一步发挥公共图书馆传承教化的文化功能，弘扬优秀传统文化和社会主义核心价值观。

---

* 本文为 2014 年 8 月 24 日全省现代公共文化服务体系建设工作会议发言稿。

第一，建设“尼山书院”，是传承中华优秀传统文化的重要举措。中华文化积淀着中华民族最深沉的精神追求，包含着中华民族最根本的精神基因。发挥山东优秀传统文化底蕴深厚的优势，通过现代公共图书馆和传统书院有机结合的服务模式，开展一系列经典诵读、礼乐教化、国学讲坛、教学培训等活动，强化以文化人、以文育人的功能，使图书馆在提供传统公共文化产品的基础上，成为教化人、培育人、引导人的文化重镇和精神殿堂。

第二，建设“尼山书院”，是弘扬社会主义核心价值观的重要抓手。通过“图书馆＋书院”的服务模式，系统开展传承弘扬传统优秀文化活动，把社会主义核心价值观切实融入现代公共文化服务体系、民族民间优秀传统文化传承体系，使广大群众特别是青少年在潜移默化中深化对社会主义核心价值观的认识，做到入脑入心，做社会主义核心价值观的践行者、传播者。这是为民族复兴，成就“中国梦”而凝神聚气、强基固本的基础工程。

第三，建设“尼山书院”是回应群众热情，引导“国学热”健康持续发展的需要。从社会现实看，是群众心灵的需要，人民生活的需要。据不完全统计，目前全国已经有1 500多家书院，除了几个古老的书院纳入大学体系，其余的书院大都为民办，几百万的儿童、少年、青年和老年人在里面学习，很多家长愿意让孩子接受传统教育或国学教育，一定程度上说明整个社会对传统文化的需求十分强烈。需求是引导，使之健康发展，满足群众的新的文化需求。

第四，建设“尼山书院”，是提高公共文化服务能力的有效途径。近年来特别是筹备十艺节的几年来，全省各地公共文化设施，特别是公共图书馆建设得到了显著提升，总数达到153个，其中国家一级馆76个、二级馆42个，为群众提供公共文化服务的硬件条件得到极大改善。但也存在着日常服务手段不够丰富、传统服务项目吸引力不强、馆舍利用效率不够高的问题。山东拥有古籍近300万册，其中945部国家珍贵古籍、7 791部山东省珍贵古籍，数量非常可观。这些宝贵的资源大部分“沉睡”在图书馆中，没有实现有效利用，如何使古籍文献“活”起来，也是摆在我们面前的重要课题。通过“图书馆＋书院”的服务模式，将有利于公共图书馆开拓思路，转变观念，增加服务总量，拓宽服务领域，创新服务方式，提高服务能力，增强对群众的吸引力和凝聚力。

2. 科学规划，务实求新，推进基础设施建设

根据文化厅《关于在全省创新推进“图书馆＋书院”模式建设“尼山书院”的决定》，坚持“开拓思路、创新服务，部门主导、社会参与，因地制宜、实事求是，循序渐进、典型带动”的原则。

一是规划布局，建构服务体系。在“尼山书院”建设上，我们坚持不新建设施，设备家具务求简朴，服务活动务求效果。根据《“尼山书院”建设与服务标准》，在“六个一”和“五个板块”的落实上下功夫，在板块的落地和活动的策划上积极实践探索。在硬件设施上，做到“六个一”，即全省各级图书馆“尼山书院”都有一个统一标牌，一尊孔子像，一个国学讲堂，一个道德

展室，一个国学经典阅览室或阅览区，一个文化体验室或活动区。在活动内容上，主要有“五个板块”：一是经典诵读。广泛开展群众性经典阅读、经典诵读活动，推动经典诵读进学校、进社区。二是国学普及。通过延请当地专家学者开办国学知识讲座，向群众普及国学知识。三是礼乐教化。通过播放视频、现场表演等形式，进行礼仪教育，普及雅乐和礼仪知识。四是道德实践。举办道德模范人物讲座、先贤英模人物展览，深入社区、养老院、儿童福利院开展敬老尊贤助残等公益活动。五是情趣培养。广泛开展琴棋书画和传统民间艺术传承活动，现场演示碑刻拓片、古籍修复等传统文化知识，通过文化体验和专业培训，培养群众的高雅文化情趣。在前期专家充分讨论论证的基础上，我们结合大明湖国学分馆区域建设尼山书院，建设国学资料借阅、济南日军受降陈列、国学数字资源欣赏查询、讲座辅导、金石研究体验等内容，设立借阅一体的“读书堂”，拓展图书馆的服务领域；在布局上，突出重点，开设国学讲堂、研修堂、专家阅览室、六艺互动体验中心、山东金石保存所等，体现书院礼乐教化，授业解惑，研修明伦功能；设备环境上，体现书院特色和儒家文化，突出孔子以及先贤像等元素符号，配置“六艺”如射圃以及琴、棋、书、画、茶艺等培训互动必备的设备，增强体验色彩，传习传统文化，动静结合，相互呼应，相得益彰，构成了相对完善的服务体系。

二是设施设备建设全面推进。2013年，我们完成了“奎虚书藏”二楼多功能厅、金石研究体验区、专家阅览区等的装修。今年初完成了书院主体楼的外部改造，制作了“尼山书院”匾额。近日，我们完成了“奎虚书藏”二楼国学课堂、多媒体教室、国学资料室以及书院楼内部装修工程，并为书院楼和老年人阅览室配备了空调设施。家具已完成基本配备，一些配套设施如射圃、琴棋书画等，也已基本安装完成。同时，完成了国学阅览区前期文献资料配备，打造国学经典借阅，今年共采购国学相关书籍5 000余种7 000余册，并从总馆调配《四部丛刊》等新印古籍3 000册，另外，孔子像、道德展室正在积极筹备。

3. 标准先行，同步推进，软件建设成绩明显

一是标准化规范化建设初见成效。要把尼山书院模式全面推广到各地，规范化标准化建设是关键。我们积极推动尼山书院软件及各项标准的制定工作，起草《“尼山书院”建设与服务标准（试行）》；拟订《尼山书院讲读专家库》，涉及山东人文社科协作体、中华文化学院、尼山论坛相关专家学者116名；参考梁启超、胡适、顾颉刚、鲁迅等著名学者的国学推荐书目，拟订《尼山书院推荐书目》，兼顾成人与儿童，共选书14大类293部；按照文献普及性和阅读层次，拟订《尼山书院必备书目》，共选书7大类500种；制订《“尼山书院”先贤英模事迹展览设计草案》，涉及展览主题、设计、方式和内容等；正在讨论制定《尼山书院基本设备目录》和《课程建议大纲》。

二是活动实践开展卓有成效。按照尼山书院建设省图书馆先行先试的原则，我们坚持边设计边论证，边建设边开放的原则，对条件已成熟、可操作性强的先行先试，前期效应显现。以“尼山论坛·明湖高端对话”举办为契机，积极开展业务活动。三场明湖高端对话在尼山书院成功举办，许嘉璐副委员长出席首场对

话，同时举办“馆藏金石拓片展”、“泰山经石峪金刚经拓片展”、“奎虚书藏与名人展”等展览以及古代传统印刷技术体验、传拓技艺体验等活动，提高了社会关注度。同时国学讲堂日渐升温，自5月底以来，国学讲堂已举办讲座23场，内容涉及诗经、论语、弟子规、雅乐、书法、射艺、中医等，内容覆盖面广，每个月国学讲堂的讲座都提前排定，在网站公布。另外，体验培训活动收到社会欢迎。7月开始，面向少年儿童的尼山书院国学体验夏令营开营，已举办两期120余名孩子参加，开设了诵读《论语》、《弟子规》、八段锦、古琴知识及赏析、中华射艺、梅花拳表演、手语舞、传统礼仪、古籍知识等。通过读经典、听讲座、习书法、赏六艺等活动，孩子们纷纷表示“传统文化是做人的根本，让我们明白了应该培养良好的品格，要懂得知恩图报，要孝敬父母，觉得非常有意义”。另外，共享工程配合书院推动暑期国学电影放映，两个月仅省图书馆放映《孔子》等国学主题影片32场，服务群众2千余人。从书院业务活动开展看，目前，省图书馆尼山书院已经对经典诵读、国学普及、礼乐教化、道德实践、情趣培养五大板块进行了初步实践，受到了群众的热烈欢迎。省图书馆尼山书院被国家古籍保护中心授予“中华优秀传统文化实践基地试点单位”称号。

近日，我们正在积极筹备系列文化体验活动如艺术体验日活动、六艺体验活动，以及茶艺、古琴、射艺、太极拳等；展览活动如抗战文献珍品展、抗战受降展、百年馆史展等；金石保存所的活动如金石拓片书画精品展、古籍修复展示与体验等。

三是推动尼山书院社会化效果显现。尼山书院要建设好服务好，一方面要依靠整合我们多年来已经成熟的品牌资源和活动，如我们的朗诵活动、讲座、展览等，另外更重要的是利用社会资源，提高书院的社会化水平和影响，让社会更多的团体、机关、组织和个人参与到传统文化的弘扬和传承中去。面向社会公开征集尼山书院徽标、对联，招募书院志愿者和艺术团团员，群众报名踊跃；8月22日，我们召开尼山书院徽标、对联专家评审会，确定了入选徽标和对联；尼山书院网站建设基本完成，设国艺学堂等8个栏目，40个子栏目，首批推送1万种国学文献，2千种视频服务读者，将在9月3日正式开通。除加强与各级各类公共图书馆、学校图书馆的合作外，结合山东实际，还要通过签订协议、提供平台、整合资源、共建共享等方式，强化以下几方面的合作：一是与山东大学儒学高等研究院、社科院、孔子研究院等社科协作体，开展学术合作；二是与书法家协会、美术家协会、朗诵家协会以及作协、戏剧家协会等社会团体合作，丰富书院的活动内容；三是与教育厅、妇联、团省委等政府机关合作，推进国学进校园进家庭；四是与媒体合作，共同策划活动，扩大影响力，只有不断提升社会化水平，实现共建共享，尼山书院才能最大化发挥其传承和教化的作用。通过一系列举措团结吸引更多的社会力量，共襄盛举。

四是吸引社会力量，融合资源，推进尼山书院理事会管理结构建设。尼山书院建设不仅仅是一个部门，一个单位的事，而是全社会的大事，是涉及广大群众教育文化权益的大事；尼山书院的管理也是如此，需要吸引社会力量，让更多的机构团体参与进来，这样才能进一步融合资源，提高尼山书院的社会化水平，提升社会影响力，更好地发挥尼山书院在弘扬传统文化、传承国学方面的重要作用。

同时，根据尼山书院山长许嘉璐先生的指示，尼山书院理事会正在积极筹备中，起草了《尼山书院理事会章程》，并将于9月3日举行尼山书院理事会成立大会。省文化厅作为政府平台，理事会作为民间平台，山东大学儒学院作为学术支撑，共同推进尼山书院的建设与管理。尼山书院理事会在充分融合山东大学儒学院、山东人文社科协作体的基础上，将更多地吸收社会力量来参与。尼山书院理事会将作为尼山书院的议事和决策机构，对山东省文化厅负责，理事会负责确定尼山书院的发展规划，行使尼山书院重要业务发展事项的议事权和决策权。尼山书院实行理事会运行管理机制，主要是为实现以下目的：

一是科学决策。整合社会力量，延请专家学者，集思广益，在理事会管理机制下，共同研究尼山书院的发展战略和发展规划，对尼山书院建设的事业发展进行决策，制订科学合理的发展计划，指导尼山书院的正确发展方向。

二是科学管理。在理事会机制下，形成常规议事制度，对尼山书院的人事、财务、业务、活动以及考核机制等日常管理，通过召开理事会会议，集体讨论，制订科学的管理制度，形成有效的管理机制，为尼山书院的运行提供基础性保障。

三是科学发展。尼山书院的建设，弘扬优秀传统文化，传承国学绝不能局限于一时一地，书院的发展要从山东走向全国，走向世界，这是我们的责任和义务。要发展就不能盲目，要有计划，要有目标，有实施。通过理事会制度，共同商定尼山书院下一步发展计划和业务发展方向，因地制宜地制订发展目标，更好地协调整合各方面力量组织实施。

4. 探索活力机制，提升服务水平，真正让图书馆“活”起来

关于下一步工作思考，关键是积极尝试，勇于探索，循序渐进，注重实效。

一是注重体系建设，推动管理和服务标准化。探索创新运行机制和运行模式，加强活动策划和项目设计，完善尼山书院理事会机制；逐步建立全省尼山书院联盟，最终形成覆盖全省、运转规范、服务有效的“尼山书院”公共文化服务网络体系。在理事会机制下，制订建设、服务、活动、教材、流程、考核等方面统一的参考标准。开展骨干培训，加快书院建设速度，为下一步尼山书院援疆积累经验，利用公共文化服务体系，打好“书院”文化牌。

二是加快尼山书院师资队伍建设。在招募志愿者作为师资力量的前提下，加强与山东人文社科协作体的合作与统筹，发挥协作体在学术研究、教学指导、教师培训、示范引领等方面的作用。第一，加强与山东大学儒学院在培训教师、专家授课等方面的合作，省图书馆尼山书院打造形成模板，引导各市充分利用本地高校人才、社会人力资源，推动书院师资队伍建设；第二，充分利用协作体学术资源优势，对尼山书院讲习教材、授课模式等进行专题研究，整体设计，提高书院办学水平；第三，借助协作体的师资力量对尼山书院志愿教师加强培训，提升业务水平，提高讲课的基本能力；第四，动员专家教授充实到尼山书院教师队伍中来，到各地尼山书院讲课，带动书院整体授课水平的提高。

三是加强珍贵典籍的开发利用。一方面，围绕《论语》等典籍和馆藏经典制订讲授计划，系统推进，让经典以喜闻乐见的形式走进群众，讲好山东故事、中国故事，让图书馆的典籍真正活起来。另一方面，充分发挥尼山书院学术阵地作用，利用馆藏文献典籍优势，整合学术研究力量，挖掘珍籍文献，加强学术研究，推动文献整理出版如《山东儒学文献珍本丛刊》等。

四是推进数字化建设，引入新技术，拓展服务领域。完善尼山书院网站，通过整合、采购等方式，充实网站资源，打造网上书院。建立国学数字资源数据库，通过不同终端和多媒体服务，建设国学数字图书馆，扩大服务人群范围。设置安装全省讲座直播系统，让讲座、各类课程实现全省共享，同步直播，同时根据数据分析了解群众的反馈，提高针对性，满足群众需求。

五是增强趣味性和互动性，力求接地气，入人心。借助雅集、笔会、讲读会等载体，通过诵读、音乐、书画等形式，让大家轻松地去感知传统文化，吸引人们来图书馆参与文化体验；开展流动服务，举办流动讲座、流动国学图书馆等，使书院的服务更加便利，走进群众；与院团结合推出“尼山书院艺术体验日”，开设小舞台，采取传统折子戏排练、演出、教学等方式，丰富书院的教育学习内容和形式，用传统优秀戏剧形式传播国学，宣传历史上道德伦理代表人物和故事。

六是加强宣传推介，提升影响力。借助《山东图书馆学刊》平台，编辑《尼山书院增刊》，作为学术交流、工作探讨和宣传推介的重要平台和窗口。充分利用省文化厅十大宣传平台，及时反映尼山书院的新动态、新发展，展示新成果、新业绩，推广新经验、新做法，把“尼山书院”推向全国，扩大“尼山书院”的社会影响，形成孔子故里独有的特色与优势，使“尼山书院”成为知名的文化品牌，为提高中国文化软实力和国际影响力，实现中华民族伟大复兴的中国梦作出新的贡献。

探索古籍保护工作的“五位一体”新模式*

自2007年2月“中华古籍保护计划”正式实施以来，在全省各公共图书馆、博物馆、高校图书馆等古籍收藏机构的大力支持下，我们建立了集普查、修复、展示、研究、利用“五位一体”的古籍保护工作体系，古籍保护事业不断发展。

1. 古籍普查深入开展

古籍普查是古籍保护事业的基础工作，是做好古籍修复、古籍展示、古籍研究的前提。经过近6年的努力，枣庄市、东营市、烟台市、潍坊市、威海市、日照市、德州市、临沂市等8个市已率先完成普查工作；藏量过10万册的曲阜师范大学图书馆也已率先完成古籍普查工作。我馆已完成各类古籍共22 120部约22万册的完整数据普查，完成国家中心要求的六项普查共20 329部约20万册古籍的基本普查，完成普查量占馆藏总量的56% 。目前，全省91家单位和个人已完成普查数据92 038条，2012年6月已向国家古籍保护中心提交普查数据62 233条，是全国提交普查数据

* 本文为2012年7月20日在第十五期全国古籍修复技术培训班上的发言。

最多的省份之一。上述工作的完成，得益于有效的组织和协调以及机制体制建设。

（1）建立五个“一”普查机制

普查机制是开展普查工作的基础，我省从一份文件、一个机构、一套方案、一次会议、一次评优五个方面建立、健全全省古籍普查工作机制。

一是发布一份文件。起草并报批《山东省人民政府办公厅关于进一步加强古籍保护工作的意见》（鲁政办发［2007］81号），这是全国第一份关于古籍保护工作的地方性文件，是我们开展工作的政策依据。

二是成立一个机构。经省编办批复，成立“山东省古籍保护中心”，负责统筹安排全省古籍普查、古籍培训、古籍修复、古籍研究等各项工作，是全国成立较早的省级中心之一，为全省古籍保护奠定了组织基础。

三是制定一套方案。制定《山东省古籍保护工作方案》，对我省古籍的普查范围、任务分工、工作步骤、工作要求等进行了详细的规定，为我省古籍普查指明了方向。

四是举办一次会议。每年举办一次“全省古籍保护工作会议”，对全省古籍工作进行统筹安排。至今已举办了6次，这在全国也不多见，有力地协调了全省各系统收藏单位的古籍普查工作。

五是评选一次先进。每年评选全省古籍保护工作先进单位和先进个人，自2008年起已连续进行了四年。自2011年度开始，表彰级别由省古籍保护中心升格为省文化厅，极大地提高全省各古籍收藏单位工作的积极性。

（2）建设人才队伍机制

我省高度重视古籍保护人才队伍建设，通过国家、省、市三个层次，培训管理、普查、修复三个系列人才，形成了精干的古籍管理队伍、古籍普查队伍、古籍修复队伍。

一是积极争取走出去培训。省中心积极与国家中心联系，千方百计为我省争取国家级培训班的名额，全省总计派出 70 余人次到全国各地学习，参加古籍鉴定、编目、平台建设、分省卷编纂、碑拓传习、修复等各类培训，极大地开阔了我省从业人员的视野。

二是坚持举办基地型培训。省中心以山东省图书馆为基地，以山东大学等优势资源为依托，坚持每年至少举办一次古籍培训班。6 年来，自主或合作举办古籍普查、版本鉴定、编目、平台建设、修复等各类培训班 8 次，累计培训 500 余人次，全省古籍从业人员基本轮训一遍，大幅度地提高了从业人员的业务水平。

三是实行分级培训。省中心积极支持和帮助各地市古籍保护中心举办一系列培训班，使古籍保护工作真正走进基层，走近群众。先后派员到“烟台威海潍坊第一期古籍普查培训班”、“淄博市古籍普查和保护培训班”、“省暨济南市古籍保护培训班”授课，提高了基层从业人员的专业技能。

（3）创立三级名录体系

省中心坚持以国家和全省名录申报、评审为抓手，鼓励各市开展本地名录评审工作，带动全省古籍普查工作全面、深入开展。截至目前，山东省已建立国家级、省级、市级三级珍贵古籍名录保护体系，并不断完善。

一是积极参与国家级名录申报工作。自 2007 年以来，山东省古籍保护中心积极组织并参加了四批《国家珍贵古籍名录》及“全国古籍重点保护单位”的申报工作，已有 945 部古籍入选前三批《国家珍贵古籍名录》，13 家单位被评为“全国古籍重点保护单位”，入选数量位于全国前列。山东省图书馆有 500 部古籍入选《国家珍贵古籍名录》。

二是较早开展省级名录评审工作。我省先后评审并公布了两批《山东省珍贵古籍名录》及“山东省古籍重点保护单位”，共有 6 203 部古籍入选《山东省珍贵古籍名录》，28 家单位被评为“山东省古籍重点保护单位”，为其他省的评审工作提供了借鉴。山东省图书馆有 2 718 部古籍入选《山东省珍贵古籍名录》。

三是率先启动市级名录评审工作。省中心大力鼓励有条件的市评选本市的《珍贵古籍名录》，在全国率先启动了市级名录的评审工作。2010 年 10 月，烟台图书馆公布了《烟台市珍贵古籍名录》，这是我省第一个市级珍贵古籍名录，也是全国第一个地市级古籍名录。之后，《日照市珍贵古籍名录》《莱芜市珍贵古籍名录》相继公布。目前，《潍坊市珍贵古籍名录》也即将完成。

2. 古籍修复稳步推进

古籍修复是古籍保护的最终目的，是对古籍进行原生态保护。我省古籍藏量巨大，虽然保护条件正在不断改善，但因年久失修难免会出现酸化、脆化等不同程度的损毁，修复任务艰巨而又迫切。面对严峻形势，2008 年 2 月，山东省古籍保护修复中心正式成立。2009 年 12 月，被国家古籍保护中心评为首批“国家级古籍修复中心”。山东省古籍保护修复中心坚持硬件建设和软件建设两手抓、重点项目和日常修复两结合，古籍修复工作稳步推进。

（1）硬件建设和软件建设两手抓

加大投入力度，提升硬件水平。2008年以来，先后投入150余万元，购置智能型古籍字画清洗装置、纸浆补书机、拷贝台、压平机、切纸机、晾纸架、活动木墙、裁纸机、纸张纤维测试系统、超声乳化装置、修复除尘机等10余台套，极大地改善了古籍修复的硬件条件，为开展工作奠定了坚实的物质基础。

请进来走出去，提高业务能力。坚持请进来，聘请有45年修复经验的国家级古籍修复专家潘美娣女士担任山东省图书馆古籍修复专家，采用“师带徒”这一传统的授业模式，对我馆6名年轻的古籍修复人员进行了手把手现场教学与指导，提高了古籍修复人员的操作能力。适时走出去，千方百计争取国家中心举办的古籍修复培训机会，先后派出10余人次参加古籍修复基础班、提高班、西文文献修复班等，提高了修复人员的知识水平。

（2）重点项目和日常修复两结合

以重点项目为带动，提升修复水平。2010年7月，修复中心启动宋刻本《文选》修复重点项目，形成七大创新。该项工作运用项目管理的理念，获得2011年度全省艺术科学重点课题立项，形成一整套项目管理及修复方案；引入专家论证会制度，先后召开“修复宋刻本《文选》专家论证会”、“宋刻本《文选》装帧形式专家论证会”对修复工作进行论证；建立试修本制度，选择破损程度、纸张与待修古籍类似的古籍作为试修本，按照《文选》

修复的流程进行修复；预做装帧形式，在充分征求各方意见的基础上，预作装帧形式三种：蝴蝶装、黄装、册页装，经专家论证最终确定为册页装；建立完备的修复档案，保留影像、照片、文字三种资料；以科学检测为依据，运用高科技的检测仪器对纸张进行初步检测和跟踪检测，为修复工作提供科学依据；建立科学报告制度，形成了《山东省图书馆珍贵古籍保护与修复研究报告——山东省图书馆藏宋赣州州学刻本〈文选〉保护与修复研究报告》一书。该项工作开创了“中华古籍保护计划”实施以来修复一级古籍的先河。

3. 展示宣传亮点频现

古籍保护不单纯是图书馆、文化系统的工作，而是全社会的责任，要将古籍保护的观念深入到每一个公民心中，唤起全民保护文化遗产的意识，展示古籍保护成果就成为古籍保护工作中必不可少的环节。

自2007年以来，山东省古籍保护中心已连续6年在“世界遗产日”举办展览，如“馆藏海源阁珍品展”、“山东省入选首批《国家珍贵古籍名录》珍品联展暨《中华再造善本》珍品展”、“山东省图书馆馆藏珍品展”、“古籍修复技艺展暨中国书史展”等，逐渐形成一个展厅、多方展示、多元宣传的格局。

（1）着力打造册府琳琅专题展厅

2011年底，山东省图书馆建立了全国公共图书馆中最早的古籍保护成果专题展厅——“册府琳琅”。该展厅以“四库全书”为壁，以古典家具为饰，以数十个展橱为传统展示空间，以触摸屏为现代化的展示手段，使读者置身于中华典籍的长河中，感受到中华古籍的厚重与博大，氤氲着浓厚的书香气息。

（2）公藏与私藏相结合多方展示

为了扩大社会影响，全方位、多样化地展示全省古籍保护成果，“册府琳琅”展厅的展览采取公藏展览与民间展览相结合的方式，既接洽全省各古籍收藏单位，也吸引民间的收藏力量。

该展厅揭牌以来，先后举办了“海源遗珍”暨“《文选》蝶变”大展、“第二批《山东省珍贵古籍名录》珍品联展”、抗战时期孔府保护山东珍贵文献特展等三次大型公藏展览；举办了“书香·玉韵·君子风——中国古玉精品展”等私藏展览。展览先后吸引了包括孔子79代嫡孙孔垂长先生等社会各界观众前来参观，普及了古籍保护知识，扩大了古籍保护工作的影响，取得了良好的社会效果。

（3）多形式、多媒体、多元宣传

多种形式宣传。我们的展示宣传，既有展览这个平台，又有活动这个形式；既立足于册府琳琅展厅，又设法走出去联合办展，坚持多形式宣传。2012年9月，与国家图书馆、中国孔子研究院在曲阜联合举办“论语回故里——历代《论语》珍本展”，文化部副部长王文章、台湾新党主席郁慕明等2 000余人参观。11月，与山东省文明办、中国孔子基金会、山东广电总台国际频道联合主办“和谐天下——首届国际《论语》知识大赛”，吸引了来自蒙古国、喀麦隆等海内外500余人参加，被多家媒体报道，形成良好的社会反响。

多媒体宣传。为扩大展览影响，山东省图书馆精心策划从平面媒体报纸到立体媒体电视台、从传统媒体报纸电视到现代媒介微博手机等全方位、多元化、立体交叉全覆盖的宣传新模式。展览通过《大众日报》、齐鲁电视台、山东省图书馆微博等多媒体宣传，对图书馆公益性服务的品牌化运营进行有益探索，也为我国古籍保护工作如何走出图书馆、走向社会做出了有效的尝试。

4. 古籍研究利用结出硕果

古籍保护的最终目的和归宿是研究利用。山东省古籍保护中心经过认真探索，逐渐形成了“确立项目，相互结合，强化联合”的研究模式。

（1）坚持每年确立研究项目

省中心以项目为依托，不断提升研究能力。自 2008 年起每年至少确定几个重点项目： 2008 年编辑《山东省珍贵古籍名录（第一批）》和《山东省古籍重点保护单位（第一批）》；2009 年编辑出版《山东省图书馆馆藏珍品图录》《王献唐师友书札精选》，影印出版《十美图》，举办“王献唐、屈万里、路大荒学术研讨会”；2010 年撰写《山东省珍贵古籍叙录》；2011 年文化厅课题《珍贵古籍抢救性修复技术研究》结项；2012 年编辑《山东省古籍重点保护单位暨山东省珍贵古籍名录（第二批）》。

（2）兼顾技术与理论结合

围绕古籍保护的内容，搞好结合。一是技术研究，即探索古籍保护与修复技术，提升古籍保护手段。近年来，先后与山东省丝绸研究所、山东省纸张研究所、济南市产品质量监督检验所等部门联合进行技术研究，提升实践水平。二是理论研究，目前主要进行目录学、版本鉴定、山东地方文献的理论研究，提升理论水平。通过实践与理论的结合，培养技术全面，具有一定理论水平的古籍保护人才。

（3）实施再生保护的联合

即联合高校、科研单位、出版社，共同进行古籍的开发与利用。如与山东大学共同进行《山东文献集成》的整理，自 2006 年至 2011 年先后出版四辑。2011 年，与山东大学合作整理与出版国家级项目《子海》。2006 年，与国家图书馆出版社合作出版《丛书人物传记资料类编》，2011 年，又合作《山东图书馆稀见方志丛刊》项目；2012 年，与齐鲁书社合作出版《十三经古注》，这些出版项目使馆藏珍贵古籍走出书斋，化身千百，服务更多人群。

（4）古籍整理数字化服务群众

我馆历来重视古籍服务利用工作，完成珍贵古籍数字化达 504 种，目前，正在整合数字化古籍资源，拟在网上发布，免费给广大读者服务。

我们将再接再厉、扎实工作，力争尽早完成普查、认真做好修复、创新展示形式、深入搞好研究，进一步完善“五位一体”的古籍保护模式，不断开创古籍保护事业的新局面，为建设经济文化强省贡献自己的力量。

山东省公共数字文化建设取得的成就及面临的主要问题*

党的十八届三中全会明确提出了“构建现代公共文化服务体系”的要求。构建现代公共文化服务体系，是深入贯彻落实科学发展观，开创经济、政治、文化、社会“四位一体”的社会主义建设新局面，实现全面建设小康社会奋斗目标的重要任务。公共数字文化建设作为构建现代公共文化服务体系建设的重要组成部分，是当前网络化、数字化、信息化大环境下现代公共文化建设的新阵地，是利用信息技术拓展现代公共文化服务能力和传播范围的重要途径。

1. 当前公共数字文化建设的重要意义

近年来，党中央、国务院做出一系列关于构建现代公共文化服务体系建设的重大战略部署，公共文化服务体系建设呈现出蓬勃发展的良好态势，文化事业投入大幅增长，公共文化基础设施发展迅速，一批重点文化工程取得丰硕成果，覆盖城乡的公共文化服务体

---

* 本文为 2014 年 6 月 16 日在全国乡镇综合文化站业务骨干培训班上的讲课稿。

系正在形成。在各级党委、政府的支持下，山东省公共文化服务体系建设已进入整体推进、科学发展、全面提升的新时期、新阶段，面临重要的战略发展机遇。公共数字文化服务具有辐射面广、传播速度快、资源广泛共享等特点，有利于解决当前制约构建现代公共文化服务体系的矛盾和问题，对构建现代公共文化服务体系具有十分重要的意义。山东省进一步加强公共数字文化建设，是适应时代发展，建设社会主义文化强省的必然要求和战略选择；是加快现代公共文化服务体系建设，全面提升公共文化服务能力和服务水平，使全省群众基本文化权益得到更好保障，让群众共享文化发展成果的需要；是维护文化安全，积极抢占网络文化阵地，把握信息技术环境下文化发展主导权的需要；是繁荣发展社会主义先进文化、全面提高全省人民思想道德素质和科学文化素质，推动人民群众生活幸福感，构建社会主义核心价值体系的需要。

2. 加快实施重点公共数字文化惠民工程

"十一五"、"十二五"时期，文化部、财政部共同启动实施了全国文化信息资源共享工程、数字图书馆推广工程、公共电子阅览室建设计划、公共数字文化支撑平台建设项目、边疆万里数字文化长廊等重点公共数字文化惠民工程（项目）。各工程（项目）是公共文化服务体系的基础性工程，是政府提供公共文化服务的重要手段，是实现广大人民群众基本文化权益的重要途径，是改善城乡基层群众文化服务的创新工程。

（1）全国文化信息资源共享工程

全国文化信息资源共享工程作为现代公共文化服务体系的

基础工程和重要平台，相继列入国家“十一五”规划和“十二五”规划。全国文化信息资源共享工程实施多年，初步构建起覆盖城乡的公共数字文化服务网络，初步实现了优秀文化信息资源的全民共享。山东省自 2002 年开始实施全国文化信息资源共享工程，经过 12 年的建设，山东省已高起点、高标准建成省、市、县、乡镇/街道、村/社区五级服务网络，包括 1 个省级分中心、17 个市级支中心、139 个县级支中心、1 388 个乡镇基层服务点、503 个街道基层服务点、5 900 多个社区基层服务点、76 000 多个村基层服务点，实现了全省五级公共数字文化网络全覆盖，数字资源建设总量达到 70 TB，被文化部命名为全国唯一“全国文化信息资源共享工程示范省”，荣获文化部第三届文化创新奖、山东省科技进步二等奖和第十四届群星奖服务奖。

（2）数字图书馆推广工程

数字图书馆推广工程的核心内容是建设覆盖全国的数字图书馆虚拟网、互联互通的数字图书馆系统平台和海量分布式数字资源库群，形成完整的数字图书馆标准规范体系，借助全媒体提供数字文化服务。山东省数字图书馆建设经过十多年的发展，在数字资源、技术与标准规范方面成果显著，为公共数字文化建设提供强有力的服务资源保障与技术、标准支撑。

（3）公共电子阅览室建设计划

公共电子阅览室作为基层服务窗口，是汇聚全国文化信息资源共享工程、数字图书馆及互联网海量信息资源的公共数字文化服务终端。2010 年文化部开展公共电子阅览室试点建设，山东省被确定为试点省。目前全省已挂牌建成公共电子阅览室 8 000 余个，服务终端计算机 10 余万台，3G 网络终端 4 100 个。几年来，全省在实施公共电子阅览室建设过程中探索创新形成公共电子阅览室“一站双网三平台全功能”服务模式，在国内形成服务品牌。各级公共电子阅览室和诸多合作共建单位运用各种新技术、新方法，探索形成一系列新服务品牌，大大满足市、县（区）、乡镇（街道）、村（社区）、学校、部队、企事业单位各类人群的文化需求、娱乐需求、技术需求和生活需求。去年以来，全省着力推动公共电子阅览室管理信息系统部署，取得显著成效，获首届山东省政府文化创新奖。

（4）国家公共文化数字支撑平台项目

国家公共文化数字支撑平台项目以全国文化信息资源共享工程和公共电子阅览室建设计划覆盖全国的六级服务网络设施设备基础上，运用云计算、大数据等新型技术模式和架构，为公共文化机构提供开放互动、共建共享的统一服务平台，提高数字文化服务设施的综合利用率，提升数字文化资源的整体共享能力与传播服务效率。2014 年 5 月国家公共文化数字支撑平台项目在山东省正式启动，重点搭建基于互联网终端、移动终端、数字电视终端、无线服务器终端的公共文化数字支撑平台。山东省文化信息资源共享中心将推出“悦享”山东省公共文化互动社区，搭建一个开放式的全民资源共建共享系统，实现公共文化服务机构和群众之间、电脑和智能手机之间资源的共享，群众可通过多终端随时随地查询附近的公共文化机构信息。

（5）边疆万里数字文化长廊

在中央财政和地方政府的大力支持下，覆盖城乡的公共数字文化服务体系正在形成。同时，由于各种原因，农村和欠发达地区文化建设的任务还十分繁重，边疆地区公共文化服务效能和覆盖辐射能力还处于较低水平，边疆地区百姓的基本文化权益还得不到有效保障。为此，文化部在我国沿边沿海的 18 个省（区）和新疆生产建设兵团组织实施了“边疆万里数字文化长廊”。2014 年，山东省被列为“边疆万里数字文化长廊”示范点建设地区，计划在已建的全国文化信息资源共享工程基层服务点和公共电子阅览室基础上，以提升山东省海疆地区现代公共文化服务效能为目标，运用互联网与移动通讯等技术手段，为海疆地区基层群众提供随时随地的数字文化服务，打通公共文化服务“最后一公里”，将优秀数字文化资源送进千家万户。同时，进一步打造对外传播能力建设，发挥边防的重要作用，积极对外宣传阐释中国梦，传播当代中国价值观念，展示中华优秀传统文化独特魅力，塑造我国良好国家形象。

山东省参与实施的全国文化信息资源共享工程、数字图书馆推广工程、公共电子阅览室建设计划、国家公共文化数字支撑平台项目、边疆万里数字文化长廊五大数字文化惠民工程既有内在联系又各有侧重，五大惠民工程互为支撑，互相促进，形成合力，共同在公共数字文化建设中发挥重要作用。

3. 山东省公共数字文化建设取得的成就

当前，山东省各级文化工作者重抓基础、孜孜以求、不断创新，齐鲁大地公共数字文化建设取得巨大成就，多项公共数字文化指标走在全国前列，使广大群众共享文化建设与发展成果。

（1）全省形成统一领导、部门合作共建、社会力量积极参与的公共数字文化建设工作机制和格局

山东省把公共数字文化建设工作摆在现代公共文化服务体系建设的突出位置。各级党委、政府面对艰巨繁重的公共数字文化建设任务，精心组织、认真实施，建立起统一领导、部门合作共建、社会力量积极参与的工作机制和格局。省委、省政府高度重视，将全国文化信息资源共享工程等重点公共数字文化惠民工程（项目）纳入省委对各级党政领导班子综合考核的目标体系；纳入省委对精神文明创建活动进行测评的目标体系；纳入省政府为群众办的十二件实事；纳入省委、省政府对社会文化先进县评选和复查的关键指标；纳入市县经济社会发展考核指标考核体系，为公共数字文化建设提供坚实保障。

（2）不断加大资金投入力度，覆盖城乡的公共文化服务网络基本建成

实施全国文化信息资源共享工程、数字图书馆推广工程、公共电子阅览室建设计划、国家公共文化数字支撑平台项目、边疆万里数字文化长廊五大重点公共数字文化惠民工程（项目）以来，全省五级累计投入近 6 亿元推动公共数字文化水平得到大幅提升，实现全省五级公共数字文化全覆盖。

（3）队伍建设得到加强，公共文化人才队伍素质不断提高

山东省根据公共数字文化建设任务，结合各地建设需求，开

展分级、分类培训工作，连续5年被评为全国文化信息资源共享工程优秀省份，连续2届获得全国文化信息资源共享工程业务与技能竞赛全国第二名，是全国公共数字文化队伍建设取得荣誉最多的省份之一。山东省文化信息资源共享中心探索现代公共文化培训新模式，搭建“山东公共文化学习网”，向基层文化工作者和公众提供网络培训。各级文化部门积极落实省委宣传部、省委组织部、省编办、省发改委、省财政厅、省人事厅《关于加强全省县级和城乡基层宣传文化队伍建设的若干意见》（鲁宣发［2011］15号），通过引进、考录、聘用等方式使公共数字文化人才队伍结构不断优化，形成专兼结合、广泛参与，有效服务基层公共数字文化建设的人才队伍，为公共数字文化建设提供坚强有力的智力支持。目前，每个县级以上公共数字文化服务机构有3名以上在编工作人员，每个乡镇（街道）公共数字文化服务场所有1名以上在编工作人员。每个行政村和社区有1名兼职管理员。

（4）创新服务模式，打造立体化全民公共数字文化服务空间

全省各级充分利用全国文化信息资源共享工程分支中心、基层服务点，数字图书馆，公共电子阅览室、边疆万里数字文化长廊乡镇示范点、数字文化驿站等场所免费开展各类数字文化活动。山东省文化信息资源共享中心打造公共数字文化微讲堂、数字文化学习港、公共文化空中大课堂、公共文化学习网等网络学习平台，联合各地市打造群众数字书画展、网络摄影大赛、文明上网三字经征集、大年小戏闹新春视频征集、数字舞蹈大赛、数字曲艺大赛、数字戏曲大赛及农民数字文化才艺大赛、居民数字读书日、消夏数字文化视频放映活动等公共数字文化品牌，年服

务人次达到 5 000 万人次，充分发挥传承先进文化、传播科学知识、提高公民文明素质、增强民族凝聚力和创造力、提升国家文化软实力等方面的重要作用。

（5）公共数字文化管理手段日趋规范，形成完善的公共文化服务标准化框架

在制度管理方面，省委、省政府、省文化厅下发了一系列文件，为公共数字文化建设提供政策指引。山东省文化信息资源共享中心推动实施了公共电子阅览室管理信息系统部署情况月通报制度，向各市、县文广新局和文化共享工程支中心下发。推动全省公共电子阅览室管理信息系统与国家公共电子阅览室管理信息系统的顺利对接，可监测服务人次在全国名列第一。

在标准化建设方面，党的十八届三中全会明确提出了加快推进公共文化服务标准化，以需求为导向，制定基本公共文化服务保障标准、管理和服务等技术标准和评价标准，形成一套比较完善的公共文化服务标准化框架。公共数字文化服务机构作为公共服务型单位，提供基本公共文化服务是基本职责和基本任务。为有效推进公共电子阅览室建设工作，强化公共电子阅览室的科学性、规范性，整合并提升公共电子阅览室的服务能力，山东省参与负责国家公共电子阅览室规范项目《公共电子阅览室服务标准》。为广大人民群众特别是未成年人提供有章可循、有规可依的公益性上网场所，吸引广大人民群众参与积极、健康的网络文化活动。

（6）大力推进文化与科技融合，利用数字文化手段开展惠民服务

山东省注重五大重点公共数字文化惠民工程（项目）的技术

创新，通过理论和实践相结合，不断创新技术模式，取得显著成效。山东省文化信息资源共享工程多年的实践和探索形成了独具特色的“山东模式”，即“双网传输，一站服务，全省共享”。“双网传输”是建设以互联网和卫星网为主，移动硬盘、光盘等为辅的资源传输机制。通过 P2P＋CDN 技术实现数字资源在互联网中的极速传输。“一站服务”，即通过山东省文化信息资源共享工程“一站式”服务平台，为群众提供方便快捷、好用实用的信息服务；山东省在公共电子阅览室建设探索形成“一站双网三平台”全功能服务模式，成为公共电子阅览室开展服务的重要窗口。“一站”是指一站式服务门户。“双网”指互联网和 3G 网的双网传输体系。“三平台”是指资源建设、技术管理和服务培训平台。“全功能”指“四个中心”：一是学习中心、二是信息中心、三是娱乐中心、四是培训中心；公共文化数字支撑平台运用“云计算”、“大数据”等现代信息技术，实现基于云计算平台的公共文化数字支撑；边疆万里数字文化长廊建设通过互联网、网络数字电视、触摸屏离线下载终端、WIFI 无线网络覆盖周边 1 公里区域，迈出“跨终端、跨网络，跨空间”获取数字文化资源的步伐。

（7）加强推进均等化建设、少数民族群众、特殊群体和基层群众文化权益得到更好保障

在中央财政和各级政府的大力支持下，山东省在覆盖城乡的公共数字文化服务体系已基本形成的基础上，加快推进公共数字文化的均等化建设，为残疾人、少数民族、进城务工人员、老年人、未成年人等弱势群体，企事业机构及政府部门提供多样化

的、灵活的针对性服务，将各种基本服务向社区、村镇等延伸。2011 年与团省委、省武警总队签署了“文化共享工程·公共电子阅览室”走进青少年宫和武警总队的合作协议，选取山东省青少年活动中心、济南市青少年宫、山东省武警总队直属支队进行试点，在三个单位建设了面向未成年人和武警官兵免费开放公共电子阅览室，在全国率先开辟了青少年和武警社会教育的新路径。2013 至 2014 年，省文化厅与省残联在全省合作共建 13 个“光明之家”视障数字阅览室，形成功能完善、使用方便、技术先进的社区服务站点，视障人群可以利用先进的辅助阅读工具到互联网上冲浪，充分获取互联网海量信息。2014 年 5 月，山东省文化信息资源共享中心建成省老干部活动中心公共电子阅览室。2014 年 6 月，结合边疆万里数字文化长廊建设，新建 2 个乡镇级边疆万里数字文化长廊示范点和 15 个数字文化驿站，提供面向沿海群众、渔民、边防官兵的互联网公共数字文化资源一站式服务。

4. 研究解决五个方面的问题

近年来，山东省五大数字文化惠民工程（项目）建设取得积极进展，为全省“十二五”时期的公共数字文化建设奠定了基础。但同时也必须看到，当前公共数字文化建设还不能完全满足人民群众日益增长的精神文化需求，个别方面仍有待加强。

一是个别基层干部对公共数字文化建设仍然缺乏正确认识和科学把握，存在“重专业艺术，轻数字文化”、“重文化产业，轻文化事业”、“重硬件建设，轻软件建设”等模糊思想理念，文化自觉意识不强。时代在发展，实践在深入。十多年的公共数字文化建设深刻改变了基层的文化贫瘠现状，同时发展进程中的一些深层次问题日益凸显，如何才能实现更好发展？正确回答和破解这些课题，迫切需要提高基层干部的创新思维能力，打破陈旧思维定式、改变思维习惯，超越已有思维方式的局限，做到因时而动、与时俱进，深化公共数字文化建设观念，开拓公共数字文化建设新局面。

二是公共数字文化运行经费和服务推广经费保障机制尚不健全，投入总量少，比重低，城乡、区域不平衡问题仍然比较突出。目前公共数字文化投入主要集中在平台建设、资源征集和设备购置，而运行经费和服务推广经费比重偏低，造成基层公共数字文化服务场所存在“敢买设备，不敢服务”、“敢建场地，不敢开放”的现象。同时，西部地区和东部沿海地区的投入不平衡。针对上述现象，需要文化部门的决策者研究自上而下的运行管理经费和服务推广经费的保障机制，以文件的形式明细公共数字文化各项经费支出，明确运行经费和服务推广费所占总经费的比例。

三是个别公共数字文化设备设施尚不够完善，部分地方设备面临更新换代，资产使用率不高，功能没有得到充分发挥。公共数字文化建设尤其是全国文化信息资源共享工程建设和数字图书馆建设都已经历十余年的发展，许多设备已无法满足现阶段的数字化应用。面对这种现象，如果再单纯像十年前公共数字文化建设初期那样购置新设备会造成国家巨大的财力浪费。这就需要我们进一步提高创新思维能力，研究提高资产使用率的办法。比如下一步公共电子阅览室可以打破地域观念，打破“唯计算机为电子阅览室”的观念，探索打造“无线公共电子阅览室”。公共数字文化服务机构可以把购置设备的资金用于购买若干个无线 WIFI 信号基站，在公共数字文化服务机构周边若干公里范围内部署无线 WIFI 信号站，周边群众可以用智能手机、平板电脑、计算机、触摸屏等各种终端随时随地享受“无线公共电子阅览室”带来的公共数字文化服务。

四是部分基层公共数字文化队伍人员数量结构不合理，整体素质偏低。就目前而言，公共数字文化产品和服务供给主体是基层的公共数字文化服务场所。粗略计算，某村全国文化信息资源共享工程基层服务点需要 1 名专业技术人员，该村基层公共电子阅览室需要至少 1 名管理员，如果该村是边疆万里数字文化长廊数字文化驿站，又需 1 名管理员。而目前现状是各村仅能保证 1 名公共数字文化兼职人员，这直接导致了基层公共数字文化服务供给不足，各项数据统计过程中弄虚作假。要解决上述问题，山东省正在全力推进公共电子阅览室管理信息系统的部署工作，通过表彰先进个人和下发月通报，推动公共电子阅览室管理信息系统在基层公共电子阅览室的部署，实时监控基层公共电子阅览室的开机状况和服务人次，有效唤醒广大基层工作者勤奋工作、创先争优的事业心和责任感。

五是个别基层公共数字文化产品和服务匮乏，服务水平不高。人民群众迫切需要好的文化产品和优质的文化服务活动。有效发挥设施网络功能，满足人民群众基本文化需求，必须加强公共数字文化内容产品生产和供给。一方面要整合适合基层群众需求特点的数字资源，加强各种群众喜闻乐见的数字文化活动组织工作；另一方面要以公共数字文化服务机构为骨干，鼓励全社会积极参与公共数字文化产品和服务的提供。

区域性馆际协作与藏书发展*

区域性馆际协作不是一个狭隘的范围的界定，而是社会经济文化发展所自然形成的，也是社会经济文化进步的必然产物，有着坚实的自然、历史、人文条件等基础。在这个协作过程中，藏书发展的研究至关重要，尤其强化藏书特色方面在保证协作的质量及服务水平上有其特殊意义。

1. 区域馆际协作的基础及条件

（1）宏观经济战略的建立

区域性馆际协作的基础是我国区域化经济发展战略的确定，中央十五大报告对区域化经济发展战略进行了深刻的阐释：“发挥各地优势，推动区域经济协调发展，促进地区经济合理布局和协调发展是建立比较完善的社会主义市场经济体制，保持国民经济持续、快速、健康发展的重要举措。”区域化经济发展作为社会宏观战略目标的确定，是我国保持经济可持续发展的重要方

---

* 本文原载于《21 世纪公共图书馆馆长论坛》，中央文献出版社，2000 年 11 月，第 276—284 页（合作，执笔）。

针。区域性经济的发展，必然带动和影响着相关领域，也为图书馆这个信息文献集散交流中心的发展提供了契机，提出了新的要求，为区域性馆际协作提供了前提和广阔的空间。

我国是一个发展中国家，各地区经济发展千差万别，在若干经济增长较快的区域，以中心城市向周边辐射，带动一系列配套新兴产业，以提高生产力、加强科技含量为中心，形成新的优势和增长点，从而完成由局部带动全局的发展过程，带动区域性经济文化的发展。在这其中交流协作具有重要意义，在这个大前提下的馆际协作是顺应潮流，抓住机遇的必然产物。

（2）市场经济的需要

从微观经济角度看，区域内经济的高速运转，生产行业的产业化速度加快，与外部市场联系的网络渠道和接触点增多。在宏观把握产品发展趋势开发国际和国内市场的同时，要在市场中立于不败之地，必须依靠科技信息的力量，开发研制新产品，培植良好的生产及投资环境，增强抵御风险的能力，因此其对信息文献的需求也必然逐步加大。图书馆要积极切入到区域经济发展之中去，并在其综合决策参考中发挥重要作用，通过新技术的推广，二、三次文献的开发，使之迅速转化为生产力，体现图书馆在现代经济社会中的自身价值。

然而，作为单个图书馆因其带有区域性色彩，却使其在经济大潮中处于进退维谷、十分尴尬的境地。一方面，历史在纵的方向上，一个相对的区域中，留下了共同的精神财富，如共同的心态，纷繁的地域文化、风俗，它们浓缩于地方文献中，涵盖了历史、经济、文化的方方面面；而横的方向上，也形成了共同拥有的相同的生存环境、面临的经济氛围等，这是优势，是诸多图书馆引以自豪的。另一方面，这些优势在封闭的前提下，却又是劣势。区域经济一是要从过去历史中汲取丰富的营养，一是要迅速突破历史的藩篱，融入更为广阔的经济大潮中去，迫切需要了解更为广泛的市场和科技信息。单个的图书馆却无法满足这种需要，有限的经费，较小的规模，不尽合理的藏书结构使其自身存在着难以克服的矛盾。如何使劣势变为优势？区域性的馆际协作，协调购置，优势互补，是解决这个问题的有效途径。高科技手段的运用为这种协作提供了技术上的保障，使之成为可能，也是大势所趋。

（3）图书馆自身发展的需要

随着计划经济向市场经济转轨，图书馆自身的改革更趋深入。图书馆面向社会，它的市场就是读者，如果失去读者，也就失去了市场，也就意味着失去存在的必要。在竞争十分激烈的市场中，单个薄弱的图书馆无疑面临着严重的生存危机，所以图书馆应凭借其得天独厚的文献信息资源优势，全面发挥其社会职能而不是游离于经济发展之外。必须利用区域经济发展的契机，充分展示图书馆行业优势，调整馆藏结构，注重藏书发展，加强馆际协作，互通有无，才能使自己立于不败之地。

2. 藏书发展的特色化是区域性馆际协作的根本

实现馆际协作的根本因素是藏书发展的特色化。就图书馆而言，通过多种渠道的交流协作，活化馆藏信息文献，提高利用率，深化文献信息开发的层次和水平，使有限的资源在活化、开发、转化中产生效益、创造精神和物质财富，这种协作本身就是在新的经济形势下图书馆职能的转化，是其服务领域的延伸。

而这其中的基础和协作的根本就是藏书，“巧妇难为无米之炊”。在馆际协作交流的过程中，馆藏的重要性体现在它是决定协作交流质量、数量、水平、深度的关键，是发展的“硬件”。无论是阮冈纳赞的“三要素”，还是刘国钧的“五要素”，其根本要素都离不开藏书，而单纯的藏书应该放到一个更为广泛的背景中去关照——藏书发展，藏书在诸多关系中的作用、地位与发展方向、模式等。

“藏书发展”（Collection Development）作为一个逐渐被国内文献信息（管理）专业使用的词语，其含义是“图书馆在分析社区和读者需求，评价馆藏的基础上以此依据所指定的馆藏书发展政策，使藏书的采选与剔除达到一种最佳状态的工作”。它包含的层次很多，内涵约略可以分为以下几个层面：一是图书馆社区分析与读者研究，带有区域性色彩，涵盖着外部客观的人文环境因素与馆藏主体的认知因素；二是馆藏发展政策的制定，突出其主体发展，构建思想的藏书模式；三是具体的技术性操作问题，如采选、剔除管理手段、方法及其评价、技术创新；四是资源共享等。藏书发展是对藏书关系综合的研究，涵盖了文献信息输入和输出的方方面面，而藏书发展突出特色是馆际协作资源共享的关键，也是图书馆基础业务研究和发展的主要课题。

（1）突出特色，优势互补

就大多数图书馆而言，单个的图书馆即使形成鲜明的特色，也难以满足区域内多层次的要求，而这种需求还在随经济发展日益更新，更具广泛性。况且在封闭的氛围之下，这些特色的壮大，必然减少了其他非特色的外延，又导致服务范围的狭窄，在普及与特色之间不可调和的矛盾下，使单个图书馆的发展举步维艰。

馆际协作的优势在于取长补短。优势互补，资源共享为图书馆提供了一个更为辽阔广泛的服务空间。强化单个图书馆的藏书资源优势，也促使大部分图书馆认真研究藏书发展问题，逐渐培植区域性馆藏特点。否则，别人有的你也有或者不全，别人没有你也没有，没有任何特色的藏书，无法进入协作交流之中。因此，在藏书突出特色的基础上，通过馆际协作实现资源合理配置和共享，才能满足区域经济发展的需求。馆藏突出特色是其基础，是依据，决定着协作的水平质量。馆际协作是手段，是途径。因具体的对象不同，又对藏书发展起到制约作用，产生反作用，改变着藏书发展的方向与模式。处理好两者的关系对图书馆的发展具有重要意义。

突出馆藏特色，必须加强对藏书发展的研究。首先，对社区区域文化、政策、经济历史与现状进行分析，对读者需求开展调查研究，对地方文献下大力气建设，丰富馆藏，在此基础上突出地方政策、经济文化特色，努力发展新的优势。二是丰富多种载体的信息文献。从正式出版物到非正式的出版物，从纸介质的书本到磁带光盘多种载体的文献，从书刊、图片到实物模型等，围绕中心特色，提供全方位的信息和服务。这种特色在协作的背景下会得到强化，呈现出巨大的发展空间。

（2）宏观调控，合理布局

馆际协作就是强化整体的优势，体现整体的作用，这就要有宏观的把握，遵循共同的原则和标准，对藏书文献要有一个区域性的合理布局。具体要求中，一是计划性，要在充分保护各个馆本身固有特色的前提下，制定全区域的藏书发展计划及藏书发展政策。有一个长远规划，落实到每一年，具有可操作性，因为作为一个区域性协作集团，其本身相对于更大一些范围也只是部分，带有一定的地方性，它的协作持续程度，以及在更大范围内的存在发展，也需要具有竞争力，需要突出特色，拓展外延。这协作的整体在内部资源配置上，要合理分布，减少重复，节省资金，比如一些大型书籍如《四库》系列，就没有必要每个馆都买来做“镇馆之宝”。二是统一性，建立统一的技术性操作环节、避免盲目带来的损失。有些地区开展的《推荐书目》《必购书目》以及建立编目中心，统购统编专题数据库等，都是利用团体优势，取得了较好的效果。三是标准性，在区域内制定一些标准，推广国际标准和国内标准。

（3）向新型的关系转化，确立新的模式

在共同的市场和利益面前，馆际协作，进行特色藏书信息的交流、互补，使得作为各成员的关系模式与以往发生了变化，不再是以金字塔式的形态出现，而是以网络式的形态出现。金字塔式的形态虽具有一定的稳定性，但沟通发展十分困难，无形中等级与界限使其所承担的责任无法与其付出的劳动成正比，影响其积极性的调动和优势的发挥。在网络的形态下，大家彼此四通八达，位置的重要性已淡化，关键的是本身所起的作用。虽然这种网络有大有小，但都具有开放性，时机成熟，就从任何一个角度与外界更大的网络相连，并融入其中，成为其中的一部分，其作用也能立即显露出来，积小而大，形成区域性的更大特色，增强竞争力与服务水平。

这种协作是从生存和发展的利益上建立起来的。彼此以契约的形式连接在一起，依据其作用和责任的大小，分享既得利益。这种新型关系的确立，适合经济发展的需要。

3. 面临的问题及对策

区域性馆际协作的实现，也面临许多困难和问题亟待解决，其中有人为的因素，有客观因素，有观念上的，有技术上的。只有这些问题逐步得到解决，才能使这种协作迈上新的台阶。

（1）更新观念，强化危机意识，处理好藏书特色、馆际协作与资源共享的关系

一方面在变革的挑战面前，必须认识到任何狭隘封闭的意识和做法都是没有出路的，因此，作为单个图书馆，加强图书馆藏书特色建设，走馆际协作之路，让自己的特色具有更大的覆盖面，发挥其作用，而不是束之高阁，敝帚自珍，自我封闭，否则，路子会越走越窄。另一方面，在区域性馆际协作之中，应注重藏书发展的特色化，认真分析社区读者群及协作网络，确定自己在这其中的位置。要制定出近期和长远的藏书发展规划政策，逐步完善，以合理的藏书为社会提供优质服务。

（2）成立专业的指导委员会

由于每个馆各自的情况不同，现代化程度差距很大，要实现馆

际协作，将各自有特色的信息文献互相沟通和交流，必须有一个共同的指导机构来统筹。这个机构进行统一的协调，解决协作中出现的技术性问题，制定协作发展的规划，明确每一个成员馆所必须承担的责任和所得的利益。对自动化技术的应用、统一的机读目录的普及、统一的编目软件、可以兼容的数据库、互相联网之后的收费标准以及藏书特色的布局等具体问题，通过定期会议、编印协作通讯、定期互访交流、举办学习班等方式得到解决。

（3）策划和完成一系列大型的项目来发挥协作中特色藏书的优势

可以根据区域内各成员馆的藏书特色建立一系列协作项目，通过项目协作来拓展馆际协作的深度和广度，检验协作技术的可靠性，调整藏书发展特色化的布局。这将产生比较可观的社会和经济效益，必然提高各个成员馆对协作与藏书发展特色化的积极性和重要性的认识程度。另外如现场参观、藏书信息交流、藏书渠道选择、馆际图书交换等也是重要内容。

区域性馆际协作是我国经济发展和图书馆自身要求的必然产物，我们应重视藏书发展的特色化，通过多种形式，充分利用高科技摆脱困境，壮大发展，这也是历史发展的必由之路。

参考文献

［1］ 贺黎. 略论区域性历史文献开发与利用［J］. 图书馆建设，

1998 (2)：38 - 39.
[2] 牛凯. 我国科技文献资源共享的现状分析 [J]. 情报理论与实践，1998，21 (2)：83 - 86.
[3] 杨河源. 简论公共图书馆经费困境及对策 [J]. 图书馆论坛，1998 (2)：43 - 45.
[4] 徐丽. 论我国信息资源现状与发展策略 [J]. 中国图书馆学报，1996 (1)：6 - 7.

山东新修方志的分期及特色*

所谓新修方志，是指新中国成立以后编修的方志。新修方志的种类以行政区域划分有总志、通志、地区志、市志、县志等综合志；以内容划分有专志，细分为自然、山川、农业、工业、商业、金融等子目以及体育志、公路志、气象志、林业志等行业志。我们论述的以综合志为主。据不完全统计，新修方志自建国初至 1960 年共完成 250 余种，至 1998 年修成 3 000 多种，编成 6 000 余种，接近于中国现存旧志的总和（《中国地方志综录》统计有旧方志 7 413 种），具有极高的收藏价值。

1. 新修方志的发展脉络及阶段划分

山东为文献之邦，圣人之地，历史悠久，文化繁盛。有着两千多年修志的历史，仅历代纂修的旧方志就达 925 种之多，据山东省图书馆所编《山东地方志联合目录》及王建宗、刘喜信编辑的《山东地方志书目》等目录的统计，现存世者达 647 种，860 个版本，占全国现存旧志的 8%。

---

* 本文原载于《江苏图书馆学报》，1999 年第 4 期，第 51—53 页（合作，执笔）。

辉煌的历史昭示着更加辉煌的今天和未来。新修方志首先发端于山东，为全国新修方志做出了榜样，创造了良好的开端。至1981年以后山东省掀起了规模宏大，声势空前的修志高潮，取得了极其丰硕的成果。

同全国一样，山东新修方志的总体格局是党委领导，政府主修，各级地方史志编委组织实施。其发展过程可以粗略地分为三个阶段来看：

第一阶段自1954年至1966年“文化大革命”前夕，是山东省新修方志的初创阶段。1954年9月，全国人民代表大会第一届第一次会议期间，山东代表、山东省教育厅副厅长王祝晨在全国首先提出“早早动手编修地方志”的建议，受到毛主席、周总理等中央领导的高度重视，一再指示要加紧地方志的修编工作。在党中央的大力支持下，全国各地纷纷响应。1956年《冠县县志》完成初稿，为建国以来我省第一部新编县志稿。次年2月，山东省地方志资料征集委员会成立，主任委员余修，副主任委员王祝晨、王献唐等，负责指导全省新修方志资料的征集、积累、研究以及编修工作。全省各地纷纷组织班子，行动起来，至1966年“文化大革命”前夕，全省地、市、县相继成立修志委员会87个，共有49个市、县志修成初稿，如：历城、章丘、胶南、滕县、平原、乐陵、寿张等。这个阶段的志稿反映了新中国各条战线欣欣向荣的面貌以及翻天覆地的变化，虽然过分强调了阶级斗争，资料比较单薄，修志队伍缺乏培训，编纂得比较粗糙，大部分只是油印稿、初稿，未能公开发行，但毕竟有了一个良好的开端，为以后新修方志积累了经验，打下了基础。

第二阶段自1966年至1980年为停滞阶段。这一阶段，由于政治上的影响，各地史志办公室陆续撤销，修志工作基本停滞。到“文化大革命”结束，这一阶段的后期，有一部分志书编委会逐渐恢复，一些新修方志先后纂成，如 1980 年《庆云县志》《威海志》《东平县志》《阳谷县文史志》，修志工作逐渐复苏，但总的来说，这一阶段成绩不大。

第三阶段自 1981 年至今，是山东省新修方志的兴盛阶段。1981 年 7 月中国地方史志协会成立，为新修方志做了理论上的准备。10 月山东省政府公布成立山东省地方史志编纂委员会，全省各地、市、县都普遍建立了史志办。11 月山东省第一次地方志工作会议在济南召开，开始了新一届的新志编修工作，标志着新修方志工作进入了一个全面发展的兴盛阶段。政府领导及编委会对修志工作十分重视，自 1985 年至 1996 年共发文 119 件，涉及修志的方方面面，提高了修纂人员的素质，深化了理论研究，使这一阶段修志的数量和质量都有了很大提高。如： 1993 年 9 月全国新修志书优秀成果评选中，山东省 29 部方志获一、二、三等奖。1996 年，国家新闻出版署公布了印刷质量检测结果，山东 22 部志书和年鉴获奖，皆列全国前茅。从总体上看，有人把这个阶段划分为三个过程： 一是组织发动，建立队伍，搜集资料；二是拟订篇目，筛选资料，撰写长编，补充资料；三是试写初稿，总纂定稿，订正资料。据统计至今共出版省志 71 部（计划出版 91 部），市地志 9 部、部分出版的 2 部，县区志 115 部（计划出版 122 部）。

2. 新修方志的特点及其具体表现

在我们把握山东新修方志特点的过程中，首先必须归纳总结新修方志共性的东西，然后对山东新志的特点加以分析，了解其因地域性等不平衡因素造成的差异及呈现出的特色。下面我们就从新观点、新内容、新方法为中心的基本特点入手考查一下。

（1）新观点

就是运用马列主义、毛泽东思想、邓小平理论的立场、观点来处理方志修纂中的具体问题。研究国情、地情，用翔实的资料反映历史与现状，反映社会历史发展的规律及教训，为建设社会主义两个文明建设服务。

第一，坚持实事求是的思想路线，运用唯物史观对建国 40 多年我省的历史和现状进行真实全面的反映。《山东省志・军事志》在记述“捻军”、“黑旗军”时将旧志污蔑为“匪”的历史颠倒过来，肯定了农民起义功绩。志稿还把日本、德国入侵山东所犯罪行记入历史，分清战争的性质，警示后人。《人事志》在充分肯定成绩的同时，也将机构臃肿、“左”倾错误对人事工作的影响客观而恰如其分地写出来，让人们汲取教训。

第二，突出中国共产党领导。以《关于若干历史问题决议》和《关于建国以来党的若干历史问题的决议》为依据，突出在党领导下，我省社会主义建设取得的巨大成就。

第三，摆正人民群众在志书中的位置。人民群众是历史发展的主要力量。旧志中，人物传占 1/3，大多为帝王将相、乡贤名宦、烈女节妇、新志中劳动人民处于主人翁的地位，我省志书中革命烈士、劳模等占了相当大篇幅，表现了人民群众在历史和革命建设中的作用和地位。

（2）新内容

地方志应社会需要而产生，随时代发展而不断变革，具有鲜明时代性。

第一，社会主义制度的确立和发展，以具体而生动的事实展示建国以来我省经济发展、科学进步、社会文化繁荣的新面貌。《山东省志》就是对各个行业取得巨大成绩的全面反映。

第二，自然科学与人文科学比例的变化。对新的社会状况、革命斗争、阶级斗争、经济生活的记述比例较之以往有很大增长。如《泗水县志》正文65万字中，经济类占24万字，是正文的40%，其他志书也是如此，还有逐步增加的趋势。

第三，地方特色是新志的生命。山东省山川秀丽，人文荟萃，物产丰富，是中华民族重要的发祥地之一。因此，山东省志系列《黄河志》《泰山志》表其山川；《孔子故里志》《孟子志》等诸子志写其人物；《丝绸志》《陶瓷工业志》《黄金工业志》等述其物产；另外，一些市、县志则以经济建设为核心，从地理位置相关影响，渊源追溯等着手，把工业、农业、商业等经济类作为重点，记述地方特色。如《潍城区志》的风筝文化与经济，《莱西县志》的“石墨”编，《青州市志》的“文物古迹”卷等。

（3）新方法

社会主义新修方志以唯物主义的世界观、方法论为指导，对客观世界的反映和认识上，注意了其必然的联系，探求其内在的发展规律。因此，在修志的体例方法上发生了变革，产生发展了以“述”体、章节体、索引等为代表的新方法。另外，科学技术的进步，也从印刷、图片等方面丰富了新志的表现手法。

第一，“概述”的意义。方志中有“概述”之名，出自黄炎培主纂民国《川沙县志》，然《川沙县志》之“概述”近似于序。新修方志中“概述”是对全书主要内容和一方基本情况的阐述，与《川沙县志》之“概述”差异颇大。所以理论界普遍认为“概述”是新修方志手法上的创新，新志在分类记述之上，对专志间事物发展关系，对其内部规律进行了揭示。

其写法一是提要式，二是综述式。列各志之首，各分类之下，篇下各章，章下之节，与志体相依存。其名称很多，如：总述、引言、概貌、县情要览（《临朐县志》）、县情概述（《寿光县志》）等。另外，与“概述”作用相似的还有“大事记”，但大事记是全书之纲，可以拾遗补阙。这些方法在我省方志中大量应用，并逐步完善，使之更成熟。

第二，章节体的应用。方志发展到今天，形成记、传、图、志、表、录等，体例逐步完备。在每一单元的表述上，与以往的记事本末体不同，产生了章节体，我省新志以章节体为主。每篇、章、节、目，层层相辖，在部类安排上，一般划分为总述、专志、人物、大事记、附录等五大部分。每部分之下，将记述对象，横分门类，篇章节目，层次清楚。有大篇、中篇、小篇三种模式，使不同层次的各类体现出一定的内在联系，从而组成一个完整的有机体，全面反映历史的发展，也是唯物史观的具体显现，它的运用是新方志区别于旧方志的结构特征。以《高唐县志》这例，全书共分自然环境、经济等 9 编，自然环境又分土壤、气候等 5 章，自然灾害章分旱灾、涝灾 7 节，旱灾一节又有公布、类型、发生规律子目，这样层层相辖，体现事物的内在结构，准确表达其内涵。

第三，多种表现方式的引入。新方志在实践探索中充分利用新技术，制图、绘画、摄影等表现方式的运用，丰富了新志的表现力，从而完善了新志体例。“图”作为著述的一种体裁，在旧志书中早已存在，“记、传、图、表、录”诸体并存，与文字同等重要。随着科学的发展，由过去手绘的地图、绘画，发展到民国的黑白照片，乃至今天的彩色照片、卫星遥感照片等。数量由少至多，作用更重要。首先照片形象直观，可以一览无余，远胜文字。如《济阳县志》100万字，共用彩色照片459幅，《高唐县志》用图片272幅，如实记录了全县各行业的最新动态，形象生动，弥补了文字叙述的不足，丰富了内容。其次，真实严谨，具有科学性。通过卫星遥感图片反映地貌，反映科研成果等，这些都是仅靠文字无法准确表达的。

参考文献

[1] 朱士嘉. 中国地方志综录：增订本 [M]. 北京：商务印书馆，1958.

[2] 王建宗，刘喜信. 山东地方志书目：初稿 [M]. 山东省地名领导小组办公室，1981.

[3] 济南一中校友总会. 祝晨文存 [M]. 济南一中校友总会，1993.

[4] 王桂云，鲁海. 山东地方志纵横谈 [M]. 吉林省地方志编纂委员会，1985.

[5] 张守富. 修志随笔 [M]. 济南：齐鲁书社，1998.

[6] 山东省地方史志编纂委员会. 山东省志 [M]. 济南：山东人民出版社，1993.

古代类书提要五种*

1. 《记纂渊海》

《记纂渊海》是宋代编辑的一部特以纂言系事的大型类书。宋潘自牧撰。自牧有感于世事不易，而言语千变万化，遂兼采前人精粹，自成一编。成书约于南宋中后期，为类事之风极盛时期的著作。现存有宋刊本，195卷，共3帙，都有残缺；元刊本，有内阁大库旧藏残叶传世，《浙采遗目》亦有195卷，云“卷末署名泰定乙丑圆沙书院刊行”系影钞元刻本；明弘治间，无锡华燧会通馆曾以铜活字印行，为200卷，首尾完具，较近原本，卷次虽与宋本不同，然亦极罕见；明万历七年（1579）陈文燧、蔡之奇等重编为100卷，由大名知府王嘉宾出赀刊行，删削颇重，与原书相去甚远；1972年台北新兴书局曾据万历刊本影印；1988年中华书局据3个宋本补抄影印出版，精装4册，为目前最完备的本子。

潘自牧（生、卒不详），字牧之，浙江金华人；宋宁宗庆元三年（1196）进士，与《群书考索》的作者章如愚同榜。自牧曾以

---

* 本文原载于《中华名著要籍精诠》，中国广播电视出版社，1994年第1144—1147、1149—1150、1153—1154、1178—1795页。

恩补台州司户，充福州州学教授，官龙游及常山令。自牧出于儒学世家，为宋名士潘好古之孙。其父景宪，字叔度，好集异书，与吕祖谦同年而齿长，后乃服吕氏之学而游其门，著有《记纂渊源》。但此书未见诸家著录，据推测与《渊海》或有联系，而资料匮乏，无从考稽。

该书据潘氏序自称“凡部二十有二，为门一千二百四十有六”。而今据有关专家复考，计195卷，22部，1 195门。卷1—卷36：论议部，249门；卷37—卷79：性行部，237门；卷80—卷101：识见部，95门；卷102—卷111：人伦部，82门；卷112—卷115：人道部，24门：卷116—卷121：人情部，28门；卷122—卷135：人事部，97门；卷136—卷137：人己部，22门；卷138：物理部，12门；卷139—卷145：叙述部，40门；卷146—卷149：接物部，22门；卷150—卷153：问学部，30门；卷154—卷156：言语部，23门；卷157—卷159：政事部，16门；卷160—卷165：名誉部，22门；卷166—卷170：著述部，8门；卷171—卷175：生理部，27门；卷176—卷179：丧纪部，20门；卷180—卷182：兵戎部，31门；卷183—卷185：释门部，34门；卷186—卷188：仙道部，35门；卷189—卷195：阃仪部，42门。

该书不主纪事，详尽纂言，在我国古代类书中独树一帜，又详大略细，特述诸言流变，分部隶事，部下设门，每门之下，用阴文黑体大字“经”、“子”、“史”、“传记”、“集”、“本朝”标目冠首。“经”多采自儒学经典以明所论之旨；“子”取诸子百家的警句，提纲挈领；“史”偏重证引文书中总贯其事的人物言行，而不是注重叙述过程史实；“传记”是小说家言；“集”依次取宋前文集中有关论述中心的诗文；“本朝”是专录宋代的人事言行诗文。其证引各书于引文后注明出处，眉目清晰，极便利于考索查询。如卷35论议部35·青出于蓝：

子谓仲弓曰："犁牛之子骍且角。"（《论语》）

"青，出于蓝，而青于蓝；冰，水为之，而寒于水。"（《荀子·劝学》）"以涅染淄则黑，于染青则青于蓝。"（《淮南子·俶真训》）

孔融见韦元将仲将，与其父端书曰："不意双珠出老蚌。"（《后汉书》）

山公大儿武帝欲见之，山公不敢辞，问儿，儿不肯行。时论乃云：胜山公。（《世说》）

推轮为大辂之始，大辂宁有推轮之质，增冰为积水所成，积水曾微增冰之凛。（《文选序》）

淤泥生莲花，粪壤出菌芝。（东坡诗）

但并非每门之下都一例标目齐全，通常是根据各门的具体偏重及资料多少有所取舍，有的"子"项略去，有的"传记"略去，不一而足。

该书是潘氏有感于世事不移而言语千变万化而撰。"前辈类书，其于记事提要者详矣，而纂言钩玄大有未满人意，遂使观者如循一路之迹，若守一隅之指，拘系牵连，往往凝滞于事实之内，而不能推移变化于言意之表。"（《原序》）于是十涉春秋，繙卷数万，独辟蹊径，自成一编。于纂言系事上尤其突出，影响后世。

虽然本书于内容剪裁方面有所创新，而体例上，仍基本因袭前人，并存在不少缺点。《四库全书总目提要》认为其于"性行议论诸部子目，未免琐碎"。而明万历中重编本，增入天文、地理、物类各部，尤颠倒次序。即所存原本各部中，亦多阙失。如论议部“憎人及胥”门下，脱去“众口难调”一门；性门部“反覆门”下，脱去“面是背非”一门；“绝物门”下，脱去“径直”一门；问学部“代笔门”下，脱去“醇正”一门；其生理部易为民业部等。其每部之中脱失全文字句，尤不可称数，同时伪误亦不少，如李商隐诗误为文等即是。

然而，该书成书较早，作者用功颇勤，所引史籍多系古本，且有的史料而今已佚或不多见，这对于校勘训诂亦多裨益。《提要》评曰“赅备”切中肯綮，其收书广博精要，至今仍不失为一部资料丰厚、检索便利的工具书。

2.《事林广记》

《事林广记》是一部日用百科全书型的古代民间类书。南宋末年陈元靓适民间所需，取便流俗而撰。本书成书于宋季，考之其内容，乃至地舆、圣贤等类之形制避讳“是编各类所征引至南宋亡”《皕宋楼藏书志》（卷60）确为可信。或有题作元，如《故宫善本书目》《北京大学图书馆藏李氏书目》等，误。宋季原本今已不可见，今所见者元至顺（1330—1333）间建安椿庄书院刻本，4集42卷，题作《新编纂图增类群书类要事林广记》，已有增补；元后至元六年（1340）建阳郑氏积诚堂刻本，以天干分有10集20卷，题作《纂图增新群书类要事林广记》，不著编纂人；日本元禄十二年（1699）翻刻元泰定二年（1325）刻本，各卷题名杂陈不一；明永乐十六年（1418）建阳翠岩精舍刻本，题名同后至元本，6集12卷；明成化十四年（1478）建阳刘廷宾等刻本，40卷，明钟景清增补。以上诸本，以至顺本最为完整，资料丰富，错误较少，插图亦较详明。1963年中华书局利用此本摄影原本影印（原书现存台湾），是目前较为易得的一个本子。但此本原版已模糊缺损，有的地方亦不甚清晰。

陈元靓（生、卒不详），自署广寒仙裔，约生活在南宋宁宗，理宗时，祟安（今福建祟安）人，为名臣陈逊的后裔。生平不详。其一生无甚功名，惟隐居著书而已，多数著作是应书坊主之约，取便流俗通用而编，为民间所喜爱。有《博文录》《岁时广记》《事林广记》等。《博文志》今已佚，仅从《岁时广记》《农桑辑要》及《永乐大典》残存各卷的引用文字中可窥其一斑。

该书著者名微，而其书颇利民间日用，故各代增删翻刻屡屡不绝。各版本之间，卷数、门类亦大相径庭。就目前所见到的版本，有42卷、20卷、12卷之别，有10集、6集、4集之分。其中以6集的至顺本为优。此本分前集13卷15类，后集13卷18类，续集8卷3类，别集8卷7类，共计42卷43类（前集卷5“方国类”缺，卷1“两仪图说”、“两曜图说”及卷2第160叶亦缺）。前集卷1：天文类，卷2：历候类、节序类，卷3：地舆类，卷4：郡邑类，卷5：方国类（缺），卷6：胜迹类、仙境类，卷7：人纪类，卷8—卷9：人事类，卷10：家礼类，卷11：仪礼类，卷12：农桑类，卷13：花果类、竹木类；后集卷1：帝系类，卷2：纪年类、历代类，卷3—卷4：圣贤类，卷5：先贤类，卷6：宫室类、学校类，卷7：文籍类、辞章类，卷8：儒教类，卷9：幼学类、文房类，卷10：服饰类、闺妆类，卷11：器用类，卷12：音乐类、音谱类，卷13：武艺类；续集卷1—卷2：道教类，卷3：禅教类，卷4—卷8：文艺类；别集卷1—卷2：官制类，卷3：刑法类，卷4：公理类，卷5：货宝类，卷6：算法类，卷 7：茶果类，卷 8：酒曲类。原刻本缺后、续、别集目录，中华书局影印时补之。

该书类下有子目，每子目下黑题标目，引经史子集乃至民间俗语作诠释。或述源流，或明构造，或辨体制，或列沿革，各应其类目，侧重有所不同。有的引文注明出处，有的配以插图。例如：后集卷 11“器用类”：器用制度（略）。

筵（有图）《周礼》注云：“筵亦席也。在上辅陈曰筵，在下蹈籍曰席。”古人座席之重，再重各有差。

簋（有图）内方外圆曰簋，盛黍稷之器，有盖象龟其中。

爵（有图）一升曰爵，上有两柱，取其饮不尽之意；三足如戈，形戒其过则伤也。

《事林广记》在各种类书中别树一帜。首先，它包罗万象，保存了较多的宋元时代市井状态和民俗生活方面的资料。例如：别集卷 4“公理类”列各种诉状程式，有“军人告取封装状式”、“妇人夫亡无子告据改嫁状式”等，可窥见当时社会的风俗；续集卷 6 至卷 8“文艺类”载有当时民间各种娱乐活动方法，有“投壶”、“双陆”、“打马”、“蹴气毬”、“幻术”等，细述其形式方法，图文并茂，一目了然；别集卷 6“算法类”罗列“累算数法”，“足数展省”，“省数归足”，“九九算法”等都是当时民间习用的算法，同类中又有“鲁般尺法”、“玄女尺法”、“飞白尺法”等都是过去民间营造工匠世代沿用的尺度，以往无其他文献叙述过，这些在今天仍具有一定史料价值。如数学家李俨曾从此书中辑录“算法源流”编入其所撰《十三、十四世纪中国民间数学》一书。日本加藤繁著《宋代都市的发展》及英国李约瑟著《中国科技史》皆得益于本书，书中所附插图，亦来源于此。《事林广记》为宋元时期的研究提供了不可多得的民间生活资料。

其次，开类书大量附载插图之先河。书中附载图画，以便读者直观理解。溯类书之有图者，推源于唐仲友之《帝王经世图谱》(1201)，但其书绝大部分是谱，图仅有地图5幅，而无形象之图，故而大量附载插图之类书，始于《事林广记》。其图品类广泛，既有谱表、地图，亦有实物之图画。如“历候类”之“律度量衡图”、“古制莲漏之图”、“今制蓬漏之图”，“仪礼类”之“习跪图”，“农桑类”之“耕获图”，“平粜图”，“蚕织图”，“圣贤类”之“先圣遗像”，“昭烈武成王”，“禅教类”之“如来演教图”，“文艺类”之“夫子杏坛之图”，“道教类”之“老子出关图”，及“服饰类”之各种冠冕衣服图，“器用类”之度量衡具图，车制图等，或人物事件，或器具形制，逼真形象地再现于眼前。这使我们对古代器物，古人生活状况，有较直观的进一步了解。尽管其图绘制刻印颇为粗糙，亦有益于后世。从此，后代类书，如明代官修的《永乐大典》，章潢辑《图书编》及王圻撰《三才图会》，清代官修《古今图书集成》等都无不受之影响，于插图之属备受重视。

第三，《事林广记》征引古籍或已散佚，或系古本，而今不可多见，虽然其审校欠精，于比勘古籍，匡正谬误，亦有一定价值。该书后集卷7“辞章类”引梁任昉《文章缘起》全文，此文目前流行的皆明以后版本，前代不多见。本书所引却是南宋版本，用以校勘，发现大有善处。如“引”云凡“十五条”，今本“五”皆作“四”，核其所举，确为：十五事；又“诰”一条，“汉司隶从事冯衍作《德诰》”，今本都脱去“德诰”二字；又篇末载洪适刻书跋结语“绍兴三十年四月二日鄱阳洪适识”，今本仅作“洪适题”,《四库全书总目提要》据此疑为伪托自《盘洲集》钞入,查核《盘洲集》亦无年月,可知南宋流行者仍有年月而后为明刻本所失,可释其疑;另外,后集卷 13“武艺类”引《射经》,此《射经》为唐人王踞所撰,诸家皆有著录。宛委山堂本《说郛》卷 101 及《古今图书集成·戎政典》卷 279 皆载,以此与《事林广记》所引者对勘,始知《说郛》《古今图书集成》二者多误将双行夹注窜入正文。如“步射病色”一文,《事林广记》迄“卷弦入弰”一篇止,《说郛》《古今图书集成》二者后多出“弓有六善”一篇。此篇抄自《梦溪笔谈》卷 18 技艺第 6,为后人混入甚明显。凡此种种,可见本书于今在校勘诸方面的重要意义。

然而本书存在的问题也不少,校订粗糙,引文出处不够详明。就其应用内容上而言,与民间日常所需也有一定距离,布局颇不均衡,医药农桑等重要方面或述之过简,或付之阙如,所以虽经不断修订,还是被后出的许多民间类书手册,如《居家必用事类全集》《五车拔锦》《文林聚宝万卷星罗》之类的民间通用书籍所取代,这也是《事林广记》至今流传稀少的一个原因。

3. 《古今合璧事类备要》

《古今合璧事类备要》是一部廓汇事类流变的大型综合性类书。南宋谢维新、虞载应其友人书坊主刘德亨之约而纂是书。宝祐五年(1256)成书,前集、后集、续集为谢维新,别集为虞载所编。行世后,觉其门目未备,虞载又编外集。有宋宝祐五年(1256)大字本,诸家著录认为今已不传,现发现续集尚存九卷;明弘治十一年(1498)锡山华氏会通馆活字本;明嘉靖三十五年（1556）三衢夏相摹宋刊本；明万历三十七年（1609）锡山秦烁补刻三衢夏氏刊本；1971年台湾台北新兴书局据嘉靖三十五年摹宋刻本印行，4册。

谢维新（生、卒年不详），字去咎，建安（今福建建瓯）人，太学生，生平无考。虞载（生、卒年不详），字子厚，与维新同里，太学生，经历不详。

该书5集366卷。《四库全书总目提要》载117门，经复考，多有合并、另出，实际为152门。具体情况如下：前集69卷39门。计卷1—卷4：天文门；卷5—卷9：地理门；卷10：岁时门；卷11：气候门；卷12：占候门；卷13—卷14：时令门；卷15—卷17：节序门，卷18—卷19：祥瑞门；卷20：灾异门；卷21：帝属门；卷22—卷25：国戚门；卷26—卷28：亲属门；卷29：外亲属门；卷30：阃仪门；卷31—卷32，嗣续门；卷33：师友门；卷34：宾主门；卷35：故旧门；卷36：学校门；卷37—卷38：科举门；卷39—卷42：仕进门；卷43—卷44：儒业门；卷45：字学门；卷46：文房门；卷47—卷49：释教门；卷50—卷51：道教门；卷52：民事门；卷53：倡优门；卷54：人品门；卷55—卷57：技术门；卷58：寿典门；卷59：冠礼门；卷60—卷61：婚礼门；卷62：国哀门；卷63—卷65：丧纪门；卷66：襄事门；卷67：墓地门；卷68：哀挽门；卷69：鬼神门。

后集81卷46门。计卷1—卷5：君道门；卷6—卷10：臣道门；卷11：三公门；卷12：三少门；卷13：道揆门；卷14—卷16：执政门；卷17：枢属门；卷18：宰属门；卷19：左右史门；卷20—卷21：给舍门；卷22：翰苑门；卷23：经筵门；卷

24：台谏门；卷25：台官门；卷26—卷32：六部门；卷33—卷35：九卿门；卷36—卷38：三监门；卷39—卷41：三学门；卷42—卷43：史馆门；卷44—卷46：东宫官门；卷47：大宗正门；卷48：王府官门；卷49：院辖门；卷50：京局门；卷51：历官门；卷52：环卫官门；卷53：宦官门；卷54：三衙门；卷55：阁舍门；卷56：殿学门；卷57：阁学门；卷58：阁职门；巷59：宫观门；卷60：节相门；卷61：官品门；卷62：文武阶官门；卷63：节使门；卷64：国使门；卷65：帅阃门；卷66—卷71：监司门；卷72—卷73：守臣门；卷74—卷75：将帅门；卷76：郡官门；卷77—卷78：州官门；卷79—卷80：县官门；卷81：监当门。

续集56卷10门。计卷1—卷2：氏族门；卷3：姓名门；卷4—卷6：家世门；卷7—卷30：类姓门；卷31—卷41：性行门；卷42—卷47、卷49一巷51：事为门；卷48：人事门；卷52—卷54：恩仇门；卷55：祸福门；卷56：报应门。

别集94卷21门。卷1—卷5：都邑门；卷6—卷7：桥道门；卷8—卷9：关津门；卷10：市井门；卷11—卷12：乡里门；卷13—卷19：宫室门；卷20—卷21：苑囿门；卷22—卷39：花门；卷40—卷48：果门；卷49—卷53：众木门；卷54：竹木门；卷55—卷56：百草门；卷57：谷门；卷58：谷粟门；卷59—卷61：蔬门；卷62—卷63：五灵门；卷64—卷76：飞禽门；卷77—卷80：走兽门；卷81—卷85：畜产门；卷86—卷88：水族门；卷89—卷94：虫豸门。

外集66集36门。计卷1—卷3：典礼门；卷4—卷9；祭祀门；卷10—卷11：音乐门；卷12：乐舞门；卷13—卷16：乐器门；卷 17—卷 25：刑法门；卷 26：法令门；卷 27—卷 29：赋役门；卷 30：徭役门；卷 31：救荒门；卷 32：玺绶门；卷 33—卷 37：服饰门；卷 38：简笏门；卷 39：寝衣门；卷 40：衣服门；卷 41—卷 42：香茶门；卷 43：馈遗门；卷 44—卷 45：饮膳门；卷 46：饼饵门；卷 47：盐醯门；卷 48：珍馐门；卷 49：帘帷门；卷 50：屏风门；卷 51：床箦门；巷 52：鼎镬门；卷 53：镜照门；卷 54：灯烛门；卷 55：灯火门；卷 56：矢门；卷 57：刀剑门；卷 58：舟舰门；卷 59：器物门；卷 60：伞扇门；卷 61：财贷门；卷 62—卷 63、卷 65—卷 66：财用门；卷 64：锦绣门。

门下又设目，每子目是门下有关的事类。前集 491 目，后集 416 目，续集 570 目，别集 410 目，外集 430 目，共计 2 316 目（后集致仕一目，有录无书）。此书前集以天地万物等自然现象为主；后集以典制职官为主；续集主要以姓氏称谓为主；别集包括廓邑，花木等；外集则以日用器物为主。每类大都首冠总论，叙述此类事物的渊源，考索其演变过程，现存情形及种类区分等。或作古今源流，或作历代沿革，或作古今总论，或作考索备要，或作格物丛话等。次为“事类”，序抄经史百家，罗列其中与主题有关的事物及事物别名称代，名物山川，传说典故，乃至圣贤人物等，引文力求完整。再为“诗集”，辑录诗文韵语，引书止于当代。最后有的类目还附有“乐府”，乐府即词，通常引录词作全文。其引文皆用双行小字注明出处及作者。如：

别集卷 36　花卉门·蓼花。

格物丛话　蓼有二种，不可不之辨也。其一树身笔直，高者丈余……其一丛生，高不下二尺许……

事类　古国号（后双行小字，下同）霍丘一号西蓼，东蓼盖

一之蓼一也。(《安丰志》)

孔戚《蓼虫赋》……(此略)

诗集　杂芳菲　蓼一畴　(韩文)

乐府　渐蓼花明　金井先秋，梧叶飘黄，几回惊觉梦初长，雨微烟淡，疏雨池塘，菱花净，藕花凉……(《行香子》王晋卿)

随具体情况，各部的轻重增减，排列各异，如后集、续集重在源流，别集重在诗集。事类、前集等乐府一款略去。

该书搜罗广泛，各集偏重汇集某一主题有关的事类，以词系事，自渊源及流变等有条不紊，清晰可辨。由此及彼，使人窥一斑而知全豹，求其一则知其二，"如游元圃而取瑶宝，入武库而缮甲兵"，补前人不善纪事"徒载首尾而不得其要，畛分门目而备失其伦"之弊，大大便益于考索。但由于此书博采广引，收录宏富，加之前后增删，其门目多有混乱。如：前集宠妃、奴婢 2 门归入人品门，吊礼门阙，归于丧纪门；后集缺尚侍门，府属门作宰属门，谏官门作台谏门，缺四辖门，作院辖门，缺杂押门，作官品门，武臣门作将帅门，幕官曹官，皆见于州官门，增郡官门；续集另出恩仇等 4 门；别集国都门作都邑门，另出桥道、关津等 20 门，名异而实同；外集狱讼门作法令门，赋税门、赋讼门并作赋役门，征役门作徭役门，平粜门作救荒门，礼乐、器用，珍宝诸门另出典礼、屏风等 30 余门，皆与原总目不符。又有错讹，如：虫豸门误为虫象门者。

该书之分门别类，踵接前代，无甚创新。而各集之分又专务翔实，虽有零乱错杂之处，然瑕不掩瑜，以备为其目，以要为其纲，内容集中而标目鲜明，提纲挈领，重点突出。后世类书，像明《永乐大典》《唐类函》，清《古今图书集成》《渊鉴类函》等皆广采其义，成为它们资料的重要来源。其收书兼及宋代，当时有许多遗事佚诗，像苏东坡《咏雪诗》以“富贵势力”分四首，不见于本集，而见于本书，清厉鄂作《宋诗纪事》，多从此中辑出。另外，宋代官制颇为冗杂，《宋史》所载往往仅存其名，不得其要，当时人诗文中所称，今大多不知是何官，而本书后集，专论官制，条理清晰，尤可资考证。又如《历代赋汇》之属，宋以下各代辑佚汇编，从中得益者不在少数。其延续至今，仍不失为一部资料宏富的百科知识大全。

4.《韵府群玉》

《韵府群玉》是现存较早的一部分韵隶字，以字系事的类书。元阴时夫撰，其弟中夫注。唐颜真卿有《韵海镜源》为分韵隶事之祖，然其书不传已久。押韵之书，大盛于宋末元初，《韵府群玉》即为此时之作。有元大德二年（1298）刊本，残；元延祐元年（1314）刊本；明洪武八年（1375）刊本；明天顺元年（1457）叶氏刊本；明嘉靖元年（1522）刘氏刊本；明万历元年（1573）王元贞增修刊本；清康熙元年（1622）河间守徐可先之妾谢瑛，又取其书重加增删以广流传，已非原貌。《四库全书》所收乃明刻本，馆臣谬称元本，误。

阴时夫（生、卒年不详），名幼遇，别字劲弦，一名时遇，奉新（今江西奉新）人。7岁登宋宝祐元年（1253）九经童科。入元不仕，有著书立言之志。其父阴竹野曾有凡例旧则，为《韵府群玉》之始。时夫秉其志居聚德楼30年，撰成是书，流传于世。阴中夫（生、卒年不详），名幼达，一作复春，为时夫弟，有《韵府群玉注》。一说中夫为时夫兄。

该书据《四库全书》本20卷，分106韵，计卷1：上平声，一东（独用，下同），二冬（与钟同用）、三江；卷2：上平声，四支、五微、六鱼；卷3：上平声，七虞、八齐、九佳（与皆同用）、十灰（与咍同用）；卷4：上平声，十一真（与淳臻同用）、十二文（与殷同用）、十三元（与魂辰同用）、十四寒（与桓同用）、十五删（与山同用）；卷5：下平声，一先（与仙同用）、二萧（与宵同用）、三肴、四豪、五歌（与戈同用）；卷6：下平声，六麻、七阳（与唐同用）；卷7：下平声，八庚（与耕清同用）、九青、十蒸（与登同用）；卷8：下平声，十一尤（与候幽同用），十二侵、十三覃（与淡同用）、十四盐（与添严同用）、十五咸（与衔凡同用）；卷9：上声，一董、二肿、三讲、四纸（与止旨同用）、五尾、六语；卷10：上声，七麌（与姥同用）、八荠、九蟹（与骇同用）、十贿（与海同用）、十一轸（与准同用）、十二吻（与隐同用）、十三阮（与混很同用）、十四旱（与缓同用）；卷11：上声，十五潸、十六铣（与猕同用）、十七筿（与小同用）、十八巧、十九皓、二十哿（与果同用）、二十一马、二十二养（与荡同用）；卷12：上声，二十三梗（与耿静同用）、二十四迥（与拯等同用）、二十五有（与厚黝同用）、二十六寝、二十七感（与敢同用）、二十八琰（与忝俨同用）、二十九豏（与槛范同用）；卷13：去声，一送、二宋（与用同用）、三绛、四寘（与至志同用）、五米、六御、七遇（与暮同用）；卷14：去声，八霁（与祭同用）、九泰、十卦（与怪夬同用）、十一队（与代废同用）、十二震（与稕同用）；卷15：去声，十三问（与焮同用）、十四愿（与恩恨同用）、十五翰（与换同用）、十六谏（与裥同用）、十七霰（与线同用）、十八啸（与笑同用）、十九效、二十号、二十一个（与过同用），卷 16：去声，二十二祃、二十三漾（与宕同用）、二十四敬（与诤劲同用）、二十五径（与证嶝同用）、二十六宥（与幼候同用）、二十七沁、二十八勘（与鉴梵同用）；卷 17：入声，一屋、二沃（与烛同用）、三觉；卷 18：入声，四质（与术栉同用）、五物（与迄同用）、六月（与没同用）、七曷（与朱同用）、八黠（与辖同用）、九屑（与薛同用）；卷 19：入声，十药（与铎同用）、十一陌（与麦昔同用）；卷 20：入声，十二锡、十三职（与德同用）、十四辑、十五合（与盍同用）、十六叶（与帖业同用）、十七洽（与狎乏同用）。“独用”或“同用”，表示这些韵部在唐宋科举考试中，不能与其他韵部字混押或可以同押。

该书共 106 部，每部之下，同调、同韵、同声的字排列在一起，使之相互统一而又不混杂，在同一韵部之中，不同的“小韵”排列上以一个小圆圈相间隔以示区别。每字下，双行小字，以反切标音，引《说文》释义，时夫原作无此项，元末窜入，又援引经史子集，注明出处。其下又列以句尾相同的词句，摘举各种词藻韵语供作诗赋押韵时使用，从二字至四五字不等，每句双行小字系事，亦注明比处。如卷 5 下平声，一先 • 铅：

铅　《说文》：青金也，锡之类，生于蜀。《书》：一松怪石。又一粉，胡粉也。

怀铅　扬雄～～提椠从计吏访四方语而作《方言》。（《西京杂记》）……筑中铅　高渐离以铅置～～扑始皇，不中。详筑。龙汞虎铅　详汞。

活套　朱～，汞～，贡～。

这里“详×”是互见的，在另一条目中有详细引录，此略。最后又有作“活套”，大都是习惯用语，常用语之属。还有的作“人名”来录与之相关的历史人物等。

该书在宋末刘渊等合并 107 部基础上秉承金人王文郁 106 部，把上声的拯、等韵并入迥韵，合 206 部为 106 部，虽细微之处，或有差异，但大体相同。在此，以韵为纲，于类书中引入字音总汇的意义，在古今类书中，别具一格。其最大特点是分韵隶字，以字系事，把纷繁复杂的汉字按其韵部分野编汇在一起，句尾相齐、尤利于查考。该书之作，是为了给人们作韵文时，提供选择韵脚的便利，因此其制比较规范，各韵分隶字事，也颇精细简赅。但该书也尚存在不少错误，尤其韵部标目多有讹误，如卷 10“七麌”（与姥同用），姥误作妹；卷 15“十五翰”（与换同用），换误作翰；卷 16，“二十四敬”（与净劲同用）、劲误为臻等。另外该书虽收采广泛，但其中正要紧的词亦遗漏不少。如“足”字欠“管宁濯足”一条，“栅”字欠“青溪栅”等。正所谓“一叶一花，偶然掇拾，来睹夫邓林之茂蔚也”（《四库全书总目提要》），其广博犹有不足。

古人所谓“凡有文藻，即须明声韵”（陆法言《切韵序》）。该书即以汇集事对文辞，专为应试而制的韵书，丰富为以韵隶字自成体系的类书。元人韵书因袭金人，金人韵书自毛麾及王文郁《平水韵略》起，渐并 206 韵为 106 韵，元人韵书今多不传，传者以此为佳，这便使该书在此过程中起着关节作用，由此可窥见当时并韵的原貌。而《四库全书总目提要》有“南宋类书至多，亦罕踵其（注：指《韵海镜源》）例”，及其刘渊《壬子新刊礼部韵略》为“今韵”之“大辂椎轮”二论，经考证皆与事实不符，宋人已有《韵类题选》《书林韵会》等，虽然和后来的《诗韵》一样，但也都是“以韵类事”之书，卢嘉锡《四库提要辨证》已有分析，此不赘言。明代洪武、永乐二帝对本书颇为重视，《洪武正韵》即是自本书削删而成，虽然像解缙等名士对其简陋抨击不止“《韵府》出于元之阴氏，鄙猥细懦，学孤识陋……钞辑秽芜，略无可采”（《解文毅公集·卷一》）。但后来永乐间（1405）编22 877卷的鸿篇巨制《永乐大典》，明成祖构思的根源却是得自《韵府群玉》。清代《佩文韵府》《佩文诗韵》等也是据此重编，加以扩充而成，其纲架结构，皆取自本书。因此《韵府群玉》作为一部较有特色的类书，无论在古音韵，声律及语义学上都有着重要地位。

该书历代增删不绝，如元钱全衮《韵府群玉补遗》10卷；明弘治中包瑜《韵府续编》40卷，万历中有《新增说文韵府群玉》20卷；清代以谢瑛删改本为代表等。

5. 《分类字锦》

《分类字锦》又名《御定分类字锦》，是清代一部官修的专门性类书。何焯、陈鹏年等奉敕纂。据《原序》所载，康熙在山庄避暑，闲暇之时以翰墨自怡，卷帙充积，广博群要。遂于司马相如之言而感“词赋虽雕虫小技，亦必掞藻敷华，饰琢其章句。然后文质相宜也”。爰命何焯、陈鹏年荟萃百家之书，择其字之雅丽者，历时三载，全书告成。康熙帝亲为其作序。康熙六十一年（1722）刊行广布。现有康熙六十一年内府刊本；1967年台湾永和文友书局影印本；1984年台湾文海出版社影印，分成精装

17册。

何焯（1661—1722），字屺瞻，晚号茶仙，学者又称义门先生，长洲（今江苏吴县）人。为诸生时即负盛名，康熙中以拔贡生值南书房，赐举人，复赐进士，官至翰林院编修。蓄书数万卷，多宋元旧刻。其学长于考订，评校之书，名重一时。有《义门读书记》。陈鹏年（1663—1723），字北溟，别字沧州，一名鹏，湘潭（今湖南湘潭）人。康熙进士，累擢辽宁知府．以清廉者著称，后官至河道总督兼漕运总督，卒谥恪勤。著有《喝月词》《历仕政略》《物类辑古略》等。

该书64卷，分40门，大都是秉承上代类书的门目分法，鲜有特色。计卷1—卷2：天文门；卷3—卷4：节令门；卷5—卷6：地理门；卷7—卷9：山水门；卷10—卷11：帝后门；卷11：藩戚门；卷12—卷13：伦常门；卷14—卷15：肢体门；卷16—卷17：人物门；卷18—卷20：佩服门；卷21—卷22：饮馔门；卷23—卷24：宫室门；卷25—卷27：器用门；卷28—卷29：礼仪门；卷30—卷31：音乐门；卷32—卷34：职官门；卷35—卷38：政教门；卷39—卷40：文事门；卷41—卷42：武备门；卷43—卷44：技艺门；卷45：境遇门；卷46—卷47：释道门；卷48：菽粟门；卷49：布帛门；卷50：珍宝门；卷51—卷53：果木门；卷53—卷54：花卉门；卷55—卷58：鸟兽门；卷59—卷60：虫鱼门；卷61：数目门、干支门，卷62：卦名门、采色门、巧对门、借对门、双声门、叠韵门；卷63：偶字门、通用门；卷64：祥瑞门。这里卷11藩戚门是附在帝后门后另出的。卷61、卷62、卷63的数目、干支、卦名、双声等门，依类书先例本不应独立设门，此处专从事对的特殊意义上予以重视，以适应士子们应试猎取词藻之用。

每门之下，大多设若干小类，共 681 类。每类又分为“二字成对”、“三字成对”、“四字成对”以排列词语。每句词语下又以双行小字引录事文，注明出处。另设“备用”一项，只收录单词，将那些无法骈连成对的，依照各自的字数，附掇于末，每单词以仄、平分隶，援引诗文，亦注明出处。如：卷 7　山水门·泰山第二。

二字成对

兖镇　《周礼》职方氏河东曰：“～州其山～日岱山”

鲁詹　《诗》：“泰山岩岩，～～邦所～。”

二字备用

仄　东岳　《尔雅》：“太山为～～。”

平　岱宗　《书》：“岁三月，东巡守于～～。”

三字成对

临渤澥

控河沂　“岩菱临渤～，隐嶙～～～。”……

三字备用

仄　万物始　唐明皇《纪泰山铭》：“其方处～～之始，故称岱焉。”

平　冲青天　谢道韫《泰山诗》“巍峨东岳高，秀极～～～。”

四字成对

神房阿阁　《尹子》：“泰山之中有～～～～。”

玉几金床　《列仙传》“岱宗石室中，上下悬绝，其中～～～～。”

四字备用

厌　赤霄可接　张说《大唐封禅颂》："～～～～，白云在下。"

平　青壁云梯　王守仁《登岳诗》："云梯推青壁，仰见蛛丝微。"……

类书中全用对句的，始于隋朝杜公瞻之《编珠》，"然其书，《隋志》《唐志》皆不载，至《宋志》始著录，而宋人无引用者，亦无旧刻旧钞流传于世，至康熙中，乃有高士奇家刊本，颇疑依托。其灼然可证者，当自《初学记》之事对始。"（《四库全书总目提要》）但像《初学记》一类也只是每门之内附载数条而已，并非全部如是。全部用对句的，以明杨慎的《谢华启秀》较为广博，而篇帙无多，"标新异而有余，备采用则不足"。《分类字锦》则博采群书，有许多典籍为内府珍藏，一般人无从得见，且体例详明，剪裁精致，颇能迎合当时士子们文饰之需。本书因是敕修，《四库全书总日提要》亦多溢美之词"至于累牍连篇，集为巨帙，无一字不工，则自古以来未有逾此编者"。清帝玄烨对此书评价亦甚高。然而实际上此书的作用在当时只是为了夸示统治者的喜好风雅，以供文人作文吟诗时掇拾词藻而已。

但其门类完备，胪列百家，包罗丰富，于文史阅读研究方面，亦便查询。而其中"百渠天禄之珍藏，既多未睹之秘"（《四库全书总目提要》）保存了历史、地理、典章制度、文学艺术、风俗习惯等资料。我们今天利用《分类字锦》主要是在于从中查考一些词语的出处。但由于此书引用所列词语的诗文仅一小段或一句，且有的引文只注书名，不详作者，难以核对，其功用远不及《佩文韵府》与《骈字类编》。

论《四库禁毁书丛刊》对《四库全书》文献体系的完善与贡献*

一

中国的书厄大抵除水、火、虫等天灾之外，更多是由人祸所致。人祸中又以战争为最，自秦火以降，梁武的江陵之焚，明内府大库的兵燹，朝代更迭，战乱纷争，珍贵典籍屡屡付之劫灰，公私藏书损毁十分严重。隋代牛弘曾、明代胡应麟等人先后论及秦至明朝期间书籍的劫难，计有“十厄”之说，全都与战争密不可分。如果说战火兵燹的乱世，典籍的命运与人的命运一样，带有浓重的不可逆料的色彩，那么，太平时期，保存书籍的外在环境的改善和人们崇文向学的心态，应该说使典籍遭受大规模的人祸等不利因素逐渐减少，然而威胁依然存在，其后果有时甚至比战争带来的灾难更为可怕。主观因素的加强从而也构成了人祸因素新内容，如统治者权利的角逐、思想意识的改变、对异端思潮的禁锢等，作为载体的典籍文献遂成了政治斗争和思想斗争的牺

---

* 本文原载于《四库禁毁书研究》，北京出版社，1999 年，第 57—82 页（合作，执笔）。

牲品。清乾隆年间以修《四库全书》为名，行禁书之实对典籍造成的空前的浩劫就是一大明证。

乾隆三十九年至五十八年，随《四库全书》访书修书的进行，在全国范围内大规模开展了禁毁书运动，历时 19 年之久，或删改，或抽毁，或全毁，其间文字狱迭起，牵连数以万计，手段名目繁多，集古今大成。对此顾颉刚有一段很深刻的评价：“惟其寓禁于征，故锢蔽摧残，靡所不至，其沦为灰烬者，又不知几千万卷也。试盱衡《四库》所入，忌讳略撄，即予点窜，删削更易，多失厥真。夫其禁者则散佚焉，其采者又残焉，书之厄运，岂非秦火而降一大事乎！”[1] 在漫长的禁书运动中，据孙殿起《清代禁书知见录（外编）》、姚觐元《清代禁毁书目（补遗）》、邓实《奏缴咨禁书目》、陈乃乾《索引式的禁书书目》，不完全统计禁毁书达三千余种，所销毁书之总数达十万部以上。

征书务求其广、其全，所以排斥复本，只要一种即可，而禁书则务求斩尽杀绝，一种书其化身千万，一律付之一炬，不让谬种流传。通过自查、照书名按图索骥，以至从地方志顺藤摸瓜等方式，动员全国上下一起行动，效果十分显著。但是百密必有一疏，还是有一些禁书因各种原因流传下来，成为人们枕中之秘，更多的则随历史烽烟的侵蚀，慢慢销亡了，这种销亡还在持续。据不完全统计现存禁毁书约一千六七百种，珍藏于海内外公私藏书家手中，这是一笔极珍贵的文化遗产。北京大学的一批中青年学人以高度的历史责任感，不畏艰难，历尽诸多苦难，终于编辑出版了《四库禁毁书丛刊》，这是中国文化史上的盛事，不但为研究禁毁书本身的产生、发展乃至中国古代社会经济、政治、文化等发展提供了新鲜的第一手资料，而且对传统文化传薪续命，对《四库全书》文化体系的完善起了重要的作用。众所周知,《四库全书》是不完整的，禁毁书目整理乃至《四库禁毁书丛刊》的出版使之日趋完善，无论从《四库全书》的典籍系统，还是从《四库全书》本身，乃至《四库全书》的研究等方面,《四库禁毁书丛刊》都为《四库全书》文化体系重又补回了不可或缺的重要一环。那些使统治者惊恐的文字，在天地坦荡、风清月白之际，重现人间。它所诉说的真实的过去，使我们更清晰地看到了历史本来的面貌，剥掉粉饰，拾回了文明的碎片，有些历史或许要重新审视和重写。这就是禁毁书的意义所在。

二

满族入主中原，虽然以强制的军事手段统一全国，但其落后的文化及风俗，在汉代先进的文化的对照和碰撞中同化。汉族知识分子强烈的华夏正统思想和爱国情感，以及对清代统治者的不满，在明末清初的著述中通过隐晦和直接的方式大量存在，这种隐患的存在和蔓延对清朝的统治构成了威胁。这时，康雍时期君主专政体系在政治领域已臻于完善，至乾隆年间则随惯性和当时太平盛世的物质条件和其他形势日趋好转，遂将皇权专制推向社会的其他领域，来解决思想文化上的隐患，维护皇权，弥合夷夏之辨带来的负面影响。一方面推行儒家正统的伦理，巩固其文化基础；另一方面清理一切有碍“圣人之道”的思想，将之从文化领域全部扫除。“稽古右文，以聿治理”[2]。按自己的意图改写历史，太平盛世的环境提供了物质基础和精力，并通过对文化典籍整理——编纂《四库全书》的方式来实现，寓禁于征，手段颇为高明。

乾隆三十七年搜集古今群书“及时采集，汇送京师，以彰千古同文之盛”[2]。

三十八年《四库全书》开馆，三十九年禁毁书运动开始在全国展开。

四十二年，浙江省获违碍书259部，江苏省10 640余部，安徽省亦获“伪妄书”计218种，29 276本，至四十八年两江总督萨载奏收缴18种，书板447块，四十九年，安徽巡抚富躬奏，本年各属又经查出“违碍”新获各书19种，93本，从前通禁各书180种，1 180部，并书板4部364块。孙殿起根据大量资料统计认为，“在于销毁之例者，将近3 000余种，67万部以上，种数几与四库收书相埒。”[3]

据《四库全书总目》统计，共著录书籍3 461种，79 309卷；存目书籍6 793种，93 551卷，加上禁毁的书籍3 100余种，6.7万卷，几乎囊括了清朝乾隆以前中国历史上重要典籍。“萃四千余年之文化，以成历史典籍之大观”[1]，从另外一个角度看，达到了乾隆点缀盛世，超迈古今的目的，也从客观上对中国传统文化进行了一次大总结，为后人留下了一笔重要的文化遗产。由于乾隆“寓禁于征”的指导思想，使这次举全国之力，集诸多学者之功，耗时耗资巨大的文化总结，带有鲜明的政治烙印，以其政治标准人为割裂历史，将典籍分为“著录”、“存目”、“禁毁”三个层次。符合其政治思想要求的著录，收入《四库全书》垂范后世，稍有偏颇的入存目，而违碍相悖的，坚决予以销毁，使之不存留于世。随之也从形式上构成了以《四库全书》为中心的典籍体系，《四库全书》与“四库存目书”、“四库禁毁书”，组成了对这次文化大总结的完整表述。从编纂的主观意图上，它们之间是有层次的，是相互排斥的。而从客观大文化的角度，它们又是一个整体，它们相互补充，相互完善，将扭曲的历史和思想恢复到本来的真实面目，对研究中国传统文化，尤其是明清思想和历史，提供了重要依据，禁毁书在其中是不可或缺的，并起着无法替代的作用。

禁毁书的存在，不仅仅在于其是烬余之物，传世稀少，为《四库全书》典籍系统从形式上起了完善作用，更重要的是其所具有的独特的文献价值，成为中国政治思想和文化、历史的发展史上失而复得的一环，其所具有的文化特性，从内容上也完善了《四库全书》的典籍系统，再现了中国传统文化的大总结的盛况，尤其在对某些历史阶段的研究和评价中起了决定作用。

1. 首先是政治思想和哲学的重估

禁毁活动的本质就是将赖以维持清朝统治的宋明理学和皇权专制进一步在文化思想领域中强化，并用这个政治标准来改造和禁毁与之相悖的历史文献。对以前则不适用谬种流传，实现对今人和后人“敦教化、正人心、厚风俗”[4]的目的。这个思想不但贯穿于政治思想和哲学，还以更具体的形式贯穿于历史、文学等各个文化思想领域。

明末清初“天崩地解”，人们对明末柔靡空泛的学风进行了血的反思之后，战乱的伤痛，异族压迫的屈辱，反映在思想领域就是对程朱理学以及传统道德观念的再认识，对皇权专制的批判，民族意识和故国情怀的高涨，这些都与典籍文献删削禁毁之后呈现出漠然的“雅驯”和“温柔敦厚”大相径庭。

（1）对宋明理学的检讨

在明末清初，由于当时的社会背景，迫使知识分子不得不对以往的思想进行检讨，对现实社会进行深刻的分析，以顾炎武、黄宗羲、孙奇逢等为代表的“实学”，是对“宋学”的“经世致用”的创新，强调关注社会、正视人生，提倡人本主义思想，对朱熹等进行了尖锐的驳斥。因为他们的身份和思想的出发点都是反清的，他们的著作首当其冲遭到禁毁，禁书运动中凡与程朱理学相抵触和不符合传统道德观念的书一律遭到禁毁。值得注意的是受数百年宋明理学熏陶的知识分子，痛定思痛，开始对其虚伪性进行了批判，努力挣脱枷锁，而自关外入主中原的清朝统治者却奉为金科玉律，一方面是以此奴化汉族知识分子，使之成为束缚人们思想的统治工具；另一方面也是乾隆等清帝长期接受儒学教育的结果。因此明末清初“有悖于正统”的启蒙思想家的著作几乎都被禁毁，他们的思想及作品对宋明理学及传统道德的反思或批判是重要原因。

除硕学大儒之外，对宋明理学等思想的检讨也普及到许多知识分子，如明谢肇淛的《五杂俎》有些思想与传统思想不同，一是反对宋儒理学的“天理”之说，强调唯物思想。他指出“天”是“气”凝聚而成的。“气”则是客观世界的最基本原素。“天”是一定的物质实体，有生存坏灭的变化，所谓“理”，就是客观世界的规律。朱熹“谓理即天，终恐未是”。反对天人感应，轮回报应等迷信思想，谈到雷电击人等现象，他认为灾祥之降不是上天有意的，只是巧合，是一定规律的反应，这都是与传统天命论的根本对立，具有进步意义。一是他从人性出发，肯定了人欲望的合理性。情欲是人人有之，应顺其自然。有些人虽然去限制别人，而自己照样去做。宋儒对妇女要求节烈，男人却秦楼楚馆，这实在是荒谬的。由此引申人对美味、享乐生活的追求也予以肯定。这在尊崇程朱理学作为治国之策，以“灭人欲，存天理”束缚人民思想的时代无疑是“离经叛道”，是进步思想的曙光与人性的觉醒。

（2）皇权专制的严猛之举与批判

乾隆初政的十几年间，缓解各种矛盾，为政以宽缓为主，对雍正峻急的统治方略带来的弊端进行了纠正，然而进入中期，随大小金川的平定，各种矛盾的缓和，后来却发生了流传十余个省的孙嘉淦伪稿案，让乾隆觉得全国涌动着潜在的不满与危机，这都是自己宽缓政策所致，他反思的结论是，必须推行严猛的方略来巩固皇权专制，欲将一切旧刻新编的书籍凡有“违碍”词句的全部予以删改，乃至禁毁，从根本上彻底消除汉人思想中的反清意识。其对文字的苛求达到了病态的程度。在终乾隆一朝一百三十多起文字狱中，精神病患者偶因文字不慎而构成大案的竟有二十余起之多，如丁文彬逆书案、柴世进书案、张毅书同词悖逆案等，这些疯子根本谈不上什么政治见解，罪名罗织到他们头上，以致凌迟处死，亲属连坐，骇人听闻。鲁迅有一番精辟的总结：“大家向来的意见，总认为文字之祸是起于笑骂了清朝，然而，其实是不尽然的……有的是卤莽；有的是发疯；有的是乡曲迂儒，真是不识忌讳；有的则是草野愚民，实在是关心皇家。”[5]实际上是为了立威，表示皇权专制，哪怕是疯子亦不可触犯。所以王锡侯编《字贯》在凡例中直书康熙、雍正、乾隆的名字，被打成“从来未有”的特大逆案，刘峨刷卖《圣讳实录》也被斩立决[6]。至于"违碍"颇多的明末典籍，古往今来的图书更是逃不出罗网。

消除皇权威胁的另一方面是打击朋党。当时在朝廷中以鄂尔泰与张廷玉为首，雍正死后曾留下遗诏，准鄂尔泰、张廷玉身后配享太庙。乾隆即位，鄂、张同被任命为辅政大臣，两位重臣，相互对立，互争高下，形成两大派系，乾隆除采取行政手段打击二人势力外，又精心策划了胡中藻诗案，将鄂、张势力彻底剪除。胡中藻为鄂尔泰高足，是鄂派中的重要人物。乾隆二十年，清廷将胡中藻拿获，罗织罪名达四十条之多，主要从其诗集《坚磨生诗钞》中摘取的句子，如"一把心肠论清浊"，"加浊字于国号之上，是何肺腑"[7]等都是望文生义，谬加指责。然而事情还没有终结，株连向纵深目标发展，鄂昌、史贻直、鄂容安乃至已死的鄂尔泰都受到治罪的惩处，以为大官植党者戒。同时也对张派予以警戒，从而树立绝对的专制权威，让臣民人人自危，噤若寒蝉，绝对服从。终乾隆一朝，朋党冰消瓦解，达到了皇权尊崇无上，乾纲独断的目的。

天文占验，妄言祸福类的书有蛊惑人心，以代天而言，预测时事，不利皇权，统以"妖术"禁毁[8]，如《天元玉历祥异赋》《乾坤宝典》，乾隆二十年左必臣仿俗传刘伯温逆书案，二十二年周端家藏妖书《古圣遗书》案等，给我们勾勒出一个皇权专制错综复杂、血色斑驳的世界。封建专制的狞厉与凶残，正反对衬出对它的反抗与批判的激烈，这样的斗争随社会的进步也一直没有停止过。

（3）华夷之分与民族意识

"乾坤反覆，中原陆沉"，从汉族士大夫来看，清朝以少数民族入主中原是以夷犯夏，“夷狄盗窃天位”。儒学传统的“夷夏之防”主张区别“夷”与“夏”，维护华夏的统一，“夷夏之辨”也是先进与落后、正与邪之辨。这样的命题现在已经过时，但在那个时代，它却给予深受儒家思想熏陶的汉族士大夫以深远的影响。明末清初，当武装抗清斗争失败之后，反清思想通过各种方式存在，最直接的是存在于著述文章之中。王夫之、吕留良等借“夷夏之防”阐发民族大义，“华夷之分，大过于君臣之论”[9]。先分清是“华”还是“夷”，才能讲君臣之间的伦理关系。“夷狄盗窃天位”，对其进行反抗是正义的，以保持民族气节，不作异族之臣民。一方面在文章中无视清朝皇权，多用“奴”、“贼”、“虏”、“夷”、“腥”之类蔑称，指斥其非。一方面追怀故国，不与统治者合作，遁迹山林，以文字抒写一腔悲愤。因此章炳麟在《訄书·哀焚书》中说：“明隆庆以后，诸将相献臣所著奏议文录，若高拱《边略》、张居正《太岳集》、申时行《纶扉简牍》、左光斗《左忠毅公集》、缪昌期《从野堂存稿》、熊廷弼《按辽疏稿》《书牍》《熊芝冈诗稿》、孙承宗《孙高阳集》、倪元璐《倪文正遗稿·奏牍》、卢象升《宣云奏议》、孙传庭《省罪录》”[10]以及明清之际袁继咸《六柳堂集》、金声《金大史集》、钱肃乐《偶吟》、张肯堂《寓农初仪》、张煌言《北征纪略》、顾炎武《亭林集》、黄宗羲《行朝录》等诸家著述皆付之劫灰，华夷之分和民族意识是其主题。

2. 揭开历史的真实一页

从查禁图书一开始，晚明史乃至明史就是围剿的重点，三十九年八月五日，乾隆发布禁书谕令，特别强调“明季末造，野史甚多，期间毁誉任意，传闻异词，必有诋（抵）触本朝之语”。责令各省督抚“正当及此一番查办，尽行销毁，杜遏邪言，以正人心而厚风俗。”[11] 自当代上溯至宋元，凡涉“斥金”、“斥元”的书籍均遭查删、篡改。其间八百余年，与清有关的史实，以及宋至清具有民族思想论史述文的，都难逃厄运。因此这段历史的真实性、系统性就成了问题，我们从粉饰的历史中看不到反抗和斗争，只是麻木和苍白，正是借助禁毁书，我们才揭开历史真实一页，轰轰烈烈的历史才显得有血有肉，丰富而激动人心，那是一段用血泪写就和用血泪保存下来的历史。

晚明史著述的高潮迭起在中国历史上是少见的，它的产生是由于当时波澜壮阔的社会生活和政治斗争为这一现象提供了丰富的素材，而且是汉族士大夫“追怀胜国”心态和思想的激烈反应。这些明朝的故老遗民在军事斗争失败之后，对自己理想的追求通过著述反映了出来。他们是这段历史的见证，拥有丰富的资料，其价值自然十分的重要。

（1）晚明史的再现

整个一部晚明史其实就是一部与清军抗争的历史，自然其中亦不乏当事者迂腐、颟顸、无能、党争、内讧，乃至见利忘义、贪生怕死之类的事实，这构成了清军胜利的原因。而更多的是同仇敌忾、舍生取义的斗争，是高昂的民族情怀，让清朝统治者有注水入沙、投粟于海的恐惧。使这部分历史销声匿迹，免得造成更大的影响，便成了统治者的当务之急。要重述这段历史，不论是站在明遗民的角度，还是企图站在清军胜利者的角度都无法绕过清军征进与抗清斗争。因此这段历史也格外被关注，著述十分丰富，因作者不同身份，详其所长，略其所短，为晚明史的再现提供了详尽的资料。记事大都自万历后期开始，比较早的陈建著《明通记》和许重熙的《明注略》《神宗大事纪要》以及叶向高的《泰昌实录》等，记嘉靖至天启年间事，《泰昌实录》于光宗册立，立储一事，国本之争，挺击案，记述尤详，还记述了明朝政府有关抵御金兵的策略与措施，奖励或优抚抗金将士的各种规定。崇祯一朝著述渐多，李逊之的《崇祯纪略》以编年体记事，前列历史事件概要，下附详加疏解，"见闻质实，议论亦平允"[12]作者其父为天启间御史罹党祸，为魏忠贤所害，故其书载党祸详尽。王世德《崇祯遗录》记崇祯生活，冯梦龙《甲申纪事》记李自成进入北京及大顺与清兵山海关之战。这一年明朝灭亡，清军九月定都北京开始了其统治历史。"甲申之变"的历史大动荡都在书中有所反映，有些与其他史料出入很大，如张家玉，后人把他当作明朝的忠臣，书中记录其降大顺，并授原官，作者将其归入逆臣之列，可资参证。清朝入主北京后，明残余力量，推戴福王朱由崧在南京建立政权，号为弘光，南明弘光、隆武、永历三朝政治、军事斗争空前激烈。文秉的《甲乙事案》，写弘光定朝偏安一隅，不思进取，朋党倾轧，置国事于不顾，"权奸误国，千古同揆，可胜叹哉"！ 全书搜集史料甚繁，多资参考，如大悲案之缘由，李清上疏为其祖李思诚辩护，误入逆案等记载，具有极高的史料价值。谢国桢先生赞其书"脉络详明，前后情事，斐然可观"[13]。邹漪的《明季遗闻》记弘光朝亦称详备。由于政令不行，朝纲紊乱，史可法、左良玉等备受排挤，多次军事行动都遭败绩，名将以身殉难，弘光小朝廷一年便告瓦解，后来武隆、永历两个小朝廷相继成立，虽然有黄道周、瞿式耜等忠心谋国家，但政治腐败、党争纷起，军队火并依然，而强大的清军逐个击破，抗清志士们终究无法挽救南明王朝灭亡的命运。这些史实在钱秉镫《所知录》、郑亦邹的《明季遂志录》等中都有记载。而其中几次重大的军事行动，如张煌言《北征纪略》记郑成功北征的始末，详尽描述了这一历史过程，这次大规模进军长江的战争，是南明朝抗清斗争的最后一次高潮，作者是倡导者、指挥者和参加者，其作品具有不可低估的史料价值。另外，徐世溥《江变纪略》记永历初年金声桓、王得仁以南昌反正事都再现了历史事实。蒙在这段历史头上的面纱，因这部著作的遗存而揭开，使人一睹历史的真实面貌。

这一时期为抗清志士树碑立传也成为史学著述的重点，屈大均《皇明四朝成仁录》是其代表，记述崇祯、弘光、武隆、永历四朝抗击清兵而死的人物事迹，卷七记大臣左懋第、陈用极出使清营被扣，不屈而死之事：二人见清摄政王不拜，并说："三尺童子，羞拜犬羊"，清人诱之以封王，劝其投降，"懋第曰：'宁为大明鬼，不作匈奴王'"，二人慷慨赴死，刻画神态极为生动。记吕宣忠"慷慨骂敌，敌锤其膝至碎，不跪，临命过市，大呼曰：'今日乃大明义士报国之日，诸君何不来观？'时年才十六。"详尽而充满敬仰赞誉之情。《东明闻见录》作者瞿共美为瞿式耜族人，供职幕府，写瞿式耜事迹，坚忍不拔，质朴平易，亦多让人感动。此外，《永历记事》等史书亦有大量篇幅为抗清志士立传。

除书籍和传记之外，奏疏、邸报等也为晚明历史的重建提供了丰富的材料。金堡的《岭海焚余》，为隆武、永历二朝所上，多涉及两朝朝政及抗清方略，《奖忠讨逆疏》主张"奖忠义者先贱而后贵，讨叛逆者先贵而后贱”，对抗清而死的祁彪佳、刘宗周等加以奖励抚恤，对“持虏旗，张虏示，挟虏卒，以归绍兴骄其邻里”的礼部尚书姜逢之等加以诛灭。《论马士英不当复职疏》反对启用奸臣马士英。董应举《崇相集》“所谓诸疏条议，以及叙赠酬答，一语之不本乎经济，公弗妄脱诸口也”（何如宠序），其《保卫神京疏》《乞招辽兵知会疏》《报安插辽人支给成数疏》等都是热心国事，对内忧外患的思考和建议。《万历疏抄》《甲乙记政录》《续丙记政录》为徐肇台依日编排的奏章。《柱史小草》《台中疏略》《阅新阁疏草》《中枢疏草》等多身为朝中尚书、御书们的奏疏，不注撰人的《南北实抄》则为福王时的邸报汇编，为我们留下了珍贵的原始资料。

（2）清的历史习俗

清朝建立后，在接触到了汉族先进的文化之后，对自己落后的生活方式和习俗，以及历史，有一种自卑感，却以一种异样的自尊表现出来，如对“夷”、“建酋”等字样敏感，以及帝王对满臣流露出对汉文化倾慕的处罚等，更突出的是对异族人对自己历史和习俗的记述，无论真实与否，一概清除，而代之以神化的改造。对于汉族士大夫来说，著作中的论述，大多是站在与清朝敌对的立场上来讲的，一方面经世致用，对清人的了解，是为了防御和战争的目的，另一方面，这是表达情感的一种方式。天都山人辑、陈继儒订正《女真考》，亦作《建州女真考》，叙述女真族在明朝的分合、流变，及与明朝的关系。纪录女真在明朝时分为三部，向明入贡，得明袭封，万历二十八年建州女真族强悍起来，其首领努尔哈赤对其他二部心怀吞并之心。他将自己的女儿佯许配给另一部女真头目猛骨孛罗，又暗地里让自己的小老婆与猛私通。借机以私通外母之罪射杀猛骨孛罗，暴露了他狡诈的性格。陈建辑的《皇明通纪辑要》记载了：努尔哈赤的父亲他失曾经为明军带路去攻打自己的姻亲王杲，另外还记载了建州女真大败海西女真，海西女真遣使求和修约，愿将满蒙第一美女白羊骨之妹嫁给努尔哈赤，努尔哈赤办了厚礼，又歃血会盟。谁知不久白羊骨悔约，又将妹妹另许他人，由于政治上的原因，又几度改聘，从十五到三十岁尚未结婚，成为“老女”，最后嫁给蒙古，一年之后红颜薄命就病死了。这对于努尔哈赤来说是恼恨交加的事，后来亦以此为耻。为此，题苕上愚公撰的《东夷考略》、陈继儒《陈眉公杂著·建州考》，叶向高撰《四夷考》、郑大郁撰《边塞考》以及黄瑜撰《双槐岁抄》卷九《建州女真》等也涉及了这方面的内容。

陈继儒《陈眉公集》还对女真的原始风俗进行了考证。清朝绝不让这些敏感且有辱祖先的文字流传下来，但这却对研究建州女真统一各部的经过，清朝早期的历史，以及今天的民族史等都积累了丰富资料。

（3）清军暴行的记录

努尔哈赤统帅的后金军队入侵中原和清朝建立后大军对江南攻击，都遭到了明军和各路义军的奋勇抵抗。在入侵过程中，清军屠杀人民的暴行令人发指，同时亦反映了人们顽强的斗争。这方面内容在晚明历史著述中几乎都可觅见痕迹，集中记述的书籍，前期以沈国元《两朝从信录》和姚希孟《文远集》为代表。《两朝从信录》卷六记载，天启元年驱赶汉人赴北城，途中劫夺财物，许多妇女不堪其辱，纷纷自缢，努尔哈赤下令搜刮民衣，规定富室只能留九件，中等人家五件，下等人家三件。强令剃头，动辄则杀等。《文远集》有许多书信，详述金军兵临城下，掠夺财产，淫人妻女。后期以王秀楚《扬州十日记》为代表，顺治二年，多铎率清军攻打福王包围扬州，史可法困守孤城七昼夜，英勇抗战，破城，无一人投降，清军在城中疯狂杀掠达十日之久，死者如山，扬州繁华焚毁殆尽。清军见人就杀，“如驱犬羊”，城内血流成河，“满地婴儿，或衬马蹄或籍人足，肝脑涂地，泣声盈野”，惨不忍睹。即使未死的也“俱焦头烂额，断臂折胫，刀痕遍体，血溃成块，满面如烛泪成行，碎烂鹑衣，腥秽触鼻”。惨烈至极。同样反映扬州十日内容的还有《弘光乙酉扬州城守记》等亲历实录，都是对清兵暴行的揭露，其史料价值也在于此。

（4）地方志及其他资源的沉浮

地方志乘因其存史资政、移风易俗的功用，保存了大量乡邦文献，且对一地影响深远，因此，在禁书活动中，其一方面为查缴图书提供了大量线索和依据；另一方面正因为这些内容，地方志也成了被禁毁的对象，或被删改、抽毁，或被销毁。地方志虽不是禁毁对象，禁毁者有限，城门失火殃及池鱼，禁人（如王锡侯）或其他问题，殃及地方志被禁，其过程以乾隆四十三年（1778）六月，专谕查缴明袁继咸所著《六柳堂集》及板片为例，江西巡抚郝硕先派人根据袁氏原籍所隶府县，以府至县的程序，先查《南昌府志》，果然发现“志内载有原任尚书孙嘉淦撰袁继咸《未优轩集》序文一篇，序内又有‘安问三立祠、六柳堂、四山楼藏卷之为何如也’之句”，后查南昌府之《宜春县志》记载：

“袁继咸作《经观》《史观》二书未就。”[14]于是就根据这些线索，责令该府县查询《六柳堂集》及其板片外，还查获了袁继咸《未优轩集》抄本。又对志书提到的《经观》《史观》以及三立祠，四山楼藏卷再三严究，凡与袁氏有关之文全部销毁。最后，将《南昌府志》《宜春县志》及有关志书，详细查核，凡有似此序文或但有成书名目，务期剔厘净尽。原因是“现在查出悖妄各书名目，列入该府县乘者亦复不少，若不逐一芟除，诚恐贻惑后世”[15]。乾隆于四十四年十一月谕令“各督抚将省志及府、州县志书悉心查核，其中如有应禁诗文而志内尚复采录并及其人事实书者，均详悉查明概从删削。不得草率行事，致有疏漏”[16]。于是各省纷纷行动起来，《盛京通志》《甘肃省志》以及陕西省志及各州、府、县都进行复查，铲削。随后《韶州府志》《丹霞山志》《曹溪通志》《东林书院志》《岱史》等因此被查出有“违碍”内容，而遭销毁，造成了志乘之残缺，真实客观性受到影响，有些销毁的方志，则造成了方志连续性的破坏，损失亦是无法弥补的。

在查禁过去违碍文学的同时，也没有忽略到当时文字的查检，乾隆四十二年谕旨说：“朕令各督抚查办应行销毁书籍，原因书内或有悖理狂诞者，不可留存于世，以除邪说而正人心，是以旧人著作尚且应查，岂有现在刊行者转置不问之理？”[17]其实清朝在经过了近一百年统治至乾隆时，经济生产已经有了发展，民族矛盾已缓和了，知识分子怀才不遇的牢骚或不满是有的。如果说大量具有强烈的“反清复明”思想充溢于当时的文字之中则不符合事实，乾隆对此过于敏感。但既然对历史上的陈迹都一扫而光，不允许存在，那么对于当今的问题自然也决不放过，这不仅仅停留在扫除简单的“感念胜国”的思想上，而是立威集权，确立君主的神圣地位，任何人半点轻视都不能有。思想上须确立“凡为臣子，自乃祖乃父以来，食毛践土，宜其胥识尊亲大义”[18]。（乾隆二十三年丙戌谕）的感恩思想。

遭禁毁的这类著作从内容上分：一是记录了当时政治社会的现状。阎大镛《俣俣集》就修志中标准不公，有些节孝之人没有收入，而不该入者动用各种关系列名其中。蔡显《闲渔闲闲录》“录所见所闻”卷一引南昌邓友语，云江西巡抚布兰泰贪赃枉法，指使某犯祠诬陷新建知县，使知县被斩首，作者对此表示了强烈的不满。卷三记乾隆中山东巡抚蒋洲“用财如粪土，亏空累万”被杀的史实。卷七云“自某绅入乡贤祠，而修身齐家之道不可讲矣。自某氏入节孝祠，而秉烛蔽面之训不可循矣。……怪鸱可为鸾凰，蜣丸可为苏合”。将乡贤，节妇比作怪鸱、蜣丸，讽刺他们名不副实等，可以约略见当时社会政治一斑。二是妄议朝政。八旬老翁刘翱将其编著的《供状》千里呈书，以博功名。其书将自己平时对时政的看法写下来，对雍正由藩夷继大统，吕留良、曾静之处置等妄加以议论，被予以重处。另外李冠春《济时十策》、孙继汾《孙氏家仪》、马晏清《策论》等都属此类。

3. 明末清初文学的繁盛

禁毁之书多以史部、集部为最。集部中的诗文一方面作为文学的一种表现形式，另一方面又是作者表达思想，宣泄感情，记录历史和人生的手段。从这个意义上讲，其实作品遭受思想的禁锢，历史的扭曲，乃至文学上的压制又都是相互联系的，不易分割开来。“在心为志，发言为诗”，一大批文学家，他们能创作出震撼人心的作品，名垂千古，正是由于他们具有进步的思想，敢于以无畏的勇气反映社会和历史的真实面貌，有了这些坚实的基础，才能“情动于衷而发于外”，写出好的作品。在当时明末清初的社会环境下，汉族知识分子的迭遭战乱，身心备感破家亡国之痛，空疏雕饰的文风，经过血泪的洗礼之后，一变凝重而务实，痛定思痛，情挚动人。从理论上求真务实，扫去空泛之言，从创作上注重现实主义手法，直面人生与社会，使明末清初的文学，尤其是诗歌出现了瞬间的繁荣，也在明末清初文学中占有重要的地位。下面就从诗歌入手探索一下禁毁书籍对文学的影响。假如我们失落了这些林林总总的禁毁书，那么我们将无法重构中国文学史、批评史、思想史，明末清初思想和社会激荡出的文化光华将变得暗淡，好在一切并没有向这个方向发展。

（1）文学思潮的嬗变与发展

禁毁书的范围对于文学则更为苛细，明代中晚期至清初的重要的文学家无不入其藩篱之中，从“公安三袁”、竟陵派直至屈大均、沈德潜。这个时期是新旧思想发生激烈冲突的时代，知识分子心忧天下，在无数抉择中感受心灵的痛苦与无尽的悲哀。于是放浪形骸，出入于庄禅之外，反映出晚明思潮中极富鲜明个性的东西，追求天性的舒张，崇尚身心自由的精神。袁宏道是“公安三袁”最为杰出的人，标榜“性灵”，提倡文学表现真情实感和个人情感的自由宣泄，展示个性的光华。“文章新奇，无定格式，只要发人所不能发。句法、文法、调法，一一从自己胸中流出，此真新奇也”[19]，这是对明代前后七子模仿古人，诗必盛唐，文必秦汉的僵硬复古思潮的摒弃，在文学批评史上具有重要意义。而这种离经叛道自然不容于正统的思想，“三袁”的“性灵说”与李贽的“童心说”一样又不仅仅局限于文学的范畴，其于思想领域的解放，亦影响深远。稍后的钟惺与谭元春，创立“竟陵派”，既是接过了“性灵”的旗帜，又比“三袁”走得更远。他们认为“公安派”浅率空疏，于是另出“深幽孤峭”，诗常常破坏常规的句法、诗律，用奇怪的语言，追求幽僻怪特的境界，曾风靡一时。这种近乎病态的心理，实际上是对社会生活痛苦找不着出路的呐喊，追求个性而陷入自恋的境地中。他们的诗偏重心理的主观感受，境界小，语言生涩，而意象阴冷幽苦，映照出对黑暗社会枷锁的嘲笑。明末清初，由于大时代社会政治的变迁，“竟陵派”的思潮受到诸多文学家的抨击，钱谦益直斥为“鬼趣”，“诗妖”，乃亡国之音，“无字不哑，无字不谜，无一篇章不破碎零落。一言之内，意义违反，如隔燕吴；数行之中，词旨晦蒙，莫辨阡陌”[20]。顾炎武说“近日盛行《诗归》一书，大为妄诞”[21]。提倡“转益多师”，广泛学习古代优秀的文学传统，而不株守一家，诗歌直抒性情，直面现实社会，抒写人生，如屈大均、陈恭尹、钱谦益等人诗歌有极高成就，与其文学理论的先进性是分不开的。可以这样说，从明末至清初进步的文学思想与当时的社会政治密切相连，也因政治思潮的变化而变化，直接反映了时代真实面貌，也正为如此便不容于清朝“盛世教化”的要求，悖离了“正声”因而便遭到禁毁的命运。然而，如果这一段文学思潮激烈的变化在文学批评史上消失，许多新思潮的启蒙和文学的发展便成了无源之水，无本之木，成为一大文化疑问难题。

(2) 纷繁的文学流派

明末统治者正沉浸于政治和军事斗争漩涡之中，无暇顾及思想文化领域，于是文学思潮在社会政治制约松弛的环境中显得十分活跃；另一方面，也正是残酷的社会现实，也让文学家们重新调整自己的指导思想和创作理想，文学思潮在社会需要和特殊的社会环境的共同作用下色彩纷呈，有了进一步的嬗变的发展。文学理论进步和完善的结果就是促进了明末清初文学的空前繁荣，文学社团、流派层出不穷，诗人众多。康熙年间孙鋐在《皇清诗选》中说：“即今数十年间，名噪吟坛者，已不下千百人”，曾灿在《过日集》序中亦称“今日能诗者之多，为唐、宋以来所未有”。这些并非溢美夸张之词。虽经禁毁书运动的洗劫及三百余年的时间侵蚀，留存诗集数量依然不少，仅清顺、康两朝诗集达千余种，各种总集所选录的作品，数量又是此数倍。而其中许多著名的诗人文学家作品多遭禁毁，因为历史的机缘保存下来，给我们留下了一笔珍贵的资料。但更多的作品作者，默默无名或遭禁毁，或心怀畏惧自焚文稿，或贫困潦倒，无财付梓，终消失于岁月长河之中。

物以类聚，人以群分。在许多地方诗社组织十分普遍。“明社既屋，士之憔悴失职，高蹈而能文者，相率结为诗社，以抒写其旧国旧君之感”[22]，仅嘉兴一地就有萍社、澹鸣社、广敬社、彝社、澄社、经社等。大家同气相求，一起唱酬切磋，也影响了诗文的风格，形成了不同的诗歌流派，大量遗民是其中的中坚力量，遂被清朝屡屡严令禁止。顺治九年朝廷刊卧碑于明伦堂之左，很醒目的一条就是“禁立盟结社”[4]。康熙、雍正朝屡次重申，定例追查[23]。禁毁书运动开始后，禁网愈严，不但乾隆当代的诗集清核查缴违碍，由此至明末也一体查禁。明末清初诗坛乃至文学史上有影响的“云间诗派”的陈子龙，“江左三大家”中的钱谦益、龚鼎孳，“岭南三大家”中的屈大均、陈恭尹，“虞山诗派”以及遗民诗人顾炎武、吴嘉纪、钱澄之、阎尔梅等的文集难逃禁网，然而其境遇又多不相同。

明末抗清至死不屈的“云间派”的陈子龙、夏完淳等作者带有强烈的反清意识，其作品多被禁毁，很长时间在民间只有抄本流传。然而让人意料不到的是在禁毁的同时，由于清朝经过一百多年的统治，政权日益牢固，开始引导民众“事君专一”，因此，对明末忠烈之臣多褒扬，对一些抗清的志士和如瞿式耜、黄道周等人的作品凡涉违碍词语多予以删改，节取重编，以表彰胜朝忠节之士“忠君爱国之忱”[24]，乾隆还追谥夏完淳为“节愍”，而其作品也早已删改的面目全非，有益于“阐明风教，培植彝伦”了。

而“江左三大家”中的钱谦益与龚鼎孳，明末入仕已蜚声诗坛，明灭，顺应潮流降清又居高官，影响深远。然而乾隆三十四年六月下令销毁钱谦益的全部著述，原因说的也很清楚：“钱谦益本一有才无行之人，在前明时期跻既仕。及本朝定鼎之初，率先投顺，陟列卿。大节有亏，实不足齿于人类。……夫钱谦益果终为明朝守死不死，即以笔墨腾谤，尚在情理中，而伊既为本朝臣仆，岂得复以从前狂吠之语列入集中？其意不过欲借此以掩其失节之羞，尤为可鄙可耻！”[4]清统治者在夺取政权初期，竭力迫使明朝旧臣出来做官，借以笼络人心，巩固政权。而政权稳定之后，则对这些在清廷做官的人十分鄙视，并以儒家纲常名教来讽刺其失节，予以惩处。乾隆四十一年十二月，皇帝又令纂修《清史·贰臣传》，使这些人永蒙耻辱。因此，钱谦益《初学集》《有学集》以及其他著作被一律销毁。龚鼎孳以及与他们有相同经历的周亮工等亦是如此，他们的作品多遭禁毁。

清初遗民诗人是清初诗坛上非常重要的部分，人数众多，占清初诗人的大半，清初重要的作家亦多是遗民。“岭南三大家”中屈大均、陈恭尹以及顾炎武、吴嘉纪、钱澄之、阎尔梅是其中的代表。遗民能够坚持气节，至死不臣服于清廷。“苟能拯水火，何辞七尺躯”。（屈大均《赠友人》）或拒绝征聘入山林，削发为僧，如吕留良、屈大均、金堡；或痴狂骂座，寄托故园之思，如阎尔梅、顾炎武；或隐迹民间，解救百姓痛苦，如傅山等以医术技艺著称。

如此众多的创作人群，因其不同的社会地位和迥异的感情世界，在这一相同的历史大背景下，展示了卓越的才华和纷繁多彩的艺术作品，在强权禁毁之下，已无法窥其全貌。就清代诗歌发展的脉络，传承亦显得模糊不清，遂成无源之水。因禁毁图书的重现天日，诸多问题遂迎刃而解了，使我们重睹了那个时代的诗歌繁荣。

（3）真实的创作内容

明末清初的诗歌强调真实，内容要真实，情感要真诚，“文无今古诀惟真”。钱谦益《虞山诗约序》中也说：“古之为诗者，必有深情蓄积于内，奇遇薄射于外，轮囷结槁，朦胧萌析。如所谓惊澜奔湍，郁闭而不得流……于是乎不得不发之为诗，而其诗亦不得不工。”改朝换代的社会动乱，环境的压抑，情感郁闷不畅，刺激着诗人，发之为诗，摒弃模拟与应酬之风习，因而使作品具有较高的成就。

第一，以诗补史。明末清初的诗歌所描写的社会现实，许多是统治者竭力掩饰加以歪曲，史书所不载或不详的。“于当世治乱成败得失之故，风俗贞淫奢俭之源流，史所不及纪，与忌讳而不敢纪者，往往见之于诗。或直述其事，不加褒贬；或微词寓意以相惩，盖不一而足。”（魏禧《纪事诗抄序》）记述清军入关暴行，对无辜的百姓血腥杀戮。方丈《大明湖歌》记述“崇祯戊寅（十一年）十二月，辽海万骑来燕都。前锋直抵济南郡……城中杀戮十余万，家家骨肉哀号呼”，吴嘉纪记述清兵攻下扬州后，“杀人十昼夜，尸积不可数”（《挽饶母》）等惨绝人寰，邹迪光《始青阁稿》写清兵破城后掠民烧杀淫掠所造成的白骨成堆，青燐遍野的荒凉衰败的景象：“杀气方深野哭哀，头颅枕藉乱相猜。龙沙化作青燐血，虎塞移为白骨堆。”（《辽左战事》）对于钱谦益的《投笔集》，陈寅恪有一段很高的评价：“《投笔》一集为明清之诗史，较杜陵尤胜一筹，乃三百年来绝大著作也。”[25]另外对于清初种种酷政如圈地、逃人、禁海、科举案，奏销案等，诗歌中都有不同的揭露和抨击。今人孟森著《奏销案》一文，多引时人诗文记述以资考证。对抗清英烈事迹进行吟咏赞颂。金堡《偏行堂集》对瞿式耜、张同敞、李元胤等，叙其事迹，赞其气节“往来了事有南阳，得死千秋骨亦香。人喜人惊都一笑，刀头滋味只平常”（《书南阳侯传后》）。方以智《哭陈卧子（陈子龙）》说：“一死泰山于汝毕，再生苗地为人佣”，慷慨激昂，催人泪下。钱澄之《南京六君咏》记述清兵攻下南京后，以死殉国的中河卒与乞丐的事，将之与节烈大臣并论，表示了对英烈的崇敬之心。

第二，记述了抗清的艰辛经历。夏完淳《南冠草》，记其抗清的经历，感人至深。顾炎武一生为抗清奔走，四十五岁北游之后，再也未回过家，以“吾道仍须历九州”（《亡友潘节士之弟耒远来受学兼有投诗答之》）自励，坚决反对隐居逃避现实，即使在抗清事业遭到重大挫折时，仍环辙天下，联络抗清志士，不屈不挠，“人臣遇变时，亡或愈于死。夏祚方中徵，靡奔一人尔”。（《潍县》）钱澄之《田间诗集》《藏山阁诗存》述其兵败坚持抗敌，备历苦厄。阎尔梅《白耷山人集》记述其在史可法军中事，表现了其收复失地的决心。清亡“抗节蓄发”加入山东抗清农民武装榆园军，顺治九年被捕，他以文天祥《正气歌》激励自己，宁可杀身成仁，也决不屈服，“天如存赵祀，谁可杀文山”，“惟闻正歌气，千载诵人间”（《沈文奎以文丞相见拟盖罪余也笑作》），神态坚毅，从容怡然，倾动大江两岸。三省总督会审却因无真凭实据，加上许多人声援，两年后阎被释。不久清兵又来捉，他平先人墓，托子于友，奔走四方，抱定“弃家走异乡，已绝生死梦”（《遇张廷贝》）的决心，进行抗清活动，至死不渝。屈大均、邢昉、冯舒等亦大多类似，不胜枚举。

第三，思念故国，始终保持民族气节。怀念故国故君是被禁毁的重要原因。崇祯甲申三月十九日是明亡、崇祯皇帝自缢的日子，顾炎武诗集中开卷第一首便是《大行皇帝哀诗》，“年年此日强登高，独是南峰北向号”（《三月十九日》）。李天植年年必赋《三月十九日》。屈大均、陈恭尹等诗集中亦屡见不鲜。不用清历，仍奉明廷为正朔，或以甲子纪年，表亡国之痛。吕留良《甲辰一日》“年不检戊申历，一日刚占甲子经”。屈大均《乙丑岁除作》：“明朝书甲子，又且泪光浓。”《癸酉元日作》：“虎视谁书秦正月，龙兴自纪汉元年。”万寿祺《冬日还里归省墓》：“祖父岂知王氏腊，子孙不受北朝官。”表现了诗人们不屈服清廷的决心，这也是清廷深恶痛绝的。每睹先朝遗迹，不由激发深沉的感慨。顾梦游《顾与治诗集》卷二《秦淮感旧》：“何人对此最诗情，风前独下伤心泪”及“渡头犹是六朝烟”，故国之思油然而生。

三

禁毁图书的价值不仅是为中国传统文化的大总结弥补了重要的缺憾，完善了《四库全书》为中心的典籍系统，而且对《四库全书》本身也起到了完善作用。从客观上看中国传统文化的大总结因纂修《四库全书》而产生，虽然《四库全书》的纂修处于核心的地位，但外在的活动和环境自有其独立存在的意义，其所带来的影响，也许比《四库全书》本身更重要。另一方面，《四库全书》本身必然带有整个大环境的烙印，并贯穿其各个方面。禁毁书活动对这次中国文化大总结的影响，如哲学、历史乃至文学等方面的影响，也毫无例外地反映到《四库全书》本身，留下深深的印痕，这是统一取舍标准下的产物。然而《四库全书》是一个独立的系统，既有普遍性的东西，又具有其特殊性，在内容和形式上又有所差异。无论从规模上，还是构成上都较之前者小得多，禁毁书在其中的反映也不尽相同，一遍一遍反复核查之后编入《四库全书》的书籍，本应十分符合《四库全书》的标准，而并无涉嫌“违碍”的内容，只是由于些许疏忽或标准掌握尺度的差异，更重要的是禁毁书运动的深入，造成了编入书籍的禁毁，也造成了《四库全书》的不完整。

收入四库的书籍，遭到不同程度的抽毁、销毁、改易、重编，给四库编纂工作带来了严重的影响，不但割断了历史，造成了思想文化上的断痕，而且降低了四库所收书籍的历史价值，使所收书籍的真实性受到怀疑，影响了《四库全书》的质量。在四库编纂过程中，有些书籍经再三审核之后决定收入《四库全书》，其提要业已列入《总目》，但在最后总纂官审核，多次磨勘中被销毁，仅据今存《四库全书总目》残稿统计，已列入四库著录存目的书籍，就有六十余种遭销毁。《四库全书》缮校完毕之后，乾隆皇帝不时抽阅，乾隆五十二年（1887）发现李清《诸史异同录》有悖谬文字，“称我朝世祖章皇帝与明崇祯四事相同，妄诞不经，阅之殊堪骇异，李清系明季职官，当明社沦亡，不能捐躯殉节，在本朝食毛践土，已阅多年，乃敢妄逞臆说，任意比拟，设其人尚在，必当立正刑诛，用彰典宪。今其身既逃显戮，其所著书籍悖妄之处，自应搜查销禁以杜邪说而正人心”[26]。李清所著《南北史合注》《南唐书》等诸书一并遭撤毁。乾隆下令复校内廷四阁全书，纪昀专折奏诸重校以明神宗以后各书为重点。“《四库全书》虽卷帙浩博，其最妨违碍者多在明季国初之书。此诸书中经部违碍较少，惟史部、集部及子部之小说，杂记易藏违碍。以总目计之，不过全书十之一、二……请将文渊阁明神宗以后之书，自国朝列圣御纂，皇上钦定及官刊、官修诸编外，一概责臣重校。凡有违碍，即行修改，仍知会文渊、文津二阁详校官一体办理，臣俱一一赔写抽换，务期完善无疵”[27]。重检之结果李清《诸史异同录》等11种书被撤出销毁，《十六家祠》等4种被抽毁，吴伟业《绥寇纪略》等7种予以删削，因四阁全书，早已装潢贮阁，销毁书一经撤出，必然出现空函现象，于是就以备抄之本和采取衬纸的方法予以补齐，来做掩饰。而《四库全书》不全的事实却是掩饰不了的。

1. 撤出销禁的书籍，标准更严酷

四库纂修官校阅书籍时，凡遇“违碍”之书，均粘贴标识，并在书上注“毁”字，并略述缘由，然后交总纂、总裁审核。有些业已著录的在总纂审核时被剔除，多为历史方面的如杨宾的《柳边纪略》等，另外，思想观念与统治者正统思想相悖的，如唐张果的《通元五星论》，入子部数术类，因祸福天象与人事预测有妖言惑众之嫌而遭禁。四库书成后11种撤毁的书中，历史方面更是占了绝大多数，李清的《南北史合注》《南唐书合订》《诸史异同录》，不著撰人的《国史异考录》都是考订历史的研究性著作，或引钱谦益之说，或比附不当而遭禁毁。李清的《历代不知姓名录》，虽无违碍之处，亦因人而废，难逃浩劫。另一类便是与正统思想相悖的，如吴其珍《书画记》“所载春宵秘戏图语涉猥亵”，周亮工《读画录》“人皆汉魏上，花亦义熙余”等诗句“语涉违碍”[28]。从此，也可以看出这时因人废言之举，更加严酷。以前如金堡、函可，因其人有强烈的反清思想，充溢于多种著作中；钱谦益则乾隆对其首鼠两端的人格瞧不起，而

其文中确实涌动不满的情绪与故国之思，因而因人废言，全部禁毁。而李清、周亮工仅仅是一部中发现有小问题，因而殃及其余，却将已收入《四库全书》的著作全部予以销毁，其标准更显严酷。

2. 抽毁书多为牵连所致

《十六家词》因书中收龚鼎孳词一种，查龚氏所著全集业经销毁，不应复存此词，应一律销毁，改为《十五家词》。姚之骃《元明类考》、仇兆鳌《杜诗详注》俱袭引钱谦益撰著而去其名。朱鹤龄《愚庵小集》有与钱谦益赠答等作，应一律删削。另外，王士正（禛）集中有与屈大均、戴名世赠答之作，也应抽换。这些都是因为禁毁书作者作品相关联而遭牵连被抽毁，统治者消弭禁毁书痕迹的行动已到了不可复加的地步[29]。

3. 四库中所收的禁毁书已非旧貌

值得注意的是《四库全书》中收有已定性的禁毁书 11 种，多见于外省移咨应毁各种书目，如明马文升《马端肃奏议》、明谭纶《谭襄敏奏议》、明杨慎《丹铅余录》、明顾炎武《日知录》、明杨荣《杨文敏公集》、明高攀龙《高子遗书》、明李流芳《檀园集》、明黄淳耀《陶庵全集》、清宋荦《西陂类稿》、清吴绮《林惠堂集》、清朱彝尊《曝书亭集》其中《西陂类稿》《马端肃奏议》《日知录》3 种为销毁，其余 8 种为抽毁之书。能收入《四库全书》自非原本，是进行了大量抽毁和删改，以《日知录》为例，全书32卷，大抵前7卷皆论经义，8至12卷皆论政事，13卷论世风，14卷、15卷论礼制，16卷、17卷皆论科举，18卷至21卷皆论艺文，22卷至24卷杂论名义，25卷论古事真妄，26卷论史法，27卷论注书，28卷论杂事，29卷论兵及外国事，30卷论天象，31卷论地理，32卷为杂考论。此书收入《四库全书》子部杂家类三，多被改易抽删，如卷6“素夷狄行乎夷狄”，卷28“胡服”、“左衽”，卷29“徒戎”，卷32“胡咙”，“胡”等，涉及边事以及民族意识被整条抽删，其余亦如鲁迅先生所言“‘贼’，‘虏’、‘犬羊’是讳的；说金人的淫掠是讳的；‘夷狄’当然要讳，但也不许看见‘中国’两个字，因为这是和‘夷狄’对立的字眼，容易引起种族思想来”，删削的结果是“使天下士子阅读，永不会觉得我们中国的作者里面，也曾经有过很有写骨气的人”[30]。

《四库全书》撤出或收入的禁毁书虽然不多，规模较之其他的也很小，但标准更为苛细，删改之后更具欺骗性，也使《四库全书》史料性和真实性、经典性受到极大怀疑，其价值也随之降低。虽然这些禁毁书的重现并不能真正使《四库全书》所收书籍还其历史真实面貌，但毕竟提供了一条线索，为《四库全书》的利用和研究提供了有价值的资料，功不可没。

总之，禁毁书的研究和出版，是对中国文化的传薪续命，还历史本来面貌，弥补上了文化发展过程中不可或缺的一环，不仅仅对《四库全书》为核心的文化体系予以了完善，而且开启了四库资料学、四库与禁毁书、四库与文字狱、四库与统治政策等内容的研究，提供了丰富的素材，为四库乃至中国传统文化的总结和利用做出了不可磨灭的贡献。

参考文献

［1］ 顾颉刚．四库全书纂修考序［M］//郭伯恭．四库全书纂修考．上海：上海书店出版社，1992．

［2］ 永瑢，等．四库全书总目［M］．北京：中华书局，1965．

［3］ 孙殿起．清代禁书知见录·自序［M］．北京：商务印书馆，1957．

［4］ 王先谦．乾隆朝东华录：乾隆第八十［M］．上海：广百齐斋，光绪十七年印本．

［5］ 鲁迅．介亭杂文·病后杂谈之余［M］．上海：上海文艺出版社，1937．

［6］ 故宫博物院掌故部．掌故丛编：第五集乾隆四十二年七月二十日谕［M］．北京：中华书局，1990．

［7］ 北平故宫博物院文献馆．清代文字狱档［M］．上海：上海书店出版社，1986：52．

［8］ 王重民．办理四库全书档案：乾隆四十六年二月四日谕［M］．北京：北平图书馆，1934．

［9］ 郭成康，林铁钧．清朝文字狱·从曾静谋反案到吕留良文字狱［M］．北京：群众出版社，1990．

［10］ 章炳麟．訄书·哀焚书：第五八［M］．上海：古典文学出版社，1958．

［11］ 王重民．办理四库全书档案：乾隆三十七年八月五日谕．北京：北平图书馆，1934．

［12］ 李慈铭．越缦堂日记［M］．北京：商务印书馆，1920．

［13］ 谢国桢．增订晚明史籍考［M］．上海：上海古籍出版社，1981．

[14] 北平故宫博物院文献馆．清代文字狱档：第 3 辑：袁继咸三柳堂及案：乾隆四十三年八月十五日江西巡抚郝硕奏折［M］．上海：上海书店出版社，1986.
[15] 中国第一历史档案馆．清代档案史料：纂修四库全书档案：乾隆四十四年十月二十九日安徽巡抚闵鄂元奏折［M］．上海：上海古籍出版社，1997.
[16] 王重民．办理四库全书档案：乾隆四十四年十一月谕．北京：北平图书馆，1934.
[17] 故宫博物院掌故部．掌故丛编：第一辑乾隆四十二年十月二十三日谕［M］．北京：中华书局，1990.
[18] 王重民．办理四库全书档案：乾隆二十三年丙午谕．北京：北平图书馆，1934.
[19] 袁宏道．袁中郎全集・和李元善．北京：中国图书馆，1935.
[20] 钱谦益．列朝诗集：丁集［M］．上海：上海三联书店，1989.
[21] 顾炎武；周苏平，陈国庆．日知录［M］．兰州：甘肃民族出版社，1997.
[22] 杨凤苞．秋室集・书南山草堂遗集．湖州陆氏，1883.
[23] 俞正燮．癸巳存稿.
[24] 王重民．办理四库全书档案：乾隆四十六年七月二十日谕．北京：北平图书馆，1934.
[25] 陈寅恪．柳如是别传［M］．上海：上海古籍出版社，1985.
[26] 王重民．办理四库全书档案：乾隆五十二年三月十九日谕．北京：北平图书馆，1934.
[27] 中国第一历史档案馆．清代档案史料：纂修四库全书档案：乾隆五十二年六月十一日纪昀奏折［M］．上海：上海古籍出版社，1997.
[28] 王重民．办理四库全书档案：乾隆五十三年十月三日军机大臣奏折清单．北京：北平图书馆，1934.

［29］ 黄爱平．四库全书纂修研究［M］．北京：中国人民大学出版社，1989．
［30］ 鲁迅．且介亭杂文·病后杂谈之余［M］．上海：上海文艺出版社，1937．

王献唐《硖江行卷》补证*

王献唐先生是我国近代著名的历史学家、考古学家、图书馆学家和版本目录学家。他学问淹博，精于古文字、音韵、金石、目录、版本，均颇有建树；于才艺无所不窥，兼长诗文、书画和治印，卓然成家。近年来，随着献唐先生著述的不断整理刊印，国内外学界对王献唐先生学术思想的研究逐渐重视起来，但于艺术领域如诗文、书画和篆刻等方面的分析探索尚少涉猎。馆藏有献唐先生手稿《硖江行卷》，为抗战期间载书播迁途中的诗草，从一个侧面反映了献唐先生南迁途中爱国忧民、淡泊名利的心路历程，彰显了他为乡邦文献的保护整理作出的不可磨灭的贡献。

《硖江行卷》纸本，四尺开二横卷，稍有残损。为当年王献唐先生赋诗草稿，后赠屈万里先生（见屈万里《载书播迁记》），2001年屈万里先生哲嗣屈世钊先生捐赠入馆。

1937年秋，平津失守，日军逼近黄河北岸，韩复榘不战而退。时任山东省图书馆馆长的王献唐先生认为：“本馆为吾东文献所荟萃，脱有不测，吾辈将何以对齐鲁父老？”并誓言“欲为吾鲁存兹一脉文献”。王献唐先生为使馆藏珍贵图书文物免遭战

---

* 本文原载于《山东图书馆学刊》，2009年第3期，第27—29页。

火和落于敌手，毅然决定将其转移至大后方保存。于是选取馆藏文物图籍精品，变卖家产，抛妻别子，只身率领编藏部主任屈万里和工人李义贵，辗转万里，将精选出的珍品运至四川乐山，保护了祖国的珍贵文化遗产，这一壮举可歌可泣。

《硖江行卷》共录七绝 28 首，就是描写这次艰难跋涉中的一段经历。他们一行自 1938 年 1 月 3 日从武汉启程，至 2 月上旬抵达四川万县暂息，在这期间过三峡、泊巴东、望夔州等地，亲历事物境遇变迁、浏览山水风光、感怀人文古迹，其思想感受形诸笔墨诗文，可作一篇乱世诗史看。此卷在《屈万里纪念文集》（下称《文集》）附录中曾经初步整理过，因有残损、修改，涂乙圈划，故颇多疑讹，今据原稿及屈万里先生《载书播迁记》参证酌补，以就教于方家。

卷首有献唐先生题“硖江行卷”行书大字。

首录《黄鹤楼》一首：“城郭辽东半劫灰，滔滔江汉暮云颓。重来已□□桑后，终古楼头鹤不回。”“郭”前残字《文集》为“城”，是。“半”作“丰”，据原稿改。“重来已”后原阙二字，残缺不可辨，未补。晋陶潜《搜神后记》卷一：“丁令威，本辽东人，学道于灵虚山。后化鹤归辽，集城门华表柱。时有少年，举弓欲射之。鹤乃飞，徘徊空中而言曰：‘有鸟有鸟丁令威，去家千年今始归。城郭如故人民非，何不学仙冢垒垒。’遂高上冲天。”据《载书播迁记》1938 年 1 月 3 日云：“过铜山，经汴郑，出武胜关，凡八日行程，三遇空袭，而抵汉口……在汉口居停十余日，以敌机时来空袭，故出游时少。仅与献唐先生渡江至武昌黄鹤楼一游。”

次录《宜昌郭景纯尔雅堂》一首：“雅诂千秋字作芒，辅轩一卷亦羹墙。虫鱼云☐侏儒饱，骚首城西旧草堂。”题《文集》作《宜昌郭景纯尔丕堂》，今据原稿改。《舆地纪胜》“荆湖北路峡州”条下夷陵尔雅台云：“尔雅堂，在州治。”“云”后原阙一字，似可酌补“饥”。侏儒饱，典出《汉书》卷六十五《东方朔列传》：“上知朔多端，召问朔：‘何恐朱儒为？’对曰：‘臣朔生亦言，死亦言。朱儒长三尺余，奉一囊粟，钱二百四十。臣朔长九尺余，亦奉一囊粟，钱二百四十。朱儒饱欲死，臣朔饥欲死。臣言可用，幸异其礼；不可用，罢之，无令但索长安米。’上大笑，因使待诏金马门，稍得亲近。”据《载书播迁记》苦于经费不足，运船又找不到。恰山东大学教员亦在汉口，准备迁至四川万县开学，校长林济清请献唐先生任中文系教授。考虑到其书籍能与山大书籍一起运，比较安全，遂接受聘请，主讲文字学和版本目录学。并让林校长先预付了800元的酬金，作为运资及三人日常开销。“二十三日抵宜昌下船，溯自汉口启程，至此航行五日，计程已千余里矣。宜昌，古之夷陵，有陆抗城、郭景纯尔雅堂、桃花潭、三游洞诸胜。顾或因驻军，或以路阻，未克畅游”。可知郭璞的遗迹未克畅游。

又《舟中》计八首，其一：“小掇红梅点翠鬟，悬崖缺处白云关。到来便是安身处，一笠天擎四壁山。”据《载书播迁记》云：“既入峡，山势坡陡峻，峭壁夹江，势如列屏。”其二：“小掇丹砂点翠鬟，白云如絮涨秋湾。不须更著青罗盖，一笠天擎四面山。”稿上有原诗，后勾去，《文集》未收。其三：“飖影摇红一穗灯，蜀江寒夜雨如绳。罟师渔子☐生梦，似此烟波得未曾？”《说文解字》云：“飖，马疾走也。从马，风声。徐铉注：舟船之帆本用此字，今别作帆。”“如”《文集》作“不”，据原稿改。黄庭坚

《饮韩三家醉后始知夜雨》："只见眼前人似月，岂知帘外雨如绳。""渔子"后原阙一字，或"浮生"？未敢遽补。其四："天风吹雪罥峰巅，小著白头亦可怜。但觉浮□行近尔，逼人哀乐过中年。""浮"后原阙一字，应是平声，"生、云、槎？"，未补。其五："终古峰岚照眼青，炎凉世态笑山灵。瞢腾一觉游仙枕，胜读云签七字经。""瞢腾"一句，原为"此行□有游仙意"后圈改。《文集》未收。其六："少闻吐纳便心轻，何年金丹九转成。咫尺仙山才数武，舟行先已到蓬瀛。"在第五首后小字录诗。"金丹九"、"行"《文集》阙，今据原稿补，"九"原阙，酌补。金丹九转即九转丹，道教谓丹的炼制有一至九转之别，而以九转为贵，即可脱胎换骨而成仙。张问陶《题屠琴邬论诗图》："也能严重也能轻，九转金丹铸始成。"其七："直从天际落轻舠，夹岸山风怒似号。万古洪荒挟砂土，搏将石骨作波涛。""洪"下原阙一字，酌补。其八："环山拱立待云归，云外虬松长百围，我已无家心烂漫，任他一鸟刺天飞。""我"后原阙一字，酌补。杜甫《送韩十四江东觐省》："我已无家寻弟妹，君今何处访庭闱。""烂漫"原为"似水"，后圈改。其九："不辨风声是水声，蒲飚十幅过黄陵。连绵迤逦无穷止，饱看青山八百程。""辨"前《文集》阙一字，据原稿补。《载书播迁记》云："公司通告，定三十一日晨七时上船。是日五时起床，六时趋赴码头。时尚未曙，街头烛光点点，行人憧憧，因知是日为旧历元旦，遥想家中此时，思念游人之情，当不减于游子之思家也。"知《舟中》作于一月三十一日后，舟行三峡途中，漂泊又逢佳节，顿起思乡之情。

《巴东夜泊》一首："华顶云光不可招，人才如豆屋如瓢。宵来一簇青蓬火，不趁东风趁晚潮。"《载书播迁记》："是日泊巴东，巴东居山坳，肆荒人少。”

《三峡》二首，其一：“奇峰拔地排云上，浊浪翻天倒海流。故是五丁夸绝技，开山万里划鸿沟。”“是”后原阙一字，酌补。五丁开山为蜀国典故，《水经注·沔水》载：“秦惠王欲伐蜀而不道，作五石牛，以金置尾下，言能屎金，蜀王负力，令五丁引之成道。”明代刘基《郁离子》云：“昔者蠪蚔暴于岷、嶓之间，蜀王使相回帅师伐之，畏弗进，作土门而壁焉。其士卒日食于民，民瘵弗堪。于是五丁凿山，以出于江之源，擒蠪蚔杀之。”“夸绝技”原为“身手健”，圈改。《载书播迁记》云：“盖江流至夔门，水面陡窄，江岸陡高。双峰扼江，壁立千仞，如巨斧劈成。雄伟险峻，造物之工，使人骇叹。”其二：“亦云亦雨亦风声，十二屏山削不成。击水三千涛似雪，翻江一叶逆天行。”《载书播迁记》云：“过官渡口而入巫峡，适细雨霏霏，两岸乱山攒聚，所谓十二峰者，竟不详孰是。”

《盘陀镇》一首：“小娃蛮语意清真，丹橘黄柚取次新。一带秋江双艇子，隔江烟水问来人。”

《夔州》一首：“粉堞夔城半夕阳，杜陵野史草亭荒。乡心日夜东流水，不待巫山已断肠。”“城”，《文集》作“州”，今据原稿改。《载书播迁记》云：“抵奉节，粉楼雉堞，依稀又有存者。值兹兵马仓皇之日，吟老杜《秋兴》诸作，益令人感伤。吾辈此日依南斗，京华尚堪回首耶？”

《云阳江上清风楼》一首：“北宗斧劈太雄麤，纤笔鸥波画得无。抄过红桥山路转，云中楼阁似蓬壶。”题《文集》作《云阳江山清风楼》，今据原稿改。“红”《文集》作“江”，据原稿改。“纤笔”原作“细笔”，后圈改。

《石竹图》一首："一丘一壑便移家，小阁红阑傍水斜。引过流泉分两界，半裁松竹半梅花。""斜"原作"涯"，后圈改。"流泉"原作"清流"，亦圈改。

《山村》二首：其一："石根修竹带云栽，竹外盘陀半绿苔。红出墙头花四五，一枝先遣报春来。""石"原作"山"，作者后涂改。"栽"《文集》作"载"，"先"《文集》作"光"，今据原稿改。叶梦得《江城子》："我欲寻芳，先遣报春知。"其二："漂泊兰成鬓须斑，江乡小住隔尘寰。白云出岫原无主，飞过前山又后山。""乡"原作"村"，后圈改。此诗《文集》未收。

《感事》一首："已是枯枰半子棋，奔流直似挟山驰。翻天际地三千里，记否扬尘到海时？""半"《文集》作"丰"，今据原稿改。

《奉怀仲采述先》二首，其一："断折梅花寄远人，乱离风□不成春。料应厌作辛酸语，尺素何曾见锦鳞。""断折"《文集》阙，今据原稿补。"风"后原阙一字。"辛酸"后原阙一字，酌补。王渔洋《题聊斋》："料应厌作人间语，爱听秋坟鬼唱诗。"其二："肝胆何人得似君，关山烽火断知闻。南来微识相思味，苦到心头已十分。""微"《文集》阙，据原稿补。"相"《文集》作"想"，今据原稿改。

《万县弥陀禅院》一首："不须桑海问何如，灯火蓬台忍泪过。拈得灵山方寸地，劫来净土已无多。"《载书播迁记》二月上旬，抵四川万县，"万县周之巴国……今辟为商埠，城郭已毁，居民繁密，尤饶江山之胜。"

《西山》三首，原题《西山公园》，作者圈去。其一："一啸春禽破晓烟，光光员石草连蜷。未妨藉作游仙枕，小趁阳和自在眠。”“啸”字《文集》阙，据原稿补。“破”《文集》作“被”，据原稿改。《载书播迁记》云：“邑中（万县）名胜以太白岩、岑公洞、使君滩、西山公园等为最……西山公园为近年新辟，在西山望乡台下，因山就壑，景物天然。”其二：“石桥西去是禅关，夹路红梅水半环。亦是今生修得到，平分一席占孤山。”“亦”《文集》作“必”，据原稿改。《载书播迁记》云：“予至万时，园中梅花正盛，烂漫山谷，如入香国。梅丛中时有修竹数竿，婀娜迎风，益饶幽致。因与献唐先生合摄影于梅竹深处，资纪念焉。”其三：“轻点花光作浪纹，东风篱落忽逢君。连山万树香成海，曲径中从细草分。”此诗作者圈去，《文集》未收。

《万县听黎铧鼓书，故山左歌女也》一首：“似曾相识旧仙班，花落江南燕子还。凄绝香山病司马，绕梁一曲念家山。”“黎铧鼓书”《文集》阙“铧”字，据原稿补。清末刘鹗《老残游记》称：“本是山东乡下土调，用一面鼓，两片梨花简。”梨花本名犁铧片，乃农具之碎片也。“病”字原稿残，酌补。

《道中见北人售馒首，不亲此品数月矣》一首：“馒头担子荷双肩，食谱遥从此地传。万里西来风味改，才闻乡语便欣然。”《文集》“北”作“此”，“品”作“只”，“月”作“日”，俱依原稿改。《载书播迁记》云：“予等居市内三日，即移入山中，于闻洞子西马超湾山村中，僦一椽居焉……惟是吾身已安，吾志亦得，而不知行将沦入异域之故乡何如，更不知已陷于水深火热中之师友如何。引领河岳，泪潸潸落，肠寸寸断矣。”

这 28 首诗的次序，《黄鹤楼》至《三峡》没有问题，《盘陀镇》以后就有些疑惑。依屈万里先生《载书播迁记》“薄暮过云阳，对岸山坳有桓侯庙，甚壮丽。是夜泊盘陀镇，次日而达万县……居市内三日，即移入山中。”似应为《夔州》《云阳江上清风楼》《盘陀镇》《万县弥陀禅院》《西山》《万县听黎铧鼓书，故山左歌女也》《道中见北人售馒首，不亲此品数月矣》《山村》《石竹图》。《感事》《奉怀仲采述先》三首，度诗意也应作于途中。

《硖江行卷》从内容上大约可以分为四类：一是感事抒怀。有《万县听黎铧鼓书，故山左歌女也》《道中见北人售馒首，不亲此品数月矣》《感事》，多表达思乡感旧之情，“凄绝香山病司马，绕梁一曲念家山”和“万里西来风味改，才闻乡语便欣然”，刻画细腻，感人至深。二是写景表情。如《舟中》《三峡》《夔州》《云阳江上清风楼》《盘陀镇》《西山》《山村》等，描摹景致，生动鲜活，而且有画家的独特视角，意境幽远。“宵来一簇青蓬火，不趁东风趁晚潮”、“我已无家心烂漫，任他一鸟刺天飞”、“红出墙头花四五，一枝先遣报春来”以及“连山万树香成海”都是佳句。三是咏古伤今。《夔州》感杜甫忧国忧民，而思乡断肠，《宜昌郭景纯尔雅堂》思郭璞怀才不遇，恨小人得志，《万县弥陀禅院》表现人间净土难觅的愤懑，《黄鹤楼》辽东鹤去城郭成劫灰的怅然等，由古及今，贴切自然，都是由于献唐先生融汇经史的深厚学养。四是奉怀友人。《奉怀仲采述先》二首写的感情真挚，“料应厌作辛酸语，尺素何曾见锦鳞？”、“南来微识相思味，苦到心头已十分”对友人的关爱思念，跃然纸上，溢于言表。

屈万里《王献唐先生事略》论献唐先生才艺“先生著书之暇，偶为七言绝句，清逸隽永；善丹青，法唐宋，喜为花卉尤喜作风荷，信笔点染，俨若弗弗飘风，骤出腕下；书擅录籀，录书清婉，如其诗；籀书则遒劲森严，妙得彝器款识刻铸神韵”。王献唐先生的诗风格沉婉蕴藉，清逸隽远，有唐人遗韵。见其诗稿勾画推敲，吟咏再三，其炼字清奇而传神，用典稳贴而不隔，又常妙翻新意，一洗晦涩故作惊人语之旧习。献唐先生个性舒张，其诗歌特色鲜明，奇逸纵横，意与境与情自然相合，清婉宜人，他在当时虽不以诗名，但学养深蕴，唱答悠游，卓然成家。可惜的是他的诗稿多有散佚，我们期待随着研究的深入，有更多的献唐先生诗稿面世，让世人领略这位学者非凡的艺术风采。

参考文献

［1］ 屈万里．屈万里先生文存：第三册［M］．台北：联经出版事业公司出版，1984．

［2］ 丁原基．王献唐先生著述考［M］．台北：“国立中央”图书馆馆刊，1993（12）．

［3］ 山东省图书馆，鱼台县政协．屈万里书信集·纪念文集［M］．济南：齐鲁书社，2002．

［4］ 翟明刚．三峡诗学［M］．济南：齐鲁书社，2006．

［5］ 王国华．王献唐传略［M］//中国现代社会科学家传略：第八辑［M］．太原：山西人民出版社，1987．

中 篇

雅·善本故实

雅　它山之石，可以攻玉

鹤鸣于九皋，声闻于天。
鱼在于渚，或潜在渊。
乐彼之园，爰有树檀，其下维榖。
它山之石，可以攻玉。

《小雅·鹤鸣》

珍稀奇丽的宋刻巾箱本《万卷菁华》*

山东省图书馆已入选首批《国家珍贵古籍名录》的古籍《太学新增合璧联珠声律万卷菁华》是颇为珍稀的宋本之一，巾箱本手掌大小，袖珍可爱。这部八百多年前，南宋青衿学子书箱中的一部流传较广，但又普通平常的参考辅导工具书，历经兵、火、水等祸患灾厄，渐次消失殆尽，已成吉光片羽，又迭次经过普通士子，名人显贵，乃至王族皇室收藏，遂成天下绝响，海内孤本。2001 年，版本学家黄永年先生观后曾戏言道："宋朝小学生的书包中装的善本书啊！"历劫不灭，传世孤本，显得珍贵难得。

《太学新增合璧联珠声律万卷菁华》前集 60 卷，后集 80 卷，共 140 卷。据卷首宋人李似之序，知前集为宋李昭玘辑，后集为李似之辑，山东省图书馆藏，存 116 卷（前集全、后集 1 至 43、46 至 86。目录第一叶，卷七第一、八至九叶，卷九第十三叶，卷十二至二十四抄补）。宋刻巾箱本，黄麻纸，金镶玉装，黄绢包角，书套为五彩织锦，秀丽精美。每半叶 15 行，行 20、21 字不等，小字双行同，框高 10. 5 厘米，宽 7 厘米，细黑口，四周单边。另后

---

* 本文原载于《中国文化报》，2009 年 3 月 8 日。

集卷71、72两卷现藏北京文物管理局，卷77藏国家图书馆。此书在《钦定天禄琳琅书目后编》卷七载：“《新增合璧联珠声律万卷菁华》10函100册，书140卷”称赞袖珍本，刻工极工细，三家收藏的加起来至今尚缺后集21卷。此书入《中华善本再造·宋元编》。

每册前后内衬均钤有“五福五代堂宝”“八征耄念”“太上皇帝”朱文方印，每册首页上方钤有“乾隆御览之宝”朱文椭圆印、“天禄继鉴”白文方印，末页上方钤有“天禄琳琅”朱文方印、“乾隆御览之宝”朱文椭圆印，印因书小，故比平常所见印玺尺寸较小，似可推知皇家诸玺因书不同，尺寸亦有别。又钤“聊复得此生”“鲜于”“困学斋”等印，可知此书曾为元鲜于枢及清代宫廷所藏，北京文物管理局藏本还钤“康生”大小白文方印各一。

本书作者李昭玘（？—1126）字成季，北宋济州巨野人，《宋史》卷三四七有传。李昭玘善为文章，与后来成为著名文学家的晁补之齐名。他个性耿直，“其孤介自守，不汲汲自进如是。故其胸度夷旷，发为文章，皆光明俊伟，亦无嚣呼愤戾之气”。李昭玘于宋神宗元丰二年（1079）中进士，入仕后为校书郎，历任徐州教授、判潞州，有政绩，因坐元符党罢官。徽宗立，命为太常寺少卿，又入党籍罢官，归里闲居15年，自号乐静先生。靖康初年，复命起居舍人而卒，有《乐静集》30卷传世。此书可能是在他闲居时所整理，如他有诗云：“葛巾茅屋自为娱，门掩槐阴长夏初。十年萧散愈身轻，弄笔翻书亦称情。”（见《乐静集》）比李昭玘稍晚并同为校书郎的李弥逊（1086?—1165）字似之，晚号筠溪居士，福建连江县人。大观进士，政和间官校书郎，累转起居

阻秦桧和议，遭陷害。绍兴七年（1137）复召为
兴十二年（1142），和议成功，弥逊落职归隐连江
而卒。其卓然自立，为时人称颂，《朱子语录》
好前辈。”李弥逊为《万卷菁华》作序云：“夫文
无美弗备也，其来久矣。自庖牺一画，露天地
动鬼神之呜咽……汉京推两司马，菁华不
而集腋，长燃太乙之黎，奚能继盛事以续貂，
鄙陋，聊广见闻。盖前编 60 卷，为巨野李君
华璧，未剖全牛。愚故续以后编 80 卷。星霜
建炎二年连江后学李似之书。”说明了编书
腋成裘，荟萃菁华，聊补全璧，有益
考试带动下类书编纂
御览》《太平
诗文撷
《山堂考索》《翰苑新书》之类也十分兴盛，
太学新增合璧联珠声律万卷菁华》便是在这个背景下产生的。

“盖专为应试之用，故题曰太学新增。于兔园册中最为条理博大，而书肆盛行之籍也。”（《钦定天禄琳琅书目后编》）该书为综合性类书，从天文地理直至草木鸟兽虫鱼都收录。前集分为 120 门，后集分为 170 门，门下分目。如“人才”门下设 9 目，“农桑”门有 17 目，“乐器”门有 23 目，“爱民”门有 30 目等，数以千计的子目组成一个较完整的知识体系。该书一目之下，均列“名君事鉴”收录历代帝皇事迹言论，“名臣事鉴”收录历代名臣事迹言论，“圣贤事鉴”收录历代儒家事迹言论，“书称合璧”收

录历代经籍志有关此事资料，"群书事鉴"收录历

事资料，"譬喻"表述作者对此事说明或解释，

对此事的推论等，特别是后两者，是其他类书所

书流传至今，虽然已失去当时的功用，但却留

历史难得的文献资料。

此书除《天禄琳琅书目》外，未见诸家书

未见刻本传世。《四库全书总目》所载题作《

抄本，不著撰人名氏，亦无序跋，前集80卷

卷，为天一阁藏本，而《天一阁书目》则题

用万卷菁华》，《千顷堂书目》亦载。傅增湘

也记有两种明蓝格抄本，为项氏万卷堂藏

集80卷题作《大学增修声律资用万卷菁华

《大学新编声律资用万卷菁华》，行款不

版相似，应与宋版一脉相承，有可能是元

和增补的产物，已非原貌了。这个系列

角，仅广

这部宋

法家鲜于枢家 琳琅之中，世人

难以窥见其真 旨记载的原因。直到清

末代皇帝溥仪在宣统三年（1911）十二月逊位之后，生活在紫禁城小朝廷中的溥仪为了复辟的梦想和改变生活现状，急需筹措巨额资金。溥仪就想了一个办法，通过赏赐在身边伴读的弟弟溥杰的方式，将宫廷中的古物珍宝不断运出宫去。据《故宫已佚书籍书画目录四种》记载宣统十四年（1922）7月13日至9月25日间他们集中运出古籍珍本，仅宋版书就199部，其中就有《太学新

增合璧联珠声律万卷菁华》这部书。这批古书出宫以后，由溥仪的父亲载沣交给载涛，载涛再秘密运到天津静园。1924 年 11 月 5 日冯玉祥发动北京政变，将末代皇帝赶出皇宫，溥仪就居住在天津静园。后来，这批东西一部分逐渐被变卖了，一部分又随溥仪运到了东北后不断流失。

《太学新增合璧联珠声律万卷菁华》何时归我馆所藏已无从确考，有人说是解放初期 60 年代，也有人说更早，有闯关东的山东人王先生从东北带回老家来捐赠本馆的。目前，此书大部在我馆，一卷归国家图书馆，另两卷“文革”前后辗转到了康生手里，后由北京文物管理局收藏，其余二十余卷至今下落不明。但我们还是依旧希望有朝一日有相关的线索，全书合璧，能给大家带来惊喜。

馆藏宋刻本《文选》流传纪略*

蝴蝶装宋赣州州学刻本《文选》

1880 年（清光绪六年）的冬天格外寒冷，36 岁的福山人王懿荣科考大捷，带着满心的喜悦衣锦回乡探亲、祭祖。他旧历十一月离京，冒着漫天大雪，迤逦行来，道经直隶、河南等地入鲁，途中一个月的时间，或探访学人故友，砥砺学问，或搜求金石文物，品赏珍藏，收获颇丰，这些经历都记载在他著名的《天壤阁杂记》中。期间他在蓬莱还得到宋赣州州学刻本的《文选》，这是令他十分高兴的事。微醺之后，开卷展玩，喜悦不已便欣然题记说："宋赣州本《文选》，内府《天禄琳琅书目续编》著录，称流传颇少"，道出了此书的珍稀。王懿荣殉国后，

* 本文原载于《山东商报》，2010 年 3 月 29 日，略有改动。

此书递经其子王崇焕及马官和、张景栻等收藏，现存山东省图书馆，已成为馆内的珍贵藏品之一。

《文选》60 卷，存卷 12、13、42，共 87 页，南宋赣州州学刻本。框高 23.3 厘米，宽 18.4 厘米，开本 37.5 厘米，宽 23.6 厘米。每半叶 9 行，行 14、15、16 字不等，小字双行 20 字，白口，左右双边，双鱼尾，版心上方镌字数，上鱼尾下刻有“文选卷第××”，版心下镌刻工姓名。避讳字有弘、演、胤、悬等，皆缺末笔。此本为六臣注本，李善注在前，吕延济等五臣注在后，卷 13 卷端题：“文选卷第十三，梁昭明太子撰，唐李善注，唐五臣吕延济、刘良、张铣、吕向、李周翰注。”卷 12 末题：“州学斋长吴拯校对，州学学谕管献民校勘，左从政郎充赣州州学教授张之纲覆校。”《铁琴铜剑楼藏书目录》、日本岛田翰《古文旧书考》著录此本，详列校对校勘覆校人姓名。

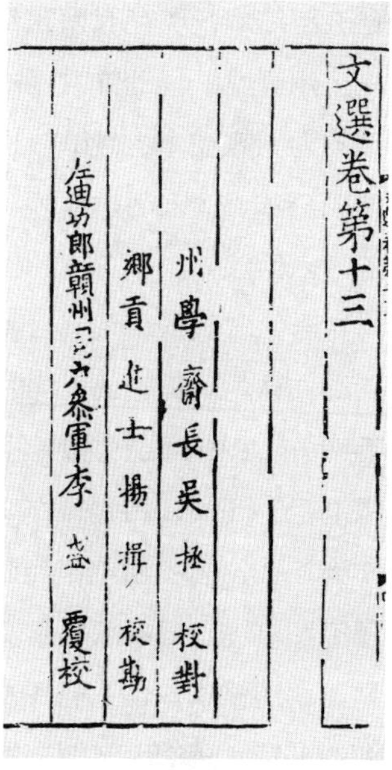

《文选》是中国现存最早的诗文总集。南朝梁萧统编著。萧统是梁

武帝萧衍长子，立为皇太子未及即位而卒，谥号昭明，故后人也称为《昭明文选》。《文选》收录先秦到六朝130位作家38类文体700多篇文章，唐宋以来，作为人们日常学习诗赋的一种基本的范本，几与经传并列，其影响深远，有“《文选》烂，秀才半”之称（陆游《老学庵笔记》），后研治《文选》也成为一种专门的学问。李白曾经“三拟《文选》”，杜甫“熟精《文选》理”，且“续儿诵《文选》”，当时的许多大诗人无不沐浴在《文选》的光辉中，涵咏沉潜，反复摹写，得益良多。

《文选》书成之后以写本、钞本流传，今天还能见到的只有敦煌写本数卷和日本所藏残本。刻本的版本很多，大体可以分为以下几个系统。一是李善注本，最早的是北宋天圣、明道年间刊刻的国子监本，其后有南宋淳熙年间尤袤刻本、元张伯颜刻本。二是五臣注本，现存有南宋绍兴三十一年（1161）陈八郎刻本及南宋杭州开笺纸马铺钟家刻本。三是六家注本，李善注在五臣注之后的为六家注本，最早的是北宋秀州州学刻本，其后有北宋广都裴氏刻本、南宋明州本等。四是六臣注本，李善注在五臣注之前的为六臣注本，有宋赣州州学刻本、建州本等。赣州州学刻本《文选》，《天禄琳琅书目》认为“系北宋时刻板，印于南宋”，岛田翰亦认为“其版或于汴时，修版至南渡后也”，《天禄琳琅书目后编》《皕宋楼藏书志》《经籍访古志》《日本宫内省图书寮汉籍善本书目》《日本访书志》等均有著录。岛田翰称此书“大版大书，字大如钱，楮墨精绝，而版样则极雅古”。宋赣州州学刻本，今国家图书馆、日本静嘉堂文库、宫内厅书陵部藏虽全本，但也多是三朝递修本。山东省图书馆、吉林省图书馆、山东博物馆、上海图书馆、清华大学图书馆藏残本，台湾“中央图书馆”和台湾

“故宫博物院”亦有藏，然皆为残本。但其书开本阔大，字大如钱，疏朗俊逸，可贵的是保留了蝴蝶装的旧貌，惜辗转流传，书已经有很多破损，纸质经过多次装裱局部有碎裂。此书三卷，虽为残帙，但有王懿荣、王崇焕、王献唐三人题识，又是蝴蝶装，保留了宋时书籍的原貌，弥足珍贵。

关于这部《文选》，王懿荣《天壤阁杂记》是这样记载的：“庚辰十二月到家……得宋赣州本大字《文选》六臣注残本 70 叶于蓬莱县城太和银楼。银估好聚旧书，索重值，凡旧板必收之。此刻阙笔谨严，《天禄琳琅》所称，流传者少，惜止此数十叶，已装粗册。此本支六房莲墅先伯家物。伯好收书，兼好刻书，刻有今古文各家注《孝经》12 种。讳德瑛，嘉庆甲戌进士，官河南安阳令。当时所拓《西门豹碑》较今本多十余字。有牟丈陌人校本书，又传有文天祥手批《十七史》。群从乱后零落，遗书多售于烟台富商及山东候补官。”简单叙述了收藏这部书的经过，因为是先伯旧藏，有此机缘，实属难得，字里行间透出王懿荣珍惜之情。王德瑛，名璜，号莲墅。嘉庆十九年甲戌（1814）进士长期在河南为官，任安阳、舞阳、扶沟等地县令，其中嘉庆二十四年（1819）及道光八年（1828）两次出任扶沟县令，县志云于县情颇熟悉，多治行。曾主持纂修《扶沟县志》和《舞阳县志》。另外辑有《古今文孝经汇刻》，有道光十五年（1835）年福山王氏日省斋刻本。王懿荣说刻《孝经》12 种，今查实为 16 种。

1900 年（光绪二十六年），八国联军入侵北京，王懿荣携妻投井殉国，此书遂由其四子王崇焕收藏。父亲殉国时王崇焕年仅9 岁，过继给从弟王鸿发，后寄居天津。王懿荣在王崇焕刚出生时，有《举第四子崇焕示次女》诗：“京曹岁月太匆匆，二十八年一梦中。但愿此儿能长大，半耕半读作村翁。”倾注了一个父亲的无限关爱，在那个时代经历了太多的家国交困，骨肉丧亡，平安才显得十分珍贵。王崇焕不仅平安长大，而且遗传了王懿荣的文化禀赋，在文学和学术研究方面也颇有建树。他 18 岁到上海，在报社工作，曾参加过南社，后回到天津。早期在直隶财政厅工作，出任河北省教育厅秘书，兼任烟酒公卖局秘书，后任京奉铁路警察教练所教师。中华人民共和国成立后，王崇焕曾任天津铁路学校校长。民国初年于《小说月报》发表有《阳秋剩笔》《万里孤鸿记》等小说，著有《甲骨文存》《古董录》，编纂《王文敏公年谱》《纪晓岚年谱》《澹归大师年谱》《王文敏公遗集》和《福山王氏先世及族戚书简》等 12 部著作，他还保存有父亲收藏的甲骨 500 余片，以及王懿荣许多的珍贵收藏，在当时也颇有影响。尤为可贵的是，1931 年，一位在伪满洲国工作亲戚，奉日本人的旨意，要拉王崇焕去东北，诱以高官厚禄，当即遭到严词拒绝，他认为这是关系到民族大义的大事，宁愿饿死，也不能丧失气节去助纣为虐，传续了王懿荣的凛然风骨。

王謇《续补藏书纪事诗》有咏王崇焕诗一首“神京庚子遭浩劫，文敏旧物已式微。幼子偶得艺芸书，荩箧藏弃不翼飞”。并解释说，“王汉章（崇焕），廉生祭酒幼子。先世所蓄，多失于庚子拳乱，复为其侄所败。汉章辛苦所积，得汪阆源（士钟）旧藏宋本数种，秘不示人，今春贫而疾笃，仍不忍以易粟。故后，亲友为理遗箧，终未发见，不知究何籍也。”一个爱书如命的人跃然纸上。近来拍卖会上拍的宋建安虞平斋务本书堂刻本《增刊校正王状元集注分类东坡先生诗》、清刻本《范石湖诗抄》，有福山王崇焕收藏之印，国图藏《使琉球录》一卷，也有“福山王崇焕收藏”之印记，为这些书提供了线索。

《文选》上王崇焕的题记也是一首绝句：“梁选宋雕存几叶，隃麋差映绛云楼（顷见钱牧斋尚书旧藏宋赣州本《文选》，全璧可光与此有浓淡之分耳）。一瓻祇合玲珑贮（扬州马秋药先生玲珑山馆藏书綦富，阮文达亟称之），蚨蝶原装认赣州（此本犹作蝴蝶装）。惠公宪台乡长鉴存。崇焕敬署。丙寅嘉平十四日。”

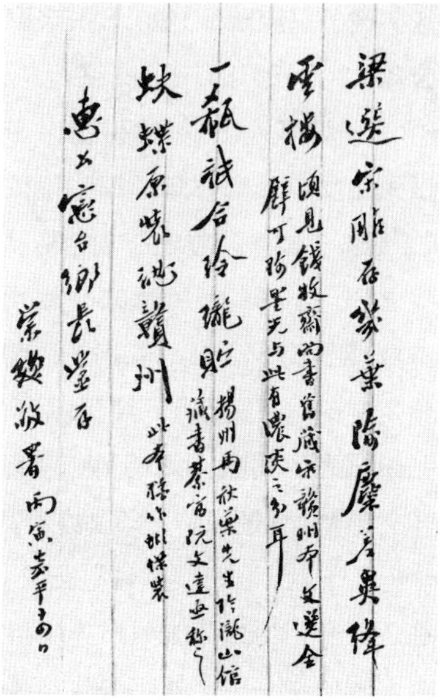

王崇焕题记署丙寅年，1926 年，时王崇焕 34 岁。“惠公”，唐桂艳疑为山东日照人马惠阶，是。马官和（1875—1936）字惠阶，号仲平，日照市东港区高兴镇夏陆沟人。著名企业家。早年留学日本，回国后始办企业。民国初年，马官和去济南，任省参议会议员。在安鹏东的支持下，开办了济南电话公司，让其弟马丹铭在济宁、滕县开办了电话分公司。1917 年，与安鹏东及其堂弟安善圃（时任省财政厅长）集资 200 万元开办了山东工商银行，1926 年马官和应直隶省长褚玉璞之邀，出任直隶省财政厅长，又创办了直隶省工商银行。

当时，王崇焕是马惠阶的部属，二人应有交往，更何况马惠阶喜藏书，上海图书馆藏宋黄善夫刻本《后汉书》就有马惠阶跋，“惠公宪台乡长鉴存”，说明王崇焕将此家藏赣州州学本《文选》赠予马惠阶。1928 年张宗昌主鲁时，济南工商银行倒闭，欠公款 12 万元，时任工商银行总经理的马惠阶以家藏古籍 286 种 6 875 册抵押入山东省图书馆，我本疑此书为此时入馆，后见张景栻先生文章疑窦方解。据张景栻先生《宋刊通鉴总类》一文言："《通鉴总类》存卷七下册，似从内阁大库中散出者，以王献唐先生之介，连同马氏所藏宋刊赣州本蝴蝶装《文选》残本，及元刊本数种归我。"可以得知这个清晰地递藏脉络，马惠阶藏的宋赣州州学刻本《文选》，经王献唐先生介绍，后归济南著名藏书家张景栻先生收藏。此书另有王献唐题记曰："此为南宋赣州刻本《文选》，尚是原装，印刷亦不甚晚，仍属宋本。王献唐。五八、十一、十六。"有"献唐"阳文方印。因张景栻先生与献唐先生往还甚密，1962 年张景栻先生将此书让归山东省图书馆。

顺便说一下，刘明先生在《六臣注〈文选〉宋赣州州学刊本考》文章中提到的马惠阶欣遇草堂藏本与王懿荣藏本实际上是同一部书，而山东博物馆藏《文选》也不是山东省图书馆调拨的，不是王懿荣的旧藏本。省博所藏《文选》，是王献唐载书播迁四川的珍贵图籍中的一种，但与王懿荣本行款皆同，为卷 56、59 两卷，经历了风雨劫难，迁回后则再也未回到山东省图书馆，令人惋惜不已。

据报载山东省图书馆已经启动了这部宋版书的修复工作，邀请国内专家共襄盛举，给我们留下颇多期待。

名山宝籍明内府刻本《道藏》*

山东省境内最著名的山自然当首推五岳独尊的泰山，而东海之滨享有“海上仙山第一”美誉的崂山，与岱岳相颉颃，也不遑多让，所谓“泰山虽云高，不如东海崂”。这两座名山虽然各有特色，但都以风景瑰丽奇秀，文化积淀深厚而享誉海内外，奇珍不胜枚举，同时又都是道教著名的洞天福地。不久前，两山所藏的《道藏》，同时入选《国家珍贵古籍名录》，名山宝籍遂又一次为世人所关注。

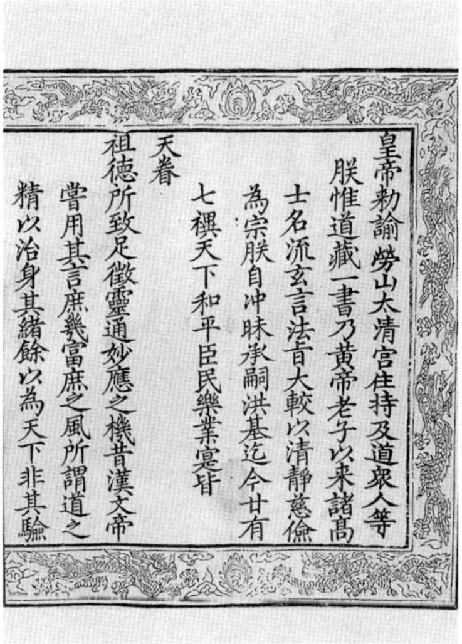

皇帝勅諭勞山太清宮住持及道衆人等
朕惟道藏一書乃黄帝老子以來諸高
士名流玄言法旨大較以清靜慈儉
為宗朕自沖眛承嗣洪基迄今廿有
七禩天下和平臣民樂業寔皆
天眷
祖德所致足徵靈通妙應之機昔漢文帝
嘗用其言庶幾富庶之風所謂道之
精以治身其緒餘以為天下非其驗

《道藏》（明）张宇初等编，明正统十年（1445）内府刻万历官印本，5 305 卷，经折装。每册长 35 厘米，宽 12.9 厘米，5 折，每折 5 行，行 17

* 本文原载于《山东商报》，2008 年 8 月 25 日。

字，上下双栏。每函卷首刊有三清及诸圣像，刻绘精美，续有“御制”竖式龙牌题识，其文曰：“天地定位，阴阳协和……邦国巩固，宗社尊安。景运隆长，本支万世。正统十年十一月十一日。”卷末有护法神像。此书因刊刻于明正统间，故称为《正统道藏》。所收经书，按千字文排序，每函各为若干卷；其中以10卷居多，亦有少至三四卷，多至15卷以上者，如洪字号甚至多达17卷。一般每卷均首题经名，经名下标字号数码（如“天一”、“推六”等），卷末经题后还保留所据底本的原题识。所收书籍，多宗古本，避宋讳，十分珍贵。

泰山所藏的一部今存227函，576目，1 576卷。千字文“黄一”卷首有“大明万历戊戌年七月奉旨印造施行”字样，为万历二十六年（1598）道经厂以明正统十年（1445）内府原版印制，存颁施圣旨一帧。崂山所藏存4 946卷，4 486册，是现存最接近全本的一部，书中有明万历二十八年（1600）十月初三日御赐序，钤有“广运之宝”，也是以内府原版印制。两部印制不同，晚出者或有增益。

《道藏》为道教经典的总名，一名“道大藏经”。道经的汇集始于六朝，汇辑成“藏”则在唐开元中。宋开国后，曾先后五次收集整理道经，重修《道藏》。藏经刊印流布最早的是宋徽宗政和年间的《万寿道藏》，到了元朝初年，全真道士宋德方主持编刻《大元玄都宝藏》，这些《道藏》历经兵火和元代的焚经，早已不存。现存者为明正统十年（1445）刊行的《正统道藏》及万历三十五年（1607）张国祥辑印的《万历续道藏》。我们现在所说的《道藏》就是指明代的这两部《道藏》。

当时，明永乐成祖朱棣崇道，鉴于元世祖等下诏焚毁道经及印板，加之兵火，道藏毁坏殆尽，因敕第四十三代天师张宇初纂校《道藏》。永乐四年（1406）张宇初奉命修藏。不久张宇初卒，其弟张宇清继领其事，将锓梓以传。功未就绪而成祖死，其事遂被延搁。至英宗正统九年（1444），乃诏领京师道教事邵以正督校大藏经典，“于是重加订正，增所未备”，正统十年（1445）全藏刊竣，共 480 函，5 305 卷。以千字文为函目，自天字至英字，称为《正统道藏》。到明神宗万历三十五年（公元 1607），又命第五十代天师张国祥续补《道藏》，仍以《千字文》为函次，自杜字至缨字，凡 32 函，180 卷，名《万历续道藏》。《正统道藏》收书的数量大，内容也很庞杂，遍涉道教的教义教理、戒律清规、符箓章奏、神仙谱籍、道士传记等方面。按三洞四辅十二部分类，各部收书共 1 430 种。《正统道藏》除道教经籍外，还收入一部分医书药方、诸子著作。是现存研究道教和中国古代宗教及哲学、历史、文学、艺术、医药学、化学、天文、地理等学科的重要文献。

《正统道藏》刊竣后，曾陆续印行颁施各地宫观，据陈国符《道藏源流考》初步统计，颁施《道藏》的宫观全国前后有 50 多处。明代大规模颁施《道藏》有两次。一次是正统十二年（1447）二月，英宗皇帝诏令《道藏》《佛藏》颁藏于全国名山寺观。正统十二年（1447）八月初十日均颁于各地，江西龙虎山大上清宫、北京白云观、江宁狮子山卢龙观、句容县青元观、上元县长寿山朝真观、茅山元符宫、太原阳曲县玄通观、宁国府宣城县玄妙观等处同时各赐一藏。第二次是万历二十六年（1598）重刊《道藏》之后，陆续颁施天下名山宫观，泰山和崂山就是这期间颁赐的，同时龙虎山大上清宫、恒山北岳庙、华山西岳庙、蒲州永济县通玄观、四川潼川府三台县祐圣观等亦获颁赐，均有万历二十七年（1599）八月二十七日神宗之《颁赐藏经敕》，万历三十五年（1601）之后颁施的还有《万历续道藏》。

颁施《道藏》在当时是一件非常隆重的大事，皇帝下诏，差道经厂太监赍旨前去，据目前所见大都勒石铭记，以示殊荣。当时差往泰山的是道经厂掌坛尚膳监太监李升，崂山的是道经厂侍经惜薪司左司副何堂，河南方城玄武观的是道经厂掌坛御马监太监白忠，据明刘若愚《酌中志》记载这些太监都是道经厂炙手可热的掌权人，亦可见重视程度。

明代的宫中设宦官二十四衙门，其中以司礼监权势最为显赫，其不仅代皇帝批阅奏章，传达诏令，亦掌管刻书。司礼监下设经厂库，并分设汉经厂、番经厂、道经厂，刻书范围各有侧重。道经厂则主要刻印道家书。所刊之本，即被称为“经厂本”，“厂版书”，属内府本。《京师坊巷志稿》卷三载：“嵩祝寺东有法渊寺，西有智珠寺。又东为三厂遗址；明置番、汉经厂、道经厂于此。”司礼监刻书，不吝财用，故选料、雕印、装帧俱佳。多取上好绵纸以佳墨精印，早期印本多为包背装，版式阔大，行格疏朗，字体上承元代遗风，喜用赵体，字大如钱，读来悦目醒神，钤以“广运之宝”朱文玺印，气象凝重恢弘，观感上华美凝重，有很强的艺术性。据史料记载，自万历二十七年（1599）赐泰山岱庙一部《正统道藏》之后，万历二十八年（1600）又敕封崂山黄石宫道士耿义兰为“扶教真人”，颁施《正统道藏》一部，这是山东仅存的两部明版《道藏》，当时山东颁施的还有五峰山洞真观、邹城白云观等，惜今已不存。

明万历二十七年（1599）神宗皇帝颁施泰山的圣旨至今保存

完好，弥足珍贵，文曰：“敕谕东岳泰山天子庙住持及道众等：朕发诚心，印造道大藏经，颁施在京及天下名山宫观供奉，经首护敕以谕其由。尔住持及道众人等，务要虔洁供安，朝夕礼诵，保安眇躬康泰，宫壶肃清，忏已往愆尤，祈无疆寿福，民安国泰，天下太平。俾四海八方，同归清静善教，朕成恭己无为之制道焉。今特差道经厂掌坛尚膳太监李升，赍请前去彼处供安，各宜仰体知悉。钦哉故谕。大明万历二十七年闰四月二十四日。”说明了颁施《道藏》的目的，其他方志和题刻所录颁道经敕，除宫观各异及赍经使者不同外，其余全同。

《道藏》经板到清代时尚庋于故宫大光明殿，日有损缺，到八国联军入侵北京，存板尽毁，而各地的《道藏》因屡经兵燹，岁月侵蚀，存世甚少，泰山和崂山所藏遂为海内奇珍，历经风雨磨难，现在都收藏在当地的博物馆中。青岛市现存的《道藏》原藏于太清宫的三清殿内。在三清殿正殿神像两侧安放六个乌木大柜，《道藏》放在大柜的抽屉内，每个抽屉放三函，抽屉外面有四字目录，按经卷册数目录存放，便于查阅。闻一多在青岛大学任教期间，得知崂山太清宫藏有《道藏》，非常兴奋，建议青岛大学将其移至大学图书馆，1931 年 5 月，青岛大学请示教育部，未果。1966 年秋“文革”时这部《道藏》又面临劫难，造反派到崂山砸庙毁经，一批有高度责任心的文物工作者闻讯冒着风险，奔赴崂山从造反派手中抢救了下来，他们把经卷原封不动地连同乌木抽屉一起搬运回来，保存在市博物馆内，直到今天。

《道藏》虽然各地有藏，但大多为残卷，保存较多的除了崂山和泰山之外，还有北京白云观、国家图书馆、上海图书馆、四川大学等地，其余山西永济县通元观、江西龙虎山上清宫也有藏，据说日本东京宫内厅还保存有 4 115 卷。1926 年，商务印书馆用北京白云观《道藏》，补以他观所存，将经折本改为六开线装本影印出版。由于此本印量很少，现已不易寻。通行本中有数种是根据此本翻印，如台湾艺文印书馆本、新文丰本。日本也多次出版了《正统道藏》和《万历续道藏》的翻印本。1988 年，北京文物出版社、上海书店和天津古籍出版社共同出版了影印本《道藏》，此本借用现藏上海图书馆的旧藏本补足，为影印本中较好的本子。

海内孤本明万历《兖州府志》*

今年济南的夏天，雨水格外的大，下雨之前天气闷热多潮湿，使人易生烦躁。在或雨或热的夜晚，我常以读书破烦解暑。读前辈学者的绝妙文字，“冰雪满怀清兴孤”，诚一大乐事也。记得有本书里提到了人们应多懂点古籍版本知识，或许就有意外发现。作者还举了几个例子，其中一个是海内孤本《兖州府志》发现的传奇故事，颇为曲折。其实，不但应懂点古籍版本知识，还要做个有心人，也许机会就来了呢。《兖州府志》收藏在山东省图书馆，这个故事以前也听人讲过。记得明万历《兖州府志》问世不久便因连年战火而终至亡佚失传。数百年来，国内公私家藏书目录中均未见著录。令人深感振奋和意想不到的是，20 世纪 60 年代初，在山东巨野县却意外地发现了这部书，而且是从集市上一农妇的菜篮子中。

1. 《兖州府志》为何许书

明代的兖州府，辖济宁、东平、曹州、沂州 4 个州，州辖 12

---

* 本文原载于《中国文化报》，2009 年 2 月 22 日。

个县。直隶县还有嵫阳、曲阜、宁阳、邹县、泗水、滕县、峄县、金乡、鱼台、单县、城武 11 县。大约涉及今天的济宁、菏泽、泰安、枣庄、临沂等市的三十余县的部分，是当时管辖县较多的一个府，治嵫阳县（今兖州市），是为重镇大府。《兖州府志》出自明代文学家于慎行之手，是一部内容丰富、特色鲜明的齐鲁志书，堪称旧方志中不可多得的杰作。此书的主修者于慎行（1545—1607），字无垢，平阴县东阿镇人。隆庆二年（1568）进士，授翰林院编修，后官至太子少保兼东阁大学士，卒赠太子太保，谥“文定”。有《读史漫录》《笔麈》等著述，神宗时“文学为一时之冠”。在万历十八年（1590）至三十五年（1607）于慎行致仕家居期间，兖州两位知府易澄瀛和卢学礼先后登门邀请，求于公主持纂写兖志。万历二十年（1592）九月开工，历三寒暑，于万历二十三年（1595）七月成稿，次年三月刻印完毕。《兖州府志》52 卷，另附《府境州县图》1 卷，明易登瀛、卢学礼、于慎行等纂修。明万历二十四年刻本，12 册，每半叶 10 行，行 20 字，白口，左右双边，有刻工。卷首有张允济、姚思仁、冯琦三序，末附于慎行《府志自序》。内容包括沿革、建制、山川、风土、帝迹、圣里、国纪、天潢、职官、选举、田赋、户役、学校、兵戎、驿传、河渠、盐法、马政、古迹、陵墓、祠庙、寺观、宦迹、人物、典籍、艺义、灾祥、丛谈等类。全书选材丰富、内容详尽、体例严谨、考证精确。于慎行知识广博，对历代典章制度、文物典藏、人物活动、地理沿革等内容在志书各卷中都作了精心安排，做到议事有据、取舍有度，又多有创新。正如礼部侍郎冯琦所言：“旁搜博采，属词比事，援古而参，以独创提纲而列。”《兖州府志》的《艺文志》及《人物志》最见功力，有关社会经济方面的史料也颇为丰富。它的史料价值不仅高于此前的明代《兖州府志》，比之后来的清乾隆年间陈顾主编的《兖州府志》等也有许多优长之处。此书出自名家之手，涉及面广，内容十分丰富，至今对研究齐鲁文化、历史和经济等还有很重要的参考价值。最近，专家又发现《兖州府志》中记载了曲阜县“蒲圃”即菜园中种有 6 株檟树即茶树，通过史料考证得出了在春秋时山东就有茶树种植的结论，引起了社会的关注。

2. 农贸市场三五元转手

明万历《兖州府志》的失传一直为诸多学者所惋惜，没想到这本珍贵古书会在农贸市场意外出现。一天，山东巨野县文化馆的干部老王去离县城不远的一个农贸集市上赶集时，发现一位头发花白的农妇在卖一只老母鸡，老母鸡旁边一个很不起眼的竹篮子里还放着一摞古书，书纸很白，开本很大。老王好奇地翻阅了一下，原来这摞古书是一套地方志——由明代大学士于慎行所编的《兖州府志》。他喜欢读书，平时对古籍版本学有些了解，从感觉上知道这套书的出版年代比较久远，打算把它买下来。农妇索价不高，她说这个纸很好，自己曾裁了几页做鞋样，因生活困难，不得不把它卖点钱，购买油、盐、火柴之类的生活用品。最后老王便以几元钱（一说 3 元、一说 5 元）连鸡一起买了下来。

为了弄清这套《兖州府志》的价值，不久老王就趁着去省城济南出差的机会，将这套书一起带到了济南，并拿到济南古籍书店请人鉴定。经初步判断，该《兖州府志》系明万历二十四年刻本。进一步查找各大图书馆的馆藏方志目录，发现明万历版《兖州府志》在全国 41 家主要图书馆中竟然没有一家收藏；而在全世界范围内，也只有日本宫内省图书寮藏有此书，显然，明万历《兖州府志》十分罕见，当是国内现存的孤本。

3.《兖州府志》归图书馆珍藏

1973 年春，山东省图书馆得知巨野县文化馆有部明本《兖州府志》，便在省“革委会”宣传部开了一张介绍信，前去查访。县里很重视，派文教局局长陪同一起找到老王说明来意。想看看这部书是否是明版，打算借回去研究。开始，他说书不在家被亲戚朋友们借走了。原来老王在古籍书店确认后，对方出了 700 元高价收购，他一听如此值钱，干脆不卖了，急急忙忙回家收藏起来。这样一来，县城里全传开了，说他家有部值钱的书，使他整日诚惶诚恐，压力很大。这次经过山东省图书馆工作人员几番做工作，老王才回心转意，同意把书拿出来。当《兖州府志》呈现在来访的专家面前时，大家都傻眼了，眼前的这部古书雕印精细、字迹清朗、纸墨俱佳，实为明版无疑。抑制不住内心的激动，专家们打算向老王借用此书，回去好好研究。老王当即书写了借条，办完手续，他们便把 12 册书（约有一尺多厚），用一块大毛巾包好，从巨野乘汽车到兖州转火车回到了济南，暂存放于大明湖畔的图书馆善本书库。

由于是“文革”期间，《兖州府志》一直存放在书库中没有再动过，一眨眼好几年过去了。1979 年的一天，老王突然来到山东省图书馆，愿将该书捐献给国家。馆里研究后同意了他的要求，由他写了收据，此书遂归山东省图书馆珍藏。

4. 残缺页复印件越海归来《兖州府志》影印出版

20世纪60年代《兖州府志》在山东省巨野县发现后，山东人民出版社曾计划影印出版，但因“文革”而中止。1984年齐鲁书社提出影印出版，因在捐给山东省图书馆之前，该书就已缺失《人物志》两卷（卷36与卷37）和《典籍志》一卷（卷38），令大家颇为苦恼。有人想起了早年曾留学日本的山东大学教授殷孟伦，便提议：“在日本宫内省图书寮还有一套同样版本的书，也许殷先生在日本还有些老关系，不妨试一试。”殷先生当年在日本东京帝国大学攻读研究生学位时，有一位同窗叫波多野太郎，后来成了日本著名汉学家，与日本宫内省图书寮交往甚笃，找他想想办法，复制所缺的几卷，或许能达到目的。于是殷老立即援笔致函波多野太郎教授，转托他向日本宫内省图书寮复制上述所缺3卷。信函发出后，不出3个月，复制件便越海归来。至此，这一国内孤本得成完璧，并最终由齐鲁书社影印出版，使这部散佚多年的明代方志杰作重新问世。

故事还没结束，当时由于捐书时大家忙忙碌碌的，未想起索回当年写的借条。20年后，王先生的后人不了解当年的情况，偶然从家中发现了这张借条，就拿到山东省图书馆想把这部书要回去。岁月更替，当年经手的同志都不在馆内了，一时大家一筹莫展、束手无策。经过多方联系，终于在会计处找到老王捐书时所写的收条和声明，一场风波遂消弭于无形。

掖县《永乐大典》佚卷始末*

1982年的冬天，一场纷纷扬扬的大雪飘洒在胶东半岛的大地上，给即将来临的春节增添了喜瑞祥和的气氛。山东掖县（今莱州）图书馆孙馆长正怀着无比惊喜的心情奋笔疾书。他正在给北京图书馆（现国家图书馆）写信，请专家们来证实一个连他也恍如梦中的天大喜讯——在掖县程郭公社高郭大队农民家里发现了一册久已散佚的《永乐大典》。

孙馆长能发现这部宝典是一个意外，也是情理之中。那是1982年11月的一个下午，掖县文化系统各单位的领导干部在电影院开会。中间休息的时候，见墙上的月份牌上印有对《永乐大典》的简介文字，孙馆长便以此为题做起了介绍。正讲在兴头上，有人插话说前些时候程郭乡孙洪林送来一本《永乐大典》。孙馆长将信将疑叫人拿来看看，就见到了这本天头地脚被齐栏裁掉、封页和前17个页码已经缺失的《永乐大典》。从页面上看，特制的皮纸挺括而柔软，小楷书体字字工整，每一页的格式规矩丝毫不差，再看内容，全部都是“门”类的文图。看罢他一下子惊住了，难道说真的会发生这种奇迹？如此珍贵的宝册为什么会

---

* 本文原载于《中国文化报》，2008年12月21日。

出现在胶东半岛的穷乡僻壤?

发现国宝的情况很快报到了掖县县委宣传部。究竟是嘉靖本还是后来的传抄本，需要通过专家再鉴定。领导当即指示，由孙馆长给北京图书馆写信，请专家帮助鉴定。北京图书馆接到来信，惊喜之余，也存在很大的疑虑。但图书馆善本部还是派出人员日夜兼程，直赴山东半岛。到了掖县，专家们在县图书馆对书册进行了现场鉴定。结论是：此册确系《永乐大典》嘉靖副本，属门制类 30 卷中的前两卷，为传世国宝无疑。值得庆幸的是，这册《永乐大典》虽稍有损坏，但是它正文的大部分保存完好，正好排到了“门”字，在书的前面，用不同的字体演绎一个“门”字，端庄的楷书、狂放的草书、秀美的隶书，尽显汉字的魅力。这册书引用古书 66 种，插图 46 幅，它记载了中国古代不同等级的门，如白虎门、玄武门等，以及门的结构、类别、式样和奇闻逸事，丰富多彩。

《永乐大典》是我国古代最大的一部百科全书式的类书，其性质有点类似今天的百科全书。每半页八行，大字占一行，小字抄成双行，每行 28 个字；《永乐大典》中还有许多精致的插图，山川地形都以白描手法绘制图形，形态逼真。书为硬裱书面，黄锦包饰，典雅庄重，被专家学者誉为世上罕见的珍品。

公元 1404 年（永乐二年），明成祖朱棣为显示他的雄才大略和文治武功，下令编纂《永乐大典》，由姚广孝和解缙等召集朝臣文士、宿学名儒达 2 169 人，担任编辑、校订等工作，以皇家图书馆文渊阁所收宋、元御府藏书为基础，并派员至全国征集经、史、子、集、释藏、道经等，辑录典籍资料七八千种。《大典》正文 22 877 卷，凡例和目录 60 卷，装成 11 095 册，总字数约 3.7 亿字。这部书于永乐六年（1409）告竣，初名《文献大成》，后由朱棣正式更名为《永乐大典》，并亲自为该书作序。

《永乐大典》修成后，先是藏在南京文渊阁，明成祖迁都北京后，即运来北京，藏在宫里的文楼。《永乐大典》从未刊印过，虽然永乐和万历年间商议过刊刻，都因“工费浩繁”而作罢。嘉靖三十六年（1557）四月，宫中发生了一次大火灾，三殿被焚，文楼在三殿附近，为了防止再遭不测之虞，明世宗决定重录一部。历时六年时间，隆庆元年（1567）竣工。副本的字体格式及装帧，全部仿照永乐抄本。从此《永乐大典》便有了正、副两部，正本珍藏在文渊阁，副本珍藏在皇史宬内。明末文渊阁焚于战火，《永乐大典》正本从此下落不明，成为中国文化史上一大谜案，而副本《永乐大典》在以后漫长的岁月中所遭受的磨难，则令人痛惜不已。通行说法认为，八国联军进入北京后，与东交民巷比邻的翰林院成为战场，玉石俱焚，藏书四散，《永乐大典》丧失殆尽。目前经统计，现星散于世界各地 8 个国家和地区博物馆、图书馆等 30 余个单位里共有 400 多册、约 800 余卷，不到原书的 4% ，迄今已有 221 册入藏中国国家图书馆。

那么这两卷书是如何从北京流传到掖县乡间，又如何保存下来的呢？据孙洪林说，有一天他的表叔过生日，在饮酒闲聊中，表叔说起荆轲刺秦王的故事和咸阳阿房宫北门为磁石门的传说。孙洪林听后十分惊奇，问表叔是怎样知道的。表叔说，他是从家中的一本古书上看到的，并对孙洪林说：“这本古书原来是你家的，是你老姑奶奶出嫁时，将它夹着剪纸花样和鞋样子一起带到我们家的，70 多年来一直存放在我们家。你喜欢就拿去吧！”书已被剪去天头地脚，因为没有文字，被拿去做了鞋样子，而有文字的部分，由于祖上因袭敬惜字纸的传统，所以才被保留下来。至于这两卷书是如何从北京流传到掖县乡间的，据说，孙洪林的曾祖父孙绍德是晚清的秀才，因乡试未中，便到北京投奔做生意的岳父。时值京城翰林院遭劫，遂于街头拾到此书而辗转带到了山东老家。他的姑祖母一直将它夹着剪纸花样和鞋样子，出嫁时又携往婆家，仍当样册。孙洪林知道了这珍宝原委，做出了把宝典献给国家图书馆的决定。后来，全国各地的很多地方陆续都传言发现了《永乐大典》，但其真实性大都未经证实。

昔日帝王之物，今在寻常百姓家，《永乐大典》的传奇故事演绎了一个民间宝物横空出世、惊艳四方的佳话。

明代泥金写本《大方广佛华严经》*

嘉德四季第21期拍卖会在北京圆满收槌，总成交额达2.62亿元。其中，中国书画、瓷器工艺品以及古籍善本3个门类均创历史新高，明泥金写本《八千颂般若经》以196万元人民币位列古籍部分榜首，佛经类拍品强势上扬，显示了信念力量的可贵，预示着经济向好，艺术品投资于是在这个乍暖还寒的春天里，透出些许暖意。

记得图书馆也珍藏着一部明泥金写本的佛经。有明确的纪年，为明代万历年间所写，内容是《大方广佛华严经》。馆藏《大方广佛华严经》80卷，唐于阗国三藏沙门实叉难陀译。明万历泥金写本。经折装，每半叶5行，行15字，金色双边。框高26.6厘米，宽12.2厘米。磁青纸，有书牌，记施金祈福者姓氏，卷15绘有韦陀像，笔意流畅，生动鲜活，惟妙惟肖。

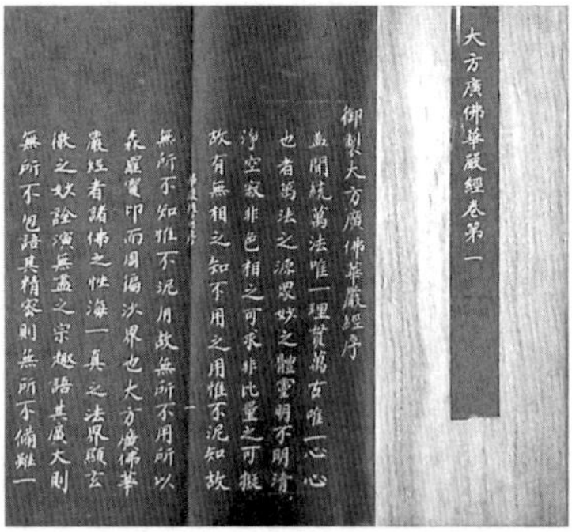

---

* 本文原载于《山东商报》，2010年6月7日。

《大方广佛华严经》又称《华严经》，或称“杂华经”，是大乘佛教重要经典之一，为中国佛教宗派之一华严宗的主要典籍。主要宣说“法界缘起”的世界观和“顿入佛地”的思想。译本有东晋佛陀跋陀罗译本凡60卷、唐实叉难陀译本80卷，以及唐般若译的《大方广佛华严经入不思议解脱境界普贤行愿品》40卷。馆藏写经用的就是通行的80卷的《华严经》。

我们知道，在佛教中抄造、供养、受持经典历来被认为是极为殊胜的功德，也是重要的修行法门。早期佛教自东汉传入我国，开始翻译经典同时，写经之风遂起，佛经的弘传，也主要由抄造流通，或为诵读，或为供养，都有严格的仪轨。然至唐末宋初之后，因印刷术之勃兴促成藏经雕版印刷，广布流传，于是写经实用的性质少了，主要成为供养修行培福之道，祈求福报，或藉抄写经书来净化心灵，培养长期的精进心。供养经往往自己或请人抄写，完成后送人，或置入寺院经藏，所以也叫供养法宝。在各种供养中，最为称著。《金刚经》中就说：“书写、受持、读诵……是经有不可思议，不可称量，无边功德。”

写经的主要材料，过去一般有贝叶、丝帛、纸张等，用墨、血、泥金等书写。泥金多为皇室和富贵人家所用，黄金贵重，藉以表达对信仰的虔诚与恭敬。关于泥金的制作，许多文献都有记载，清王概《芥子园画传·画翎毛浅说》云："泥金：将真金箔以指略黏胶水，蘸金箔逐张入碟内干研。胶水不可多，多则水浮金沉，不受指研矣。俟研细，金箔如泥，黏于碟内，始加滚水。研稀漂出胶水，微火炽干，再加轻胶水用之。"简略地叙述了泥金的制作过程。泥金制法，是以手指蘸胶将金箔粘入碟内，用第二指团团磨搨而成。据说苏州《姜思序堂》制造泥金，改用右手手掌的根部来磨搨，这样工作效能要高一些，效果也好一些。写经时泥金黏稠，运笔上讲究迟送涩进之法，据说注意的是每次使用后都要把胶水尽数漂出，再用时重新加胶水，以免金色晦暗，如果不亮，有加皂角出锈之法。清邹一桂《小山画谱》云："泥金：金有青、赤二种，俱要真金。将飞金抖入碟内，以两指蘸浓胶磨之，干则济以热水。俟极细后，以滚水淘洗，提出胶而锈未去，则不能发亮。洗锈之法：以猪牙皂荚子泡水冲入，置深杯内，文火烘之，翻滚半刻后，置杯于地，而纸封其面，少顷揭开，则金定而去其黑水。如此洗烘三四次，则水白而金亮矣。去水之法：用纸捻引出，挤乾复入，谓之白龙取水，若倾倒则精华随去矣。点笔时略用清胶，用过后仍用皂汤磨洗，则发亮如前。"

泥金在我国很早就使用。在唐代开元、天宝时已用"泥金帖子"。《天宝遗事》："新进士及第，以泥金书帖子，附家书中，用报登科之喜。"泥金的制作，是从金箔做起的，把黄金打成金箔。《吴县志》中记载，苏州金箔制作，又俗称"红飞金"，每张三寸三分见方。每两黄金能制两千多张。并有"大赤"、"佛赤"和"田赤"三种深淡各异的色彩。"大赤"是黄金的本色；"佛赤"则拼入紫铜，颜色显得深赤；"田赤"则内含纹银二成，故略呈淡黄色。制造泥金用的金箔，三者皆有之，故泥金亦有三种花色。制造泥金的金箔必须打要薄要烂，制造出来的泥金才能细腻。所以泥金，有些人亦称“浑金”。

《宣和书谱·五蕴论》：“（景审）以泥金正书《黄庭经》一轴，追慕王羲之法，字体独秀润而有典则。”

泥金写经始于何时，未及详考，但宋代就有泥金写经，山东省即墨市博物馆就珍藏有一部宋代用金银书写的《妙法莲华经》，系用磁青纸蘸着金银泥书写绘制而成。到元代已经大量用泥金书写佛经了，以泥金写经规模宏伟，空前盛况，有金字藏经。泥金写经大都是用磁青纸，写出的字金光烨烨，色泽鲜亮。磁青纸，又名瓷青纸，是古代常用的写经用纸，以桑皮纸为原料，用靛蓝染料染成深青色，再经研光，其色如明代青花瓷，故名。明清文人多将其与宣德瓷并列，认为明代宣德年间所产，其实不然，这种纸产生的时间很早，现存敦煌唐人写经中就已有用磁青纸的了，只是没有这个名称而已。磁青纸在明代颇为流行，明项子京《蕉窗九录》有“磁青纸，如段素，坚韧可宝”。明刘侗《帝京景物略》卷四有“磁青纸，坚韧如段素，可用书泥金”的记载，但磁青纸也颇为昂贵，据明朝沈榜《宛署杂记》明万历二十年（1592），一张磁青纸值一钱银子，而当时一钱银子可买2瓶烧酒，或白面10斤。宣德年间著名的皇家专用写经贡纸羊脑笺就是用磁青纸制成，为磁青纸中的极品。清沈初《西清笔记》中载：“羊脑笺以宣德瓷青纸为之，以羊脑和顶烟墨，窨藏久之。取以涂纸，研光成笺。”此纸黑如漆，明如镜，用于写经，既工整又不易虫蛀，其制作技艺，令人惊叹。磁青纸颜色深蓝，有种静谧、意象深远的特质，与泥金明暗相映，可彰显经典的庄严肃穆，尊贵典雅。

至于写经之方法，弘一大师在《庄闲女士手书法华经序》文中说的很详细：“十法行中，一者书写。考诸史传，魏唐之际，书写经典，每极殷诚。先修净园，遍种楮树，香草名花，间杂交植，灌以香水……又筑净台，于上起屋，乃至材瓦，悉濯香汤。堂中庄严，幡盖铃珮，周布香花，每事严洁。书写之人，日受斋戒。将入经室，夹路焚香，梵呗先引，散华供养，方乃书写。香汁合墨，沉檀充管，下笔含香，举笔壮气。逮及书就，盛以宝函，置诸香厨，安于净室。”筑静台，布香花，行斋戒供养方能书写，历来认为以至诚恭敬为要。

图书馆馆藏的泥金写经各卷中，多有书牌题记，详细记录施金祈福者姓氏，如卷 15 题记曰：“大明国直隶淮安府山阳县马逻乡人氏，现于清江浦运河南岸工部前地方居住，奉佛修因祈安信官金梁本命戊子宫三月二十八日丑时生。”后列妻子儿女姓名生辰，然后说施金写经祈福的内容“是日发心喜舍真金一箱，书写《华严经》一卷，用祈今生之内福寿增崇，来世之中二严具备，诸事之中吉祥如意者。万历二十八年正月上旬吉旦良辰焚香拜书”。其余各卷，大略如是，多为南京谢氏。与皇家规模宏大的写经不同，这部《华严经》卷帙庞大，非一人一时的物力财力所能完成，通过题记知道这部写经是民间信众舍金书写就的，是几个江南的富裕家族合力完成，祈愿今生来世和当下诸事吉祥如意，寄托了民间极其平常朴素的生活愿望，为研究当时的社会和民间宗教信仰提供了资料。

打开经卷，在磁青纸湛蓝色的映衬下，金色的字依旧熠熠生辉，整篇章法布局上疏朗大方，气韵贯通，字体端庄秀丽，一丝不苟，仿佛看见当时信众的虔诚静穆以及他们殷切的眼光。我想，其实只要有了真挚恭诚之心，不管是泥金还是墨写，希冀美好愿望善良的人们，数百年之下都会让人感动不已。

到了清初，泥金写经更是形成一种隆重祈福的传统，每当皇帝、太后、皇后生日，或佛教节日，一般都要用泥金抄写《心经》《金刚经》《法华经》等。资料显示，故宫博物院曾经藏有约3 000部，其中佛经约2 000部。但这批写经一直藏于深宫，是宫廷秘藏孤本。图书馆和民间所藏明清泥金写经也颇多，清道光丁未年成都理事同知恒英书《金刚经》、明季《妙法莲华经观世音菩萨普门品》经折装，此经以泥金五彩绘制精美插图40余幅，可谓佛光宝卷，极为难得，首都图书馆藏明万历二十九年（1601）党孝泥金写本《金刚经》也颇为珍贵。

千卷类书《册府元龟》*

检阅我国古代文化，宋代无疑是一座奇峰，精致深邃，奇伟瑰丽。信手拈来，老百姓耳熟能详的瓷器、词曲、书画、版刻等都是这样，书籍的编纂亦复如是，宋代四大类书——《太平御览》《太平广记》《文苑英华》《册府元龟》就是典型代表。其中《太平广记》载小说，《文苑英华》载诗文，《太平御览》载百家之言，《册府元龟》载史事，以《册府元龟》字数为最多。《册府元龟》也是收入清代《四库全书》中最大的部书之一，计 27 200 余页，内容比《太平御览》多一倍。我省青岛明钞本《册府元龟》入选第一批《国家珍贵古籍名录》，给我们了解这部

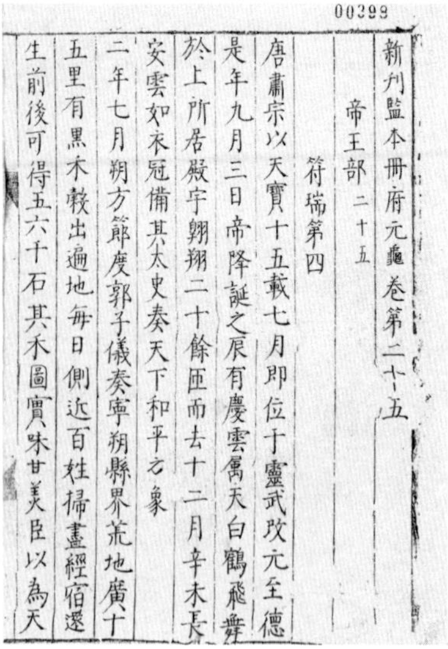
00399
新刊監本冊府元龜卷第二十五
帝王部 二十五
符瑞第四
唐肅宗以天寶十五載七月即位于靈武改元至德
是年九月三日帝降誕之辰有慶雲屬天白鶴飛舞
於上所居殿宇翱翔二十餘匝而去十二月辛未長
安雲如衣冠備其太史奏天下和平之象
二年七月朔方節度郭子儀奏寧朔縣界荒地廣十
五里有黑禾穀出遍地每日側近百姓掃畫經宿還
生前後可得五六千石其禾圖實味甘美臣以為天

* 本文原载于《山东商报》，2008 年 12 月 29 日。

书和背后的故事提供了条件。

《册府元龟》1 000 卷　目录 10 卷　（宋）王钦若、杨亿等辑，明抄本，青岛市博物馆藏，现存 702 卷，142 册（25—74、161—200、226—300、310—395、410—600、651—848、871—895、951—978）每半叶 10 行，行 20 字，白口，四周单边，版框 19.5×13.5 cm。此书白棉纸，蓝格，题新刊监本册府元龟。

《册府元龟》是宋真宗于景德二年（1005）倡议编纂的一部类书。宋真宗因为其父太宗曾经编纂《太平御览》等几部大书，意欲效仿，遂于景德二年“载命群儒，共同缀辑”，敕命纂修《历代君臣事迹》，用以与其父相媲美。8 年之后，大中祥符六年（1013）编成，进呈后，宋真宗亲自撰序，并赐名为《册府元龟》。册府是指古代帝王的书库，元龟是指重要的借鉴。表明了《册府元龟》编纂目的“欲载历代事实，为将来典法，使开卷者动有资益”，即汇集历代政事历史，作为君臣的鉴戒。

《册府元龟》编纂取材严格，仅限于经籍正史，小说异端多不取。全书分 31 部、1 100 多门，编纂时所采资料大都整篇整段引文，不改旧文，自上古至五代，所据皆北宋以前古本，材料丰富，可用来补史校史，具有很高的学术价值。

宋真宗对于这部书的编撰高度重视，编撰的 8 年中，平时常亲自“车驾幸编修之所”，以检查督促。大到确定编撰原则凡例、整体门类结构、篇目内容厘定，小到引书范围、编排次序、增删取舍等事，无不过问。按成例每日进草本三卷，宋真宗一般是当日把它看完，甚至有时看到深夜。遇有不妥处，或宣召编修官进宫，当面商谈，或下手札作指示。如有一次他审阅文稿，看到三国时魏将张杨事就提出意见。张杨是东汉末人，建安元年拜大司马。“杨性仁和，无咸刑。下人谋反，发觉，对之涕泣，辄原不问”。编修官列此事于《将帅部·仁爱门》，真宗看后，认为张杨这是“不察有罪”，“凶谋发觉，对之涕泣”，这算什么将帅之才，怎能称为仁爱？于是把张杨的事自《仁爱门》中删去。像这样的事，在编写过程中不胜枚举。

真宗不但对书的编写工作很上心，内容过问很详细，而且对参加编修的人，也特别重视和优待。对主要领衔宰相王钦若和总其事的杨亿很信任“亿虽频忤旨，恩礼犹不衰”。对其他编撰人员则派专人管理起居饮食，特殊供应，异于常等，有的编修官还得到升级或增加月俸的奖励，下面进贡的土特产、补品也常赏赐给编撰官员。逢节庆时常与编辑人员吟诗唱和，其乐融融。

但编撰过程中还是发生了一些事，王钦若号为“五鬼”之一，为人奸巧，经常把功劳算在自己身上，把错误推给杨亿等人，编修官们对他都很厌恶。有一次，大家恶作剧让编撰官员陈越扮作王的尸体，假作王死了，躺在灵床上，另一人扮王妻，跪在灵旁痛哭，其余都在灵前唱挽歌，来发泄心头愤恨。不想这事被王钦若听到，密奏真宗，将要治罪，最后幸亏由宰相王旦周旋，事才平息。另外北宋著名的诗集《西昆酬唱集》也诞生在这期间，是杨亿、钱惟演为首的几个编撰官编书之余的唱和结集。

《册府元龟》始刻于大中祥符八年（1005），真宗、仁宗曾将此书分别赐予辅臣和御史台。但是祥符初的刻本早已全部失传，人鲜有知者。现在人们还能见到的宋刻残本，一个是南宋新刊监本，半叶13行，行24字，白口，左右双边。《铁琴铜剑楼藏书目录》称此书“旧为宋内府、明内府藏本，继藏汲古阁毛氏、爱日精庐张氏”。此本8卷，现藏国家图书馆。一个是南宋中叶眉山刻本，即蜀刻本，半叶 14 行，行 24 字，白口，左右双边。国家图书馆存 25 卷，北京大学图书馆存一卷，美国有 88 卷，日本静嘉堂文库存 474 卷，实有 573 卷（重出者不计）。如果加上新刊监本 8 卷（此八卷同蜀刻本没有重复），应为 581 卷。

但《册府元龟》写成后，在很长一段时间其实并不被学术界重视。盖所采多为常见书，又不注资料出处，加上它的编纂主持人是被史传及后世视为奸佞者的王钦若，此书自明以来只有一刻。明朝末年，黄国琦等以杨慎的校抄本为底本，据孙承宗、曹学佺等 9 家所藏钞本校勘比对，并由吴伟业、夏允彝等 90 余人复校，用了 20 多年时间，得到福建巡按李嗣京等人资助，于崇祯十五年（1642）刊刻印行。自此次刻印后，到清朝初年，虽陆续有补版，但仍源出明底本，并非二刻，存世亦不多，钞本更少。

据说青岛的《册府元龟》是由郭老发现和鉴定的，是元明钞本，弥足珍贵。1956 年郭沫若来到青岛，久慕崂山之名，去游山考察，他们乘车经王哥庄先游了太平宫，又经东海路去华严寺。一路上的景致令他十分兴奋。到华严寺内外游览之后，他说崂山景色这里最好，“负山函海”，可以久居。饮过香茶以后，寺僧陪他欣赏了寺中珍藏的书法绘画、文物图书，他一一认真鉴赏。他对寺中收藏的两部钞本《册府元龟》尤其感兴趣，一部存 142 册；另一部存 74 册，其卷端有“横经阁收藏图籍印”，印分三行，为阴文篆字。“横经阁”为明代华亭朱大韶的室名，钞本为四周双边，白口，半叶 13 行，行 24 字。其中卷数多的一部郭沫若看了良久，认为这部钞本与明本不同，有可能早一些。经与寺僧协商借了几册带回去，经他校勘，鉴定为元代钞本，另一部卷数少的鉴定为明代钞本，都十分珍贵。原拟调至北京，后因系寺庙所藏，为维护宗教政策，仍保存在崂山华严寺。“文革”期间，崂山宫观寺庙均遭破坏，这两部《册府元龟》市文化局派专人去华严寺“抢救”出来，收藏在博物馆。这次国务院公布的《国家珍贵古籍名录》中，青岛市博物馆上报的元代抄本《册府元龟》，文化部组织的专家重新鉴定，定为明抄本。

我恰巧查《郭沫若全集历史篇》第八卷，有《校毕书后》一文说：“（《管子集校》）书中采及明抄本《册府元龟》，乃青岛崂山华严寺藏书，去年七月下旬在青岛度假时，因张公制先生之介绍，得以借阅。该书中所引《管子》，文字与现存《管子》书宋明刻本时有不同，而较为优胜，该所据乃唐人写本，与宋明刻本之母本有别，故能局部存真也。惜其书已残，所可利用之处有限耳。”落款的时间是 1995 年 11 月 17 日。郭老在文章中说到《册府元龟》，是明抄本，而未提元抄本，另外时间应是 1954 年 7 月，不知是郭老记错了还是当时的人记错了，但 74 册本应为明钞南宋新刊监本是没什么疑问的了。

色彩炫目的闵凌套印本*

我国的版刻图籍早期为单色、单印，一次只能印出一种颜色，大都为墨色，追求纸莹墨润，疏朗清心，芸香古雅，恬淡疏远的意蕴。对于第一次刷印或是比较重要的书，有时也选用红色或蓝色，但印数一般极少。到了明代套印技术逐步成熟和推广，五颜六色的书便次第呈现出来。先是双色，然后是三色、四色、五色，炫若春花在纸上绽放，一个彩印时代开始了，这也是中国对世界印刷史的重大贡献。以前，由于人们囿于传统的观念，很少关注套印本。近几年随着对古籍艺术价值的重新认识，古籍版画升温等因素影响，彩色套印本价格飞涨，尤其闵、凌两家所刻套印本，成为一时收藏热点。

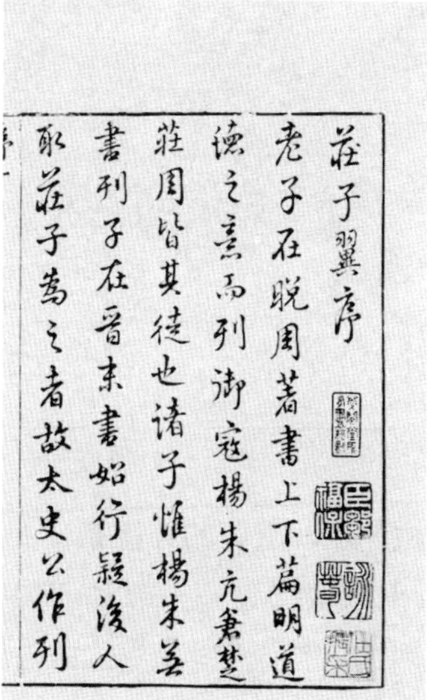
莊子翼序
老子在晚周著書上下篇明道
德之意而列御寇楊朱亢桑楚
莊周皆其徒也諸子惟楊朱無
書列子在晉末書始行疑後人
取莊子為之者故太史公作列

---

* 本文原载于《山东商报》，2008 年 12 月 1 日。

所谓“套印”，最初只是在一块雕版上刷不同颜色一次印刷。后来到了明末随着科技水平的提高，形成了同一版面根据不同内容的需要，分别镌刻制作不同的版，每版各着一色轮番施印，如朱墨两色制两块，依次类推，我们现在说的套印本即指后一种。

套印产生于何时，迄今尚无定论。叶德辉在《书林清话》中说：“颜色套印书始于明季”，但学界对此争议颇多。套印技术产生的时间应在辽或元时期，而成熟兴盛于明晚期尤其是万历、天启年间，大体不会错。一个事物的产生和发展不是孤立的，宋辽时期的印染和纸币雕造技术是套印产生的技术前提，宋代兴盛的一种新的著作方式“评点”为套印发展提供了学术基础，此外明代社会发展、经济繁荣则是套印成熟发展重要的经济条件。明末时期，江南的吴兴、杭州、苏州、南京、徽州一带民间印刷业繁荣，书籍印刷市场竞争十分激烈，为了迎合科举应试的需要，一些印刷作坊相继推出新的品种去占领市场，他们总结以往的印刷经验刻印了大批带有断句圈点、批注和评语的书，并分别用不同的颜色套印。这类书由于阅读时方便醒目，销路很好，各家书坊竞相效仿，套印本风行一时。至于套印本到了清代则呈现出另外一种情形和特色，这里暂不赘述。

当时，从事套印刻书的人颇多，而其中最著名开一时风气之先者，当推吴兴闵齐伋和以编撰《初刻拍案惊奇》《二刻拍案惊奇》而闻名的凌濛初。凌氏刻书多于闵氏，但校勘质量上却逊于闵刻，明谢肇淛在《五杂俎》卷十三中就批评说："闵优于凌，吴兴凌氏诸刻急于成书射利，又悭于请人编摩，其间亥豕相望，何怪其然。"万历四十四年（1616）闵齐伋与其兄闵齐华合作，刻印出了朱墨套印本《春秋左传》15卷，此书是明套印成熟的发端和代表。该书《凡例》云："旧刻中凡有批评圈点者，俱就原版墨印，艺林厌之。今另刻一版，经传用墨，批评以朱，校雠不啻三五，而钱刀之靡，非所计矣！ 置之帐中，当无不心赏。其初学课业，无取批评，则有墨本在。"闵氏刻套印本的初衷，一是为美观出新计，另外更重要的是为了适应明代盛行评点经史的学术风气，将正文和批评、注释文字，用不同颜色加以区别，读者持卷在手，泾渭分明，利于研习。为了刻印书籍，他们都设有作坊，雇用许多刻工，不仅限于本地，还在南京等地也开有分所。雕版印书业为他们获取丰厚的利润，闵、凌两家皆为吴兴巨门望族。

从工艺上看，套印方法因工序复杂，技术要求严格，用纸也颇为讲究，因而每版书籍印数非常有限，成本也很高，许多套印书每版只能印百部或几十部。闵、凌两家套版印书的版式基本相同，四周单边，中间没有界行，大都为每叶8行18字、19字，或半叶9行19字，间或有9行18字、8行17字。正文大都以仿宋印刷体，注释、批语多用手写体，疏朗悦目，刻印精良。

从内容上看，套印的书大多一味迎合市场，一般偏重实用，稀见珍贵的图书少，基本上为普通平常之书，加之校勘上也不是很严谨，质量较低。同时，由于时代偏晚，比较易寻，因此传统佞宋尚元的藏书家对套印本不是很看重，过去正经念书人的书架上，要是摆上这样的套印本，是很为人不齿的。

岁月沧桑，数百年过去了，闵、凌套印本经过战火和光阴的侵蚀，加上大多数藏书家固有的偏见，现在所余已不多，愈显其珍稀了。进入“读图”时代的今天，人们从另外一个角度发现了套印本的艺术价值，书籍不但有内容阅读的快乐，更追求一种阅读时赏心悦目的感觉。遂有同一时期的古籍中“套色优于单色，图画优于文字”之说。从近几年拍场情况看，闵、凌刻本受到市场追捧，2003 年以前闵、凌刻本平均每册价格在 2 000 至 3 000 元左右，而近两年平均价已涨到 1 万元以上，稀见品种甚至更高。在 2003 年中国书店举办的秋季拍卖会上，明凌氏刊朱墨套印本《李于鳞唐诗广选》以 1.2 万元成交。2005 年中国书店秋季拍卖会，明万历闵氏朱墨套印本《三经评注》以 4.51 万元成交；三色套印本《国语》5.94 万元易主。到了 2007 年，中安太平上拍闵凌刻本 8 部，全部成交，《东坡易传》一函 8 册，起拍价 8 万元，成交价 10 万元；《花间集》一函 4 册，5.5 万元起拍，7.6 万元落槌；《孟浩然诗集》一函 4 册，8 万元起拍，11 万元成交。中国书店 2008 年春季书刊资料拍卖会，闵氏刊三色套印本《古诗归》拍了 15.4 万元，朱墨套印本《易传》拍了 7.9 万元。最近结束的嘉德秋拍，明万历天启年间朱墨套印本《韩文公文抄》1 函 4 册拍了 5.04 万元等，显示出强劲的发展趋势，但现在学界对套印本的研究尚少，有待进一步系统和深入的研究。

早在 20 世纪初，独具慧眼，专事收集闵凌套印本的武进人涉园居士陶湘就曾指出：“夫闵版诸书，今之藏家尚未以善本视之。然自明末上溯至宋末约四百年，至元末约三百年，彼时购求宋元版书价，以汲古阁毛氏卖书议值证之，犹不为昂。固由银贵，亦传本尚多耳。自今日上溯至明万历之末，如闵版书相距亦三百年，而其值比之当时购宋元版书高至数十倍，且不能得其全。□□乌能以其非宋元版又非嘉靖前刻，而遂不重视之耶？”此言发人深省，也可作收藏真言看。

顺便说一下，据陶湘《明吴兴闵版书目》统计，明末的二十多年中，闵、凌两家所刻套印本有 130 余种，台湾李清志在《古书版本鉴定研究》中则认为不下 300 种。目前，国内藏闵、凌版图书最多的为辽宁省图书馆有 137 种，其次国家图书馆 86 种，上海图书馆 75 种；国外哈佛 51 种。另外，山东省图书馆藏 40 余种，其中《檀弓》二卷明万历四十四年（1616）吴兴闵氏朱墨套印本、《春秋左传》15 卷明万历四十四年（1616）吴兴闵氏朱墨套印本、《孟浩然诗集》2 卷明吴兴凌氏朱墨套印本入选《国家第一批珍贵古籍名录》。

皇家秘籍《吕氏家塾读诗记》*

前一段时间去吉林，我去了一趟伪皇宫，立在“小白楼”前，一段皇室珍籍书画的劫难在眼前次第显现，萦绕在心头的耻辱和悲怆，椎心泣血，挥之不去。几天后回到济南，点检书册，偶然发现馆藏有两部书竟然为其中的劫后余珍，历经磨难，辗转先后入藏我馆，成为这段历史的见证。一部为宋刻巾箱本《万卷

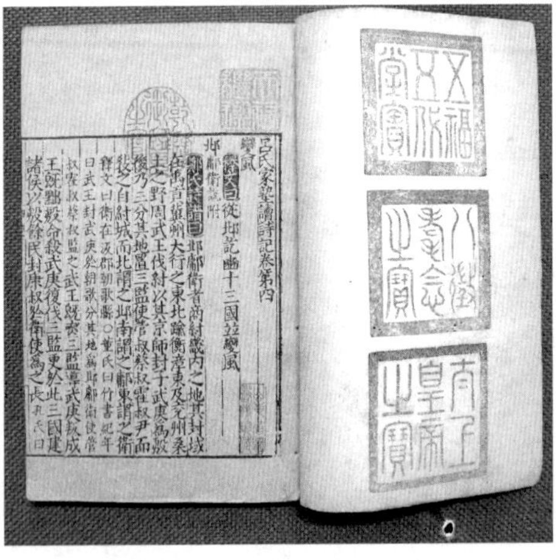

皇家秘籍《吕氏家塾读诗记》

* 本文原载于《山东商报》，2009 年 3 月 23 日。

菁华》，解放初入藏，现分藏于山东、北京的三个单位；一部为仿宋刻本《吕氏家塾读诗记》，近年方入藏山东省图书馆。

《吕氏家塾读诗记》，宋吕祖谦撰，明嘉靖十年辛卯（1531）傅应台南昌仿宋刻本。原32卷，现存29卷（2至11、15至16、20至23、25至27）13册。左右双边，每半叶14行，行19字，注文小字，字数同，小黑口，版心中间记卷数，下方记叶次，版框高14.6公分，宽12.2公分，卷五末刻有“四明陆鈛校刻”，不避宋讳。

此书黄色封面，丝线装订，包角，每册前后钤有“五福五代堂宝”、“八征耄念之宝”、“太上皇帝之宝”朱文方印，每册首页上方钤有“乾隆御览之宝”朱文椭圆印、“天禄继鉴”白文方印，末页上方钤有“天禄琳琅”朱文方印、“乾隆御览之宝”朱文椭圆印。六方印记中，“天禄继鉴”是嘉庆皇帝的印记，其余五玺印都是乾隆皇帝的，为清宫“天禄琳琅”的藏书标志。此书入《天禄琳琅书目后编》，只是误为宋本。书中宋代避讳均保留，刻印较佳，故书贾常撤掉陆序等充作宋本，以谋高价。而此书馆臣之误原因很多，长泽规矩也说：“盖为内府所藏，虽知其伪本，编者亦惮于明言。”恐怕也是重要原因吧。

吕祖谦（1137—1181）字伯恭，婺州（今浙江金华）人。宋隆兴元年（1163）进士，复中博学鸿词科，官至直秘阁著作郎、国史院编修。为学主“明理躬行”，治经史以致用，反对空谈阴阳性命之说，学者称东莱先生。吕祖谦与朱熹、张栻齐名，称为东南三贤，是南宋时期著名的理学家。《吕氏家塾读诗记》为其说《诗》之作，书前有朱熹序，卷一首述纲领、条例等，卷二始分篇说之，汇集自毛、郑以来多家《诗说》，精心编排剪裁。朱熹在此书的序中说："今观吕氏家塾之书，兼总众说，巨细不遗，挈领持纲，首尾该贯。既足以息夫同异之争，而其述作之体，则遂融会通彻，浑然若出于一家之言。"近人陆侃如先生在《诗经参考书提要》中也说："吕氏此书是集注体裁，共引古今人 44 家，古今书 41 种，取其长弃其短，很可为初学的人参考……宋代说《诗》的人很多，影响最大的固然是朱熹，但最博而精的确只吕东莱与严粲两家"，应为公正之评。

此书初刻于吕氏在世时，即所谓"建宁所刻"，宋淳熙九年（1182）即吕祖谦去世后一年，邱氏于江西漕台重刊，后又有眉山贺春卿刻本等。到了明嘉靖辛卯，傅氏出资请陆釴校刻，陆序称得宋本於友人丰存叔家。《增订四库简明目录标注》曰："嘉靖辛卯，四明陆釴序，御史傅应台仿宋刊本。佳。字多古体。"《四库全书》所收浙江汪汝瑮家藏本，也即此本。

此书约清初时为内府天禄琳琅收藏，成为皇家藏书，一直藏在深宫之中。1922 年前后，军阀混战，北京政局急剧动荡，困居在紫禁城里的溥仪在幻灭中深感危机重重，决定有所行动，起初是想到国外留学，后来是想逃到满洲。据溥仪自己回忆："我们行动的第一步是筹备经费。方法是把宫里最值钱的字画和古籍，以我赏溥杰为名，运出宫外，存到天津英租界的房子里去。"

由于这批书籍、字画为数很多，由宫内运出时也颇费周折。旧制，宫内各宫所存的物品，皆由各宫太监负责保管，如果溥仪要把禁宫的物品赏人，不但在某宫的账簿上要记载清楚，还要拿到司房载明某种物品赏给某人，然后再开一张条子，才能把物品携带出宫，更重要的是根据《清室优待条件》"其原有之私产，由中华民国特别保护"，运出要经过守卫的，一旦为国人所知，舆论必定哗然。当时，他们想了一个自以为非常巧妙的办法，就是把这大批的古物以赏给溥杰等为名，利用溥杰每天下学出宫的机会，瞒过守卫的士兵，一批一批地带出宫去，以为这样一定无人知晓。

这样，溥杰每天下学回家，带着一个书包，里面装的国宝书画，善本珍籍。这样的盗运活动，几乎一天不断地进行了半年多的时间，运出的字画古籍都是出类拔萃、精中取精的珍品。有王羲之、王献之父子的书法，有钟繇、怀素、米芾、董其昌等人的真迹，有司马光的《资治通鉴》的原稿，张择端的《清明上河图》，还有阎立本、宋徽宗等人的作品。古籍善本方面，乾清宫东昭仁殿天禄琳琅的宋元版珍本，大半也被运出宫外。据查，从1922年7月13日至9月25日，仅两个月的时间内，通过这一手段，溥仪共盗出宋元善本209种502函，其中绝大多数为宋版书。直到1924年溥仪出宫后，“清室善后委员会”7月31日在养心殿发现了溥仪“赏溥杰单”及“收到单”各一束，才明白其中古籍珍本“皆属琳琅秘籍，缥缃精品，天禄书目所载，宝籍三编所收，择其精华，大都移运宫外”。“清室善后委员会”却未予追缴，第二年才将点查情况印成一本小册子，名为《故宫已佚书籍书画目录四种》，应付了事。

我查阅《故宫已佚书籍书画目录四种》有《赏溥杰书画目》载：“九月十九日赏溥杰，翻宋板吕氏家塾读诗记，一部二套。”另外，有《收到书画目录》：“二十日，翻宋板吕氏家塾读诗记，两函。”正是《吕氏家塾读诗记》被溥仪盗运出宫，时间是1922年9月20日。与《天禄琳琅书目后编》著录宋版不同，此处注明翻宋版，似应有所本，也为《天禄琳琅书目》疏误提供了线索。

伪满洲国成立后，秘藏于天津租界的宋元善本、法书名画、珠宝玉翠等约70余箱，由日本关东军司令部中将参谋吉冈安直运至长春伪宫。在皇宫西园内原来三间大瓦房装贮珍贵的古物和书籍，同德殿修成后，在后院增建了两层水泥楼，专存放在天津静园的所有书籍、古物，称之为藏书楼，这就是有名的“小白楼”。从此，包括“天禄琳琅”所藏《吕氏家塾读诗记》等在内的昔日清内府藏书的精华部分，在这座简陋冰冷的水泥建筑中度过了13年的宁静岁月。

1945年8月日本投降前夕，溥仪仓皇出逃，除了携带部分精品外，看守伪宫的官兵遂趁乱大肆劫掠“小白楼”的剩余珍玩字画，几乎扫荡一空，继而开始把手伸向宋元善本，由于这些书的价值当时未被重视，虽被劫掠，但大部分竟奇迹般地保存下来。

国民党接管长春后，时任国民党军委会东北行辕经济委员会主任的张嘉璈到达长春时，发现伪宫内尚存一批宋元善本图籍犹散乱地堆放着，法书名画已片纸不留了。1946年1月张嘉璈于是命人将伪宫藏书运至长春市政府存放，这批书总计有一百余箱。他又派经委会总务处副处长凌志斌等人从中选出钤有“天禄琳琅”、“天禄继鉴”藏书印的善本装成13箱，空运到沈阳。当年8月17日，向当时的国立沈阳博物院筹备委员会移交了这13箱书，总计92种，1 449册宋元珍本，后来运往北平故宫博物院，解放后，故宫又全部移交北京图书馆，今藏于国家图书馆。余下的长春伪宫藏书一百多箱，1946年4月，被东北民主联军第一次解放长春时在长春市政府缴获，运至哈尔滨，交由东北图书馆筹备处（辽宁省图书馆前身）保管，这些书以后成为辽宁省图书馆古籍藏书的主要部分。它虽为挑选后的剩余，但因时间仓促，还是遗留了相当多的善本，许多都是海内孤本或流传很少的宋版精品。据专家统计，目前，伪宫善本散落在外的约130种，其中属于《赏目》内的天禄琳琅珍本，至今尚有102种，无法考知。近几年，随着国内古籍善本拍卖的走红，流落民间的“天禄琳琅”藏书也有不少进入了拍卖会。

《吕氏家塾读诗记》等属于《赏目》内散失的102种天禄琳琅珍本，何时散出，已无法详考。一是溥仪出逃到日本投降，有长达四个多月的时间，伪宫处于侍从人员和卫军控制下，他们有机会在洗劫书画的同时劫掠善本。二是劫后余珍于1946年1月运到长春市政府之后，3月份才装箱，这两个来月又给管理人员以可乘之机。从伪宫运出图书之后，藏书楼架上地下均有散乱图书，有人还从其中拣出宋元残本。《吕氏家塾读诗记》等百多部善本在这期间不幸被劫出，散于大江南北，厂肆书铺，充满无限艰辛，在流散过程中众多的珍籍又身首分离，残缺不全，甚至至今渺然无踪。2005年底，在许多有识之士的积极努力下，我有幸参与其事，使流散于齐鲁的故宫珍籍《吕氏家塾读诗记》入藏山东省图书馆。此书见诸公私书目著录者有20余部，存世较少，但这部《吕氏家塾读诗记》由于经内府收藏，辗转聚散，见证了中国近代历史的悲欢与屈辱，遂入选第一批《国家珍贵古籍名录》成为国之珍宝，传之子孙。

海源阁旧藏《湘山野录》*

在一片沸沸扬扬的喧嚣中，嘉德 2007 年春季拍卖会将于北京嘉里中心饭店隆重登场，古籍善本拍品中不乏惊人珍品亮相，其中海源阁旧藏的《湘山野录》以珍奇著述，名家版刻，学人批校，迭经藏书大家递藏，备受瞩目。

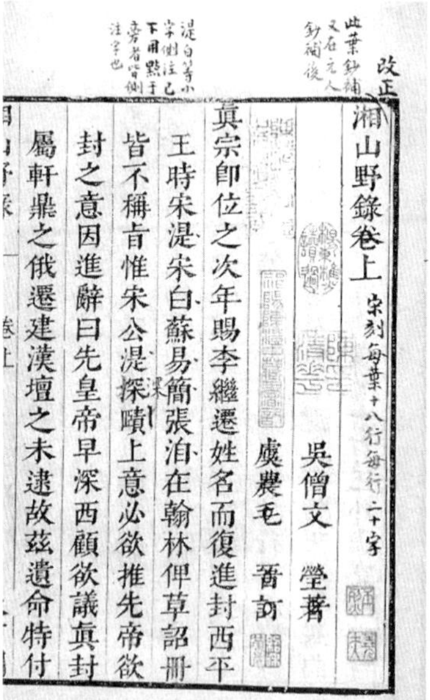
改正
湘山野錄卷上　宋刻每葉十八行每行二十字
吳僧文瑩著
虞山毛晉訂
真宗卽位之次年賜李繼遷姓名而復進封西平
王時宋湜宋白蘇易簡張洎在翰林俾草詔冊
皆不稱旨惟宋公湜探賾上意必欲推先帝欲
封之意因進辭曰先皇帝早深西顧欲議眞封
屬軒鼎之俄遷建漢壇之未逮故茲遺命特付

《湘山野录》三卷，《续录》一卷，宋僧文莹撰。明末毛氏汲古阁刻本，一册。每半叶 8 行，行 19 字，白口，左右双边。

《湘山野录》是一部珍奇之书。作者文莹，字如晦，一说字道温，北宋时期余杭人。生卒年月不详，大约生活在真宗至神宗这一段时间。他工诗，

* 本文原载于《山东商报》，2007 年 5 月 14 日。

"喜读书，才思清拔"，但这个文莹虽是个出家人，却也偏爱红尘，不甘清寂，尤留心当世之务，常出入朱门显宦之家，多与当朝大臣名士交往，如欧阳修、胡中复等。《湘山野录》成书于神宗熙宁年间，主要内容是记载了自北宋初至神宗时期的朝廷高官显贵的趣闻轶事，内容十分广泛，描摹世事很出色，涉及历史经济、朝章国典、宫闱秘事、将相轶闻，下及风俗风情，是一本引起当时及后人纷争的书。其中最引人争议的是记载了赵匡胤之死。说赵匡胤听信了一个术士的话，知自己气数将尽，便召胞弟赵匡义入宫安排后事。赵匡胤把宦官和宫人赶得远远地，自己和赵匡义对酌饮酒，寝宫里只有兄弟二人。当时，宫人们远远看见红烛摇曳，室内忽明忽暗，赵匡义忽然离开座位，好像在逃避什么。酒席散时，禁漏三鼓，殿外积雪已盈数寸，赵匡胤引柱斧戳雪，对赵匡义说："好好去做！ 好好去做！"于是便回殿解衣就寝，左右听见鼾声如雷。当天夜里，赵匡义留宿宫中。将近五更时，赵匡胤溘然长逝。赵匡义于是接受遗诏，于柩前即帝位，是为太宗。等到天明，赵匡义登殿，领近臣瞻仰赵匡胤遗容，只见"圣体"面色如生，如同初出汤沐一般。《四库全书总目提要》说："李焘引（此事）入《长编》，启千古之论端。"由于该书记载了有关太祖宗时"斧声烛影"的千古疑案，以及朝廷的阴暗秘闻，因而成了禁书。崇宁二年（1130）四月，徽宗曾下诏僧文莹《湘山野录》等印板，悉行焚毁，后世遂颇为稀见。

此书又为名家版刻。明崇祯毛晋汲古阁在胡震亨所辑《秘册汇函》的基础上，刻丛书《津逮秘书》，所收之书多为罕见之书，毛晋在刻印此书时说："味不贵多而贵奇，书不贵广而贵秘。"第十五集就收了《湘山野录》三卷，《续录》一卷，也就是上面说的明末毛氏汲古阁刻本。《津逮秘书》的版心中书名在鱼尾下，用宋本旧式样的，是胡氏的旧版。而书名在鱼尾上，下边刻有“汲古阁”字样的，则是毛晋所辑刻之书。《湘山野录》到清代乾嘉时也不多见，黄丕烈称唯《津逮秘书》中有之，此外很少见到它本，直到近代学者王重民对此书仍大加推崇，他在《中国善本书提要》中说：“津逮一书乃荟萃四部中人间罕见者……三百年来流传日少，嗜书者偶得之，视为拱璧。”

此书迭经元和黄氏士礼居、聊城杨氏海源阁、江安傅氏双鉴楼，以及祁阳陈澄中郇斋递藏。藏印累累，有丕烈、荛夫、士礼居、杨氏海原阁藏、杨东樵读过、绍和筑岩、彦合珍藏、宋存书室、祁阳陈澄中藏书记等。聊城杨氏《楹书隅录续编》及《宋存书室宋元秘本书目》皆有著录。这部书应是杨以增任江南河道总督时，收购的珍贵善本。当时号称“三百年来藏书之巨擘”的黄丕烈（荛圃），晚年家事多艰且病魔缠身，不得不卖书解窘，其所藏尽归汪士钟艺芸书屋，咸丰初年，艺芸书屋所藏复散出，大多归于瞿氏铁琴铜剑楼与海源阁，而以海源阁为最，其中经黄丕烈手校的书籍就达 80 余种，《湘山野录》就是其中之一。后来在海源阁遭劫前的 1928 年，其末代主人杨敬夫先后两次将海源阁珍善书籍运存天津，此书遂转归傅氏。后又归祁阳陈澄中郇斋，今天此书从海外回到国内，我们能重睹奇书，真是一大幸事。

可贵的是此书还经黄丕烈以宋刻本（国家图书馆有宋刻元抄补本《重雕改正湘山野录续录》影印入《中华再造善本丛书》）、元人钞补本、毛校本校勘，以朱笔、墨笔、瓷黄区别，并作题记题跋。民国间，藏园傅增湘先生又再校一过，卒为集大成者。目前黄傅所校诸书，或四散各地，或泯灭不可寻，此书愈显珍贵。

更何况黄氏士礼居校跋之书，与宋刻本价无多让。1999 年中国书店拍卖了一部明末毛氏汲古阁刻本《湘山野录》成交价 2 200 元，2004 年又拍了一部也只有 4 000 元，而这部书底价在 60 万以上，这就是名家递藏校跋的价值了。

黄丕烈在这本书的跋里写道："收书之力，与年俱退。惜书之心，亦与年俱衰，即校书之目力心绪勉强为此。书之泪落，岂真宝物不常聚耶，抑清福果难享也？"但愿尘埃落定，我们还有缘见到这部书。

顺便说一下，拍卖《图录》署吴僧文莹，据《文献通考》引晁公武《郡斋读书志》说文莹是吴地僧人，而《四库全书总目提要》经过考证认为《通考》引书有误，文莹为余杭人，在荆州之金銮寺隐居并著成《湘山野录》一书。另外藏印绍和筠岩，应为绍和筑岩。

刺血写本《华严经》*

几年前，图书馆的古籍搬迁，在点库整理的过程中，发现了一部刺血写的佛经，见诸报章，一时成为人们谈论的话题。其实，这部书很早以前就已收藏在大明湖奎虚书藏的二楼书库中了，不是什么新的发现。20 世纪 70 年代全国进行古籍普查，编辑《中国古籍善本书目》，当时不知什么原因没有收到善本书目里去，但这部佛经的确是一部极其珍贵的文献。

《华严经》全称《大方广佛华严经》，另称《杂华经》，81 卷，唐释实叉难陀译，康熙年间四明嗣法沙门深湛大师刺血写本，16 函 81 册，经折装，每半页 5 行，行 15 字。有释如典跋。

《华严经》是佛教著名的经典，佛经里的经中之王。传说是如来成道后之第 27 日，

---

* 本文原载于《中国文化报》，2008 年 10 月 13 日。

于菩提树下为文殊、普贤等菩萨所宣说之自内证法门。内容记述佛陀之因行果德，开显出无尽无碍之妙旨。后来，相传在释迦牟尼佛入灭后700年，印度龙树菩萨遍习大小乘的佛经，而且融会贯通，于是就认为佛法不过如此，释迦既然能够创教，当然他也可以独创一格。此时龙王现身，欢迎他到龙宫阅藏。龙树菩萨在龙宫见到了上、中、下三本《华严》，深感佛法深湛，大为叹服，遂取下本十万偈携回流通。

《华严经》传到中国来以后，译本主要有三种：一是六十华严。凡六十卷。东晋时在庐山有一位印度高僧叫佛陀跋陀罗所翻译，又称旧华严、晋经。收于大正藏第九册。二是八十华严。凡八十卷。唐代实叉难陀译。又称新华严、唐经。收于大正藏第十册。三是四十华

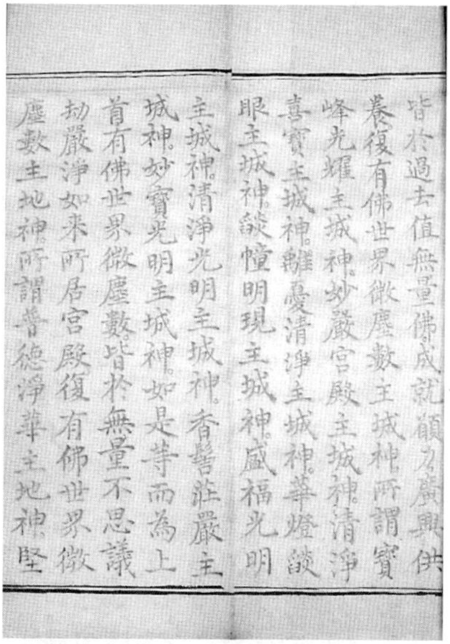

皆於過去值無量佛成就願力廣興供
養復有佛世界微塵數主城神所謂寶
峰光耀主城神。妙嚴宮殿主城神。清淨
喜寶主城神。離憂清淨主城神。華燈燄
眼主城神。燄幢明現主城神。盛福光明
主城神。清淨光明主城神。香髻莊嚴主
城神。妙寶光明主城神。如是等而為上
首有佛世界微塵數皆於無量不思議
劫嚴淨如來所居宮殿復有佛世界微
塵數主地神所謂普德淨華主地神堅

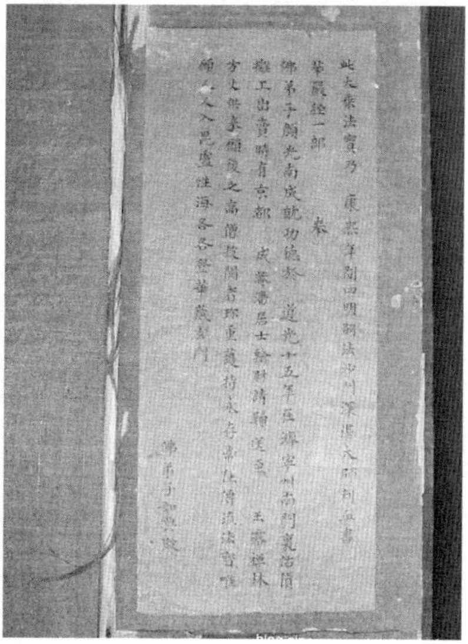

严。凡四十卷。唐代般若译。全称《大方广佛华严经入不思议解脱境界普贤行愿品》，略称《普贤行愿品》，又称贞元经。收于大正藏第十册。因为八十华严缺了最后一品《普贤行愿品》，到唐德宗的时候，华严宗的第四祖澄观法师，就把这个四十卷的般若最后一卷《普贤行愿品》，加到八十华严里，一共是81卷，形成《华严经》的定本。

佛教强调读诵及书写经典的功德。向以经典为三宝中之法宝，甚加尊敬，而且通过写经来为人祈福，或求解脱，故书写经典时，态度颇为严谨。写经多以墨书写者，也有人以金银泥写经。刺血写经，是人们对佛经的最高供养形式。《梵网经》云："刺血为墨，以髓为水，析骨为笔，书写佛戒。"又《大智度论》卷十六云："若实爱法，当以汝皮为纸，以身骨为笔，以血书之。"刺血写经有诸多步骤和讲究，前人多有论述。

首先古代人刺血，只从心脏以上取，或从舌头或从手指，或从手臂或从胸前处取血。刺血写经，有专门纯用血写的，也有合金、合朱、合墨、合水写的。如果用纯血书写，盛在清洁的器皿中，先用长针在血中尽力搅动，去掉血筋，这样血就不会粘笔，书写便会很流畅，如遇血凝，用生姜研磨后又可继续使用。刺血时指血或舌血，或不可一时刺得太多。因为所采的血，久了就会发臭，无法再用来书写。如果是用手臂血，在刺后至多可接半碗血。如果用不了晒干，再用水研开而用，或用血和朱红加胶做成血锭，经晒干后再用。其次在刺血前，必须吃淡斋，减少吃食盐及大料调和品等。如果不是先戒食这些东西，就会使自己写的血经逐渐变黑发乌，而持戒所书，则字呈浅金黄色。第三，关于用纸。血性清淡，著纸即散，了无笔墨，成一血团。其纸必须先用白矾矾过，方可用。矾过之纸不渗，最省血。大纸店中有卖的，不须自制。另外在书写时，要一笔笔工整地用楷体书写，用行草来写经书是不提倡的。至于内容，刺血写经，目前存世的大都是《华严经》，其他还有《心经》《金刚经》等。刺血写经对于历代的高僧们来说，是一项长远而艰巨的工程，一日十字或百字，短则几年，长则十几年或几十年，是人生信念的艰苦跋涉。

据查，图书馆所藏康熙年间四明嗣法沙门深湛大师刺血写本《华严经》函套内，有佛弟子如典跋曰："此大乘法宝乃康熙年间四明嗣法沙门深湛大师刺血书《华严经》一部。奉佛弟子颜光南成就功德于道光十五年在济宁州南门里，估货摊工出卖时，有京师成庵潘居士疏财请归，送至玉露禅林方丈供奉。愿后之高僧披阅者，珍重护持，永存常住，流传法宝。惟愿人人入毗卢性海，各各登华藏玄门。"简略说明了这部《华严经》的作者和流传的经过，至于何时被图书馆收藏，已无从考证了。值得注意的是，这部《华严经》从字迹上看，描笔迹象很明显，用手抚摸时，字痕凹凸分明，不是直接用毛笔手书的，可能是先用印书用的木版在宣纸上压出字痕，然后刺血填写的，字体工整俊秀，一丝不苟，虽经历300多年的沧桑，清晰依旧，字里行间透露书写人的虔诚和执着。书的每一卷前都有木版摹印的释迦说法图，非常精美。当时民间写经祈愿十分盛行，我猜测寺庙在卖香火法器的同时，是否也用印经典的雕版不沾墨印了一些书，卖给发愿写经的僧侣和信众们，供他们描摹书写。

在我国一些古刹名寺中，也都存有刺血写本的佛经。如江苏苏州西园戒幢律寺，现藏有元代善继以舌血书写《华严经》一部，历时二十余年写成。安徽九华山历史博物馆藏有明代无瑕禅师，刺血研磨银砂，历经28年才抄写成《华严经》。在北京云居寺有明崇祯（1628）时期的僧人祖慧7卷“舌血”《华严经》。江西庐山博物馆收藏海会寺普超和尚，用血抄写的《华严经》，他历时15载，因出血太多，圆寂时年仅45岁。广东省潮州开元寺现珍藏有智诚法师血书《华严经》。在福建省福州涌泉寺内，现在还藏有血书《大乘般若波罗蜜多经》657册等。字字严整，金光闪烁，让人处处感觉到作者那一颗无与伦比的虔敬之心，油然而生敬意。

夏天的一个早晨，阳光灿烂，有幸请工作人员拿出这部佛经，我轻轻打开经书的函套，小心地捧起了这部书的第一卷，浅金黄色字迹，在太阳光下依旧鲜明。同我的感觉一样，记得有一位曾目睹了刺血写经的人说过：“我不知道那个写经的高僧在这部厚厚的经书中到底耗去了多少殷红的鲜血，但我看到的，却是一片金黄、一片灿烂。血，是红的又是金黄的，唯其如此，那生命之液才显示出它比金子更加宝贵的所在。”刺血写经是中国传统文化精神信仰的奇迹，已经无法用世俗的价值来衡量。作为一种文化现象，传达着执着和坚毅的追求，以及蔼然冲澹、慈和圆融的心境，是我们的精神财富也是物质财富。

泰山磁版《蒿庵闲话》*

如果你幸运，像我一样有机会到藏着珍贵文献的地宫参观，当山东省图书馆善本地库厚重的大门缓缓推开，一排排整齐的书架在静谧的灯光下氤氲着知识的光芒，经过数代人近百年的苦心搜求，齐鲁文献的珍本秘籍大都庋藏于此。其中天字第001号尤为引人注目，可当我们打开这部书的函套时，却发现里面只有几张照片，一册书都没有，这到底是一部什么书？有着怎样的故事呢？

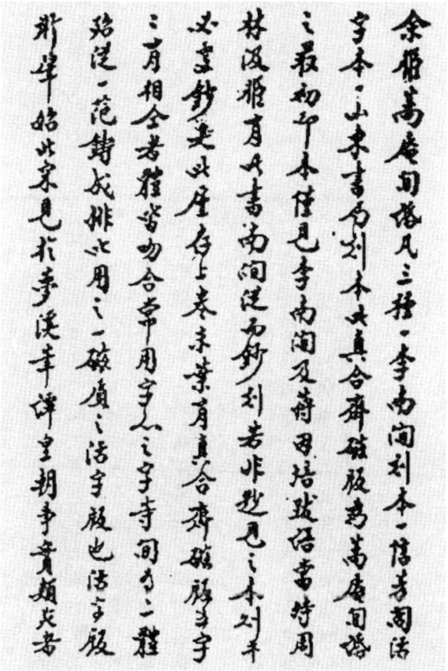

这部书名为《蒿庵闲话》，作者是清人张尔岐。这是一部看似寻常而又颇不寻常的书。这部书说其寻常，因为只是清代的刻本，年代较近。多种书目注录为《蒿

---

* 本文原载于《山东商报》，2007年5月28日。

庵闲话》二卷，张尔岐著，二册，清康熙（1662—1722）徐氏真合斋磁版印本，每半页 9 行，行 20 字，白口，左右双边。《四库全书》入子部杂家杂说类。

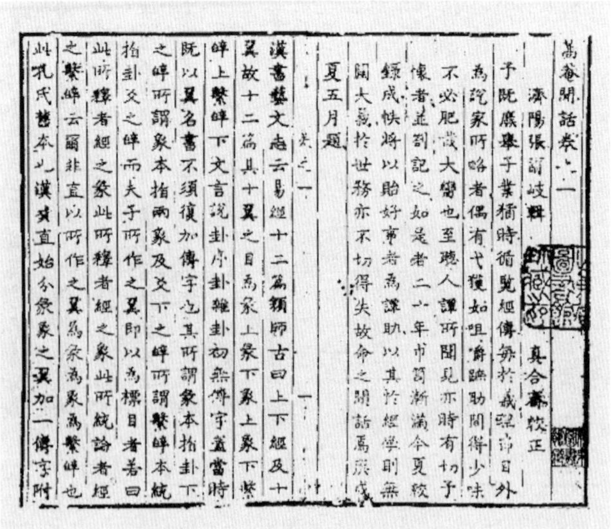

蒿菴閒話卷之一

濟陽張爾岐輯　真合齋校正

予既廢舉子業猶時循覽經傳發於義理節目外為說家所略者偶有弋獲如咀嚼鷄肋閒得少味不必肥甘大嚼也至聽人譚所聞見亦時有切予懷者並劄記之如是者二十年市筥漸滿今夏校錄成帙將以貽好事者為譚助以其於經學則無關大義於世務亦不切得失故命之閒話焉辰戌夏五月題

漢書藝文志云易經十二篇顏師古曰上下經及十翼故十二篇其十翼之目為彖上彖下象上象下繫辭上繫辭下文言說卦序卦雜卦初無傳字蓋當時既以翼名書不須復加傳字也其所謂彖本指卦下之辭所謂象本指兩象及爻下之辭所謂繫辭本統指卦爻之辭而夫子所作之翼即以為標目者者曰此所釋者經之彖此所釋者經之象此所統論者經之繫辭云爾非直以所作之翼為彖為象為繫辭也此孔氏舊本也漢費直始分彖象之翼加一傳字附

作者张尔岐，字稷若，取《诗经》中“菲我伊蒿”之句义，号蒿庵，今山东泰安店子乡张稷若村人，明清之际著名经学家。其父龙溪公，明末任石首驿丞。明既亡，吴三桂叛，公殉国。清既立国，尔岐誓不事清，《清史稿》有传。张尔岐自幼聪颖好学，熟读经史，兼及诸子百家，晚年精研“三礼”。张尔岐于济南讲授《仪礼》时，偶为当时著名学者顾炎武所知，顾十分敬佩其见解精辟，翌日绝早即登门造访，谈论欢洽，遂订交为友。后来，顾炎武在谈师论道时曾说：“独精‘三礼’，卓然经师，吾不如张稷若”，并将自己所著《音学五书》寄给张尔岐，征求意见，而且在其巨著《日知录》停丧、丧礼等条目中，详细地转载了张尔岐的学说。张尔岐 62 岁的时候，受聘到济南参加纂修《山东通志》。66 岁那年，张尔岐病逝。顾炎武得知消息后，为表哀悼遂赋诗一首《闻张稷若讣》：“历山东望正凄然，忽报先生赴九泉。寄去一书悬剑后，贻来什袭绝韦前。衡门月冷巢鶱室，墓道风枯宿草田。从此山东问三礼，康成家法竟谁传？”表达了知音难觅的沉痛哀伤。张尔岐一生著作很多，除《仪礼郑注句读》外，其重要者尚有《周易说略》《老子说略》《蒿庵闲话》等，多由后人及弟子刻版问世。张尔岐在学术上有很高的成就，尤其是对五经——《诗》《书》《礼》《易》《春秋》等研究独辟蹊径且卓有建树，匡正明末以来社会秩序的混乱和空疏学风，其读经研史，匡道济世，经世致用，感召后人，在中国经学史上占有一定的地位。乾隆四十一年，也就是张尔岐逝世百年后，陆、黄、章、杨、陈五位在济南做官的有识之士，首倡并组织实施筹资修建了“济南蒿庵书院”（地址就在如今泉城路西首路北附近），以示对张尔岐学术成就以及人格风范的敬仰和纪念。

《蒿庵闲话》是张尔岐入清“废举子业”以后 20 年间的作

品。书稿成于康熙九年，《四库全书总目提要》说“是编乃其劄记之文，凡二百九十六条……是编特偶有所得，随文生义，本无意于著书，谓之零玑碎璧则可，至于网罗四部，镕铸群言”为笔录读书所得，也有议论考据之作。虽然有些考据和观点被顾炎武所称道，但毕竟只是一部学术笔记，不是皇皇巨著，影响不是很大。

但《蒿庵闲话》又绝不寻常，这是因为它是磁版印本，在我国古代印刷史上占有独特的地位。而且这种在印刷工艺中成功移植陶瓷工艺的绝佳创新，也是研究古代印刷技术的嬗变与其他工艺技术相关关系的难得范例，引起了我国出版史界的高度重视。据现有资料证实，磁版印书只有两种，即《蒿庵闲话》和《周易说略》，而这种工艺今天已经基本绝迹失传了。

《蒿庵闲话》为海内孤本，有王献唐先生题跋。在《蒿庵闲话》上册卷一末页印有“真合斋磁版”五字一行。出于泰安徐志定之手，刊印地点在“七十二峰真合斋”。康熙戊戌（1718）冬天，徐氏偶然发现用磁版亦可印书，于是用胶泥按一定的方法烧制成磁版，次年印刷了《周易说略》。他在书前的序言中怀着无比欣喜的心情写道：“戊戌冬，偶创磁刊，坚致胜木，因亟为次第校已，逾己亥春而易先成。”后来又印了《蒿庵闲话》。两种书字迹版式相似，皆字体端庄，行格整齐，具有写刻本的风格，工整秀丽，令人赏心悦目。至于徐志定泰山磁版是否又印了其他书，目前尚无相关资料。

徐志定创制的泰山磁版，有人认为是磁活字版，有人认为是陶版，也有人认为是在烧制前先上瓷釉，是瓷版，还有的人认为是素烧之坯。王献唐先生认为是敷釉之磁“字有相同者，体皆吻合，常用字如‘之’字等，间为工体，殆从一范铸成，排比用之，一磁质之活字版也”。但据考书中卷一第 22 页、23 页等多处，整版断裂，我们认为活字不可能有这种现象。应是整版雕制，敷釉之磁，是在泥版上刷上瓷釉之后烧制而成的。

据王献唐跋语可知，《蒿庵闲话》传世原就稀少，当时，历城周永年家就藏有此书，李文藻曾经借来抄刻，《四库全书》所收的《蒿庵闲话》的底本就题作桂林府同知李文藻刊本。此书上册曾经王献唐先生家收藏，后战乱失落于泰安民间，解放后被济南市古旧书店收购。1961 年 3 月 27 日《大众日报》第 3 版以“积极为学术研究工作服务——济南古旧书店多方收集供应文献资料”为题刊发消息说：“今年又收到我国古代磁版印刷的《蒿庵闲话》一部，对研究我国出版史提供了新的资料。”时任图书馆副馆长的路大荒先生闻讯后即认购入藏馆内。

后来，路大荒在淄博访书时，在一个小书摊上偶然购得《蒿庵闲话》之下册，欣喜若狂，此书二册复归完璧。当时馆内正在编纂《善本书志》，因为其独特的价值，在宋元旧椠，明清佳刻琳琅满目的善本库中被列为馆藏第一号。不久，全国善本普查开始，《蒿庵闲话》被北京图书馆调去，现珍藏于国家图书馆。

另外磁版印本《周易说略》8 卷，8 册。行款同《蒿庵闲话》。国家图书馆、无锡市图书馆、上海图书馆、四川省图书馆有藏。

徐志定的“泰山磁版”印刷虽行世未久，但独树一帜，印书绝少，流传罕见，受到出版印刷界和版本学界的青睐和重视，视为稀世珍本，吉光片羽。正如王献唐先生所言，该书“为治版本学者所未见未闻，可补叶氏《书林清话》之阙者也”。大大地丰富了中国书籍出版史，也是中华文化的骄傲。

据报载日前，济阳县文物普查人员在垛石镇码头村进行野外调查时，意外发现了由张尔岐撰文，陈嘉猷书丹并撰额的《逸民苍屏陈公之墓》石碑，是他为老师撰写的碑文，也为研究张尔岐提供了新的文献资料。该石碑已经断为两块，整个碑长约 1.94 米，宽约 0.81 米，厚约 0.21 米，青石材料。在碑文中，张尔岐称赞业师“善治经，先生持身整洁，遇物和厚……后生少俊敛戢，盛气愿容，罕接其前。咸叹服，以为先民典型焉。其教人也，必循成法……仰止邹鲁者，皆先生开导之力也”。可以看出陈氏的人品以及张尔岐经学的传承。张尔岐的老师陈苍屏，是济阳县垛石镇码头村人，生于明万历戊子（1588）年，卒于清顺治癸巳（1653）年，享年 66 岁。陈氏是当地的乡贤名儒，少时聪颖，好学不倦，饱读诗书，满腹经纶，有“才子”之称。众人便慕名求教，门庭若市，张尔岐就是其中拜陈氏为师的一人。张尔岐在陈氏的教授下，熟读四书五经，尤其专注于经学，为以后集大成奠定了基础。在老师逝世 24 年后，怀念恩师之情倍增，便于清康熙十六年三月十五日，为恩师撰写了《逸民苍屏陈公之墓》文表，并刻石立碑，永志纪念。一年后，张尔岐就病逝了。这里特别需要引起注意的是“逸民”，《论语・微子》：“逸民：伯夷、叔齐、虞仲、夷逸、朱张、柳下惠、少连。”何晏集解：“逸民者，节行超逸也。”颜师古注《汉书・律历志序》也说：“逸民，谓有德而隐处者。”张尔岐尔岐誓不事清，以及与顾炎武志同道合，惺惺相惜的思想轨迹，都可以从他老师身上和早年受到的教育方面找到答案。

《聊斋志异》手稿闯关东传奇*

电视剧《闯关东》热播，引发了社会各界对这个前后长达 300 年之久的移民潮的高度关注。在这个规模大、时间长的移民过程中，许多齐鲁文化典籍也随移民“闯关东”，书写了古籍流传的传奇，其中蒲松龄《聊斋志异》手稿的遭际就非常有代表性。在不久前进行的全国古籍普查中，辽宁省图书馆珍藏的半部《聊斋志异》手稿的曲折经历，引起普查者的极大兴趣。该手稿从山东流转到辽宁，百年间蒲氏后人如何历经艰辛坚忍保护，又如何躲过了一次次被毁、被抢的劫难，成就了文化上一个“闯关东”的传奇。

1. “一切遗稿不许阅诸他人”

蒲松龄是清初山东淄川人，生于 1640 年，卒于 1715 年。他一生贫困，呕心沥血写成了在世界文坛上享有盛誉的《聊斋志异》。据现存的几种手稿看，晚年的蒲松龄曾经对其著作做过一次系统的整理和校订，临终时还曾嘱咐其儿孙“余生平恶笔，一

---

* 本文原载于《中国文化报》，2009 年 1 月 18 日。

切遗稿不许阅诸他人”。蒲松龄死后，其手稿也一直存放在淄川城内玉英街蒲氏家祠，秘不示人。

辽宁省图书馆珍藏的这半部《聊斋志异》手稿 8 卷，存 4 卷（第一、第三、第四、第七卷），为蒲松龄清稿本，行款与《聊斋文集》《聊斋诗集》大体相同，共 400 页，竹纸，原 4 册，后装成 8 册。卷首有刑部侍郎高珩《序》、蒲氏同乡翰林院检讨唐梦赉《聊斋志异序》及蒲氏《聊斋自志》。现存的部分有小说 237 篇。其中《猪婆龙》重出，《五通》《青蛙神》各分为两篇，《犬奸》《牛同人》《吴门画工》等 25 篇为青柯亭本所佚刻。稿本中 206 篇是蒲松龄的手迹，其余为他人代抄经蒲氏校改。《聊斋自志》后钤有“松龄”白文长方印一枚。

2. 后人携手稿闯关东

清咸丰十年（1860），清廷宣布关东向流民开放，流民入关不再视为非法。同治九年（1870）前后，山东大旱，蒲氏七世孙蒲价人又与家族发生争执，一怒之下便携带家人及《聊斋志异》和《杂著》等几种蒲松龄手稿和画像“闯关东”，远走东北，后定居沈阳。

蒲价人粗通占卜之道，便在沈阳城里摆了个卦摊为生。他对手稿十分珍爱，曾于光绪初年重新装裱。裱后的《聊斋志异》共 2 函 8 册，《聊斋杂记》2 册。但因装裱工将手稿的天头裁切过多，竟使书中 31 处作者手录、王世禛的眉批及佚名校语毁坏，造成了无法弥补的遗憾。后来蒲价人将《聊斋行乐图》及《聊斋志异》等分别传于蒲英翰、蒲英灏两兄弟。蒲英翰后因生活拮据，变卖了《聊斋行乐图》。

蒲英灏年轻时投军，光绪二十年（1894）在黑龙江将军依克唐阿帐下供职，兼营务处交涉局、筹济局委员，经上司保赐花翎三品都司。依克唐阿虽是行伍出身，但颇喜文词，得知蒲英灏是蒲松龄后人，并藏有《聊斋志异》原稿，便提出借阅。蒲英灏不好推托，便借了半部。依克唐阿看完归还，又借去后半部，可这后半部还未归还，依克唐阿就奉旨进京，并于光绪二十五年（1899）病逝京城。接着八国联军侵占北京，公私珍藏的财物多被洗劫，半部手稿从此也杳无音信，成为蒲氏手稿的一大劫难。

光绪二十六年（1900）蒲英灏奉命镇守辽宁西丰，家属随其迁至西丰，这两部手稿也同时带往，后传于第五子蒲文珊。

3. 拒绝出售蒲氏后人几遭劫难

蒲文珊喜爱读书，曾任西丰县县立图书馆馆长，对《聊斋手稿》的珍视胜过其父。他将文稿放在朱漆木匣中，除春秋之际晾晒，虽子女也很难见到。这期间有多人相借、预购，包括日本人出高价购买，均遭到蒲文珊的拒绝。民国二十年（1931）时任奉天省图书馆馆长的袁金铠从西丰县县长冯广民那里得知手稿一事，遂与蒲文珊商量借去选印。为使祖先遗墨发扬光大，有益于社会，蒲文珊亲自携带手稿前去与袁金铠面议，认为影印是一项善举，再三嘱咐半部手稿保存不易，要妥为保存。手稿在两人谈妥后暂存奉天银行。不久，九一八事变爆发，选印一事暂时搁置下来。直到 1933 年夏，袁金铠才让人选出有王渔洋评语的 14 篇以及通行本未收入的《狐谐》《仇大娘》等 10 篇共 24 篇 44 页，珂罗版影印，题《选印聊斋志异原稿》。

此时，已任伪满洲国参议的袁金铠与伪满奉天中央银行行长陈漱六，希望蒲文珊在影印后把手稿卖给他们，被他一口回绝。他在给袁金铠的信中说："先祖遗墨，仅此稿幸存，虽有欲购者，但贫不卖书，古训昭然，又何忍负先世保存之苦心也……"以此向袁金铠表明了自己决不出卖手稿的态度，取回了手稿。没过多久蒲文珊被免去了图书馆馆长的职务，他遂在西丰县的医院谋了一份差事。后来，医院发生了麻醉药丢失案件，蒲文珊所在医院的职工被全部投入监狱审查。得知蒲文珊入狱的消息，袁金铠的儿子，时任西丰县县长的袁庆泽前去探望，委婉地提出只要答应出卖手稿，就可以为蒲文珊早日出狱活动，蒲文珊却严词拒绝了，手稿才免遭一劫。

4. 土改中险遭焚毁

随着东北地区的解放，西丰全县进行土改，薄有田地的蒲家被农民"挖浮财"，少量衣物及大量字画书籍被抄走，手稿也在其中。

幸运的是西丰县人民政府秘书即后来任县委书记的刘伯涛，被任命为土改工作队的负责人。他文化程度比较高，又爱读书。一天，他在元宝沟农会检查工作时，见炕边屋角有一堆准备烧火的乱书，便随手拣出两册一看，书是手抄本，上题《聊斋志异》，纸张颜色很旧，有勾画添加的字迹，他觉得这是前人有价值的抄本，便到县公安局询问有没有蒲松龄后人，最终查到了蒲文珊。蒲文珊称《聊斋志异》是先祖遗墨，共存有 2 函 4 册，但发现的只有 2 册。刘伯涛再度查找，有村民告诉他曾经有一位女干部看过同样的两本书。经多方查找，知道这位女干部叫王慎之，已经调往哈尔滨工作了。刘伯涛随即向黑龙江省政府发函求助，大约半年后，黑龙江省政府将王慎之带走的那两册《聊斋志异》手稿寄给了刘伯涛。

1951 年，刘伯涛将《聊斋志异》手稿交给东北人民政府文化部文物处，经著名鉴赏家杨仁恺先生鉴定确为蒲松龄真迹。蒲文珊十分激动，回想手稿收藏的艰难坎坷，毅然决定将其捐献给政府。东北人民政府文化部文物处郑重接受了《聊斋志异》和《聊斋杂记》手稿，后入藏东北图书馆（今辽宁省图书馆）。1955 年，北京文学古籍刊行社将半部手稿影印出版。

5. 下半部手稿下落至今不明

《聊斋志异》的下半部手稿到底流落到何方呢？众说纷纭，莫衷一是。一种说法认为八国联军侵占北京，下半部手稿在这时被抢去，流落国外。1934 年（民国二十三年）《北平晨报》曾报道说："苏联科学院远东分院图书馆藏有蒲留仙《聊斋志异》原稿四十六卷。"1941 年，伪满报纸《盛京时报》曾援引德国的一则消息："《聊斋志异》部分原稿 48 卷现存柏林博物馆。"后又有消息说在德国发现有蒲松龄题记和印鉴的手迹档案。另一种说法认为，《聊斋志异》的另半部后来流落到北京一位画家手中。《聊斋志异》下半部手稿在依克唐阿去世后，被军阀张宗昌购得，张宗昌遇刺身亡后，又由北京一位画家收藏。他把手稿藏在北京平安里旧宅墙里，后毁于"文革"，可惜也一直未能得到进一步证实。

蒲松龄《聊斋志异》手稿近一个世纪的流转，从一个侧面见证了闯关东山东人的辛酸悲苦，也反映了他们共同的精神，即顾全大局，坚毅诚实，不畏强权，坚守信念等，一直传承到今天。当我们庆幸这半部历经劫难的手稿安然无恙地保存到现在，又企盼另半部手稿尚存天地之间，有珠联璧合的那一天。

稿本《聊斋文集》旧事*

记得那是冬天的一个下午，陪几个朋友来到淄川蒲公故里，寻访蒲留仙聊斋的遗踪。小院幽深空寂，游人很少，屋檐前枝丫纵横交错，偶尔可以看见几个干枯的石榴挂在树梢，露出些许残红，弥漫着狐仙的迷幻色彩。纪念馆的馆长是多年的老朋友，带我们参观了馆藏的书画，又看了几种蒲松龄的手稿复制品，山东省图书馆珍藏的《聊斋文集》也在其中。这部手稿是目前国内仅存几种蒲松龄的手稿之一，其辗转流传，弥足珍贵。

《聊斋文集》卷7，一卷蒲松龄稿本。金镶玉装，计1册46页，每半页10行27、28字不等，字体为行书，字迹娟秀，古拙多姿。文中很少有改动的地方，当是他晚年经过修订后誊录的清稿本。卷首有王献唐、王统照、崔介题跋，溥儒绘“聊斋著书图”。

* 本文原载于《山东商报》，2008年3月31日。

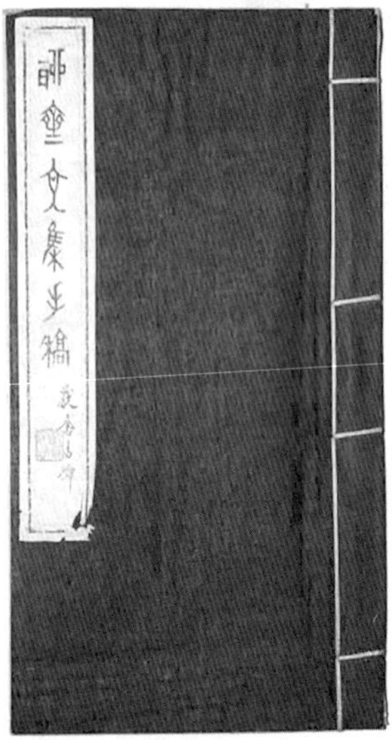

蒲松龄是我国清代著名的文学家，除撰有脍炙人口的《聊斋志异》外还著有诗、文、词、曲等各种体裁的作品。《聊斋文集》当为其生前编定，凡四百余篇，尤以引、疏、序、书启、婚启和拟表为最多，骈、散各体具备。蒲氏自己也曾说：“吾邑名公巨手……远迩以文事相烦者，仍不少也……寒暑呻吟，极不可耐，以故凡有所作，集而成册，故日持此以问世哉？置诸案头，作应付之粉本耳。”（见《聊斋文集》自序）虽然多是应酬之作，并非精心结撰的文字。但是蒲松龄才华出众，偶尔点缀，即是寻常之作，也受到时人和后人的称赞。清初文学家王渔洋对聊斋文评价较高，认为他“不斤斤宗法震川，而古折奥峭，又非拟王、李而得之，卓乎成家，其可传于后无疑也”。蒲松龄的挚友济南朱缃，对其推崇备至，将他的文章行模和神骨比作济南的名山华不注：“今披读先生文，苍润特出，秀拔天下，而又不费支撑，天然夷旷，固已大

矣；及细按之，则又精细透削，呈岚耸翠，非复人间有。”（见《蒲松龄文集题辞》）

蒲氏文集生前未能付梓，此稿本道光年间传至蒲氏后裔五世孙蒲庭橘时还有记载：“敬读柳泉公行略，见上载《聊斋文集》，共计四百余篇……诸体皆备，及细为查阅，而志传绝不多见，岂所作者本少与？抑后来之散佚乃尔也？今所存者只有贺序一册、序疏碑文一册、婚启一册、祭文一册，皆先曾祖所手订。”（见《聊斋文集》志）此稿即上文所说的“祭文一册”。此册《聊斋文集》稿共收祭文 42 篇、挽联十余首。

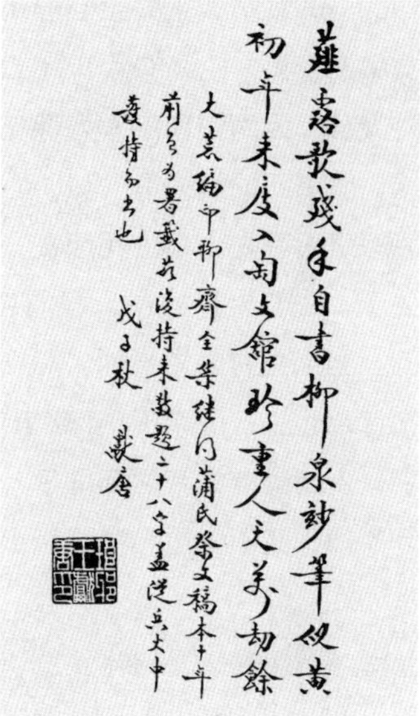

该集撰写的时间，约起于康熙十一年，即他从江南辞别孙蕙归里以后。集中最晚的撰写时间，从《毕韦仲祭王司寇》一文分析，当在康熙五十年以后，因为王渔洋病卒于辛卯，蒲松龄曾赋诗挽之，并代名绅毕盛钜（字韦仲，贡生，毕际有仲子）作祭王司寇文。此时蒲氏已达 72 岁高龄，过了 4 年，他就辞世了。

遗稿原收藏在家中屋后的小楼中，迭经几代，由于年久失修，阴雨绵绵，楼塌屋毁，再加上战乱，损失大半。文集则历尽沧桑，只有“祭文一册”幸未损毁，至 1936 年辗转归路大荒先生收藏。路大荒先生为中国著名的蒲学专家和蒲学的开创者，编著有《聊斋全集》及《蒲松龄年谱》等。他出生于淄川北关乡菜园村，距蒲松龄的家乡蒲家庄只有 8 公里。路大荒先生一生从事聊斋文稿的收集和研究工作，对蒲氏手稿倍加关切。1936 年 3 月下旬的一天，路大荒先生回淄川老家，听说蒲氏后人有一册《聊斋文集》手稿，已经有人出了重价，尚未成交。大荒先生闻讯，惊喜交加，因为出售的人为保守秘密在私下进行，虽然去拜访了几次，但东西始终未得一见，心中怅然，好几天茶饭不思。回济南后，路大荒先生马上托朋友，找关系积极联系购买，一个多月过去了，在煎熬等待中，好消息终于传来，《聊斋文集》手稿已取回。当朋友打开书卷时，“丹铅涂抹，古趣盎然，仿佛犹见先生伏案挥毫也……然在闻号令角声之中，资斧告罄之时，尚恋之一书，人间尚存如我之痴耶乎？”路大荒先生还是毅然贷钱典衣购回手稿，又不惜重金请济南聚文斋的彭辑五装潢成金镶玉装，倍

加珍藏。1937年12月日寇攻陷淄川城，得知路大荒有蒲松龄手稿，日本人赶到他的家中搜查。路大荒背负着蒲松龄手稿躲藏到了深山中，一无所获的日寇放火烧掉了他家的房屋，还在淄川城门贴满了捉拿路大荒的告示。据说从前还曾有一位日本古董商人，得知先生藏有聊斋文稿，几番托人愿出重价收买，都被断然拒绝，使我齐鲁珍贵文献，不致沦落海外。1948年济南解放，路大荒先生被任命为图书馆副馆长。先生出示手稿邀请著名的文学家、书画家、版本学家题诗绘画，1963年，路大荒把最心爱的《聊斋文集》手稿捐献图书馆。

我们今天见到的《聊斋文集》手稿，装帧精美，诸多名家题跋，美轮美奂。书的套签为张元济先生楷书所题"聊斋文集手稿"，封签"聊斋文集手稿"，是王献唐先生篆书所写。书的首页有"聊斋著书图"一幅，为近代国画大家溥儒先生绘，题庚辰（1940）岁暮。后有王献唐先生跋诗："薤露歌残手自书，柳泉妙笔似黄初。年来庋入匋文馆，珍重人天万劫馀。大荒编印聊斋全集，继得蒲氏祭文稿本，十年前曾为署签。兹复持来，敬题二十八字，盖从兵火中护持而出也。戊子秋献唐。"有琅琊王献唐白文印。王统照先生题诗："摅思托笔借园亭，孤愤能舒鬼狐型。故非妄言听须正，西风凄响夜枫青。疏宕为文字似之，不须衫履自然姿。人间尚有聊斋稿，合证先生绝妙词。1955年冬，大荒先生出此册，为题二诗，统照。"另有崔介（原山东省劳动厅厅长、作家）题诗："无端歌哭自笑之（见柳泉先生戒应酬文），天衣绚烂不见丝。书法尽洗台阁意，宇内先睹为快时（大荒已将是编收入全集并拟影印手稿）。路大荒先生出示所藏聊斋文集手稿，观后喜志数语。丁酉（1957）夏日，时在济南，崔介。"手稿正文首篇题下钤有藏书印两枚，其一文曰：大荒烬余。其二文曰：山东省图书馆珍藏。值得提出的是，原稿 42 篇祭文和十余首挽联，收入《蒲松龄集》的，仅有祭文 35 篇，尚有《公祭西河王粹中先生》等祭文 7 篇与挽联十余首，未被辑录，另外，原稿与祭文通行本亦多有可资比勘对校之处。路大荒先生拟影印手稿的计划还没实现，不久，“文革”开始，先生遭到迫害，1972 年 6 月 6 日去世。后来，《聊斋文集》手稿收入《中华再造善本》备选目录以及《山东文献集成》等。

另外，现存蒲氏手稿，除《聊斋文集》外，尚有《聊斋志异》手稿，清朝同治年间，蒲氏后人从淄川老家闯关东，将手稿带往沈阳，现存辽宁省图书馆，现存辽宁省图书馆的还有《家政内编》《家政外编》手稿，这部手稿共两册，约四万字，131 页，上册为《农桑经》残稿，下册为书斋、雅制、字画、装潢、珍玩、古谱等目类。内容相当广泛、繁杂。该手稿与《聊斋志异》手稿同在蒲文珊处保藏，后转入辽宁省图书馆。

《鹤轩笔札》手稿，也是路大荒先生发现的，现存青岛市博物馆，手稿是蒲松龄南游宝应、高邮为孙蕙当幕宾时，代孙蕙书写的书启、公文、谕告等文稿。自康熙九年（1670）十月至康熙十年五月间共八个月的时间写的。现分装四册，前两册为蒲松龄手稿，这两册手稿的第一册页二的右下角还钤有两枚印章，一为阳文“松龄”二字，一为阴文“柳泉居士”四字。1956 年 10 月，山东省文化局局长王统照看过后，在手稿正文前写了一段序言，记述了《鹤轩笔札》的流传过程。附录如下：

“《鹤轩笔札》四册，此二册皆留仙先生手稿。另二册则笔者不止一人，想是继留仙先生任笔札者。四册必由淄川孙家散出。

盖留仙先生卅许，曾为同邑孙蕙延请，在宝应、高邮署内任书启幕故。酬答函札与较长之官谕，俱载底稿册中，虽有蒲氏印章，此二册定系孙氏留存者。今夏，大荒先生数为整理蒲氏故居，因公赴淄博市。有李君，存此四册求售，大荒返济与余语及，乃以四十元易来。原册纸薄，岁久脆折易失。八月中，大荒去北京，遂将蒲氏手册，托其带去，由琉璃厂萃文斋为精工贴装，并加布函。此等工艺，京外难有。九月中旬，介绍人李君为包裹寄到，仔细甚至。述之于此，俱可深感。近三百年之草册，竟能流传，淄川人士对蒲氏之尊重，即此可见。余以衰病之身，年来得见蒲氏笔迹数种，而前三日偶去北洋书社古籍部，竟得《聊斋志异》第一次木印本（即赵氏鲍氏共刊本，亦即青柯亭刊本，有杭州余集手书序，清乾隆三十五年刊），盖在木板上廉价书摊中，无问者。今纪此二册之由来，故附述如此。一九五六年十月三日初寒晴日。剑三。”

《柳泉居士词稿手迹》现存中国历史博物馆，1956年在西安发现，为高智怡所藏，全册共32页，词目81阕，最后一阕《沁园春》有目无文，中间一阕《浣溪沙》重出，实有词79阕。词稿附有李秉衡于光绪十二年（1886）的题词，文曰：“柳泉居士词稿手迹，世好李子席珍所贻，李家淄川，与居士裔孙等故文字交，是即有于某者。”由此可知词稿是蒲氏后裔赠予李席珍的。

《拟表》手稿九篇、《聊斋表文草》、抄《庄子秋水篇》、“抄前人诗赋文”等四种，现存蒲松龄纪念馆。《拟表》手稿九篇，1984年10月于淄博市淄川区北旺村发现，这个村距蒲松龄故居八里许。捐献人为张英三兄弟。他们的父亲张志亮是本地有名的藏书家，蒲松龄纪念馆收藏的《聊斋偶存草》抄本，就有张志亮的题记及题签。这九篇拟表是一册手稿残部。现存的部分，保存者已将其裱为册页，共 37 页，页高 28 厘米，宽 14 厘米，页字 10 行，行字 27 或 28 不等，文中有较多修改处，似为初稿。

《蒲氏族谱》手稿，现存日本东京庆应义塾大学。康熙二十七年（1688），蒲松龄主持修成《蒲氏族谱》，亲自手录成书并写了序。此稿一直藏在蒲氏后裔手中，秘不示人。1935 年前后，日本人平井雅尾在日办淄川矿业所行医。他与蒲氏后裔蒲英春相见，得到此稿，后来平井回国，将此稿与他所得数百种研究蒲氏的资料交庆应大学。此手稿本，共一册不分卷，全书共 69 叶（其中有空白一页），竹纸。高 24.5 厘米，宽 13.7 厘米，封面上有题签，其上有蒲松龄亲笔题的“般阳土著”四字，般阳，淄川古名也。

清宫廷画家冷枚《十美图》品鉴*

馆藏《十美图》，清冷枚绘，册页装，绢本十开，左下角钤“枚”字印，封面佚名题冷枚十美图真迹。此图何时入馆，已无法确考了，但据相关资料推测大约在鲁图建馆早期入藏，迭经战乱，保存至今，堪称不易。

冷枚（1669—？）清代著名宫廷画家。字吉臣，号东溟，晚号金门画史，山东胶州人。冷枚祖居胶州城西三里之外的黄埠岭，后迁居胶城之分水岭。他的先祖也是知名画家，自小耳濡目染，颇喜绘事，后来冷枚拜焦秉贞为师，技艺转精善画人物，尤精仕女。

焦秉贞，字尔正，是山东济宁人。康熙时供奉内廷，善画人物、山水、花鸟，尤精于人物，画法以工笔重彩为主，参以西法，讲求明暗远近，真实感较强，开院画新风，在当时颇有影响。康熙三十五年（1696）前后冷枚由其师焦秉贞引荐入宫，时“秉贞奉敕绘《耕织图》，枚复助之”。冷枚后来又参加了著名的《万寿盛典图》的绘制，声誉大增，与其师焦秉贞名相埒。冷枚著名的代表作《避暑山庄图》也做于此时，描绘了以热河离宫后

* 本文原载于《齐鲁晚报》，2009 年 4 月 23 日。

十美图-1

苑30景为主题的平原与湖区的全貌。设色淡雅、格调明快，笔法多变，灵秀和谐，不仅是一幅具有高度艺术造诣的风景画，同时又是一幅避暑山庄的建筑图样，显示出冷枚具有高度的概括能力和精湛的艺术表现技巧。冷枚因此深得皇帝赏识，成为宫廷画院领班画家，他的绘画和事业达到了一个辉煌的高峰。

可是好景不长，雍正即位，冷枚因政治原因而去供奉职，雍正在位的13年中，清宫档案中没有出现冷枚的名字。冷枚在此期间创作的《农家故事册》《得果图》《成衣图》《拥炉图》《采桑图》《纸茸图》等作品中也没有了“臣”字款。到乾隆元年（1736）冷枚又奉召入宫供奉，得到乾隆的特殊礼遇，乾隆将其月银由11两破例增加为14两，并赏给官房数间居住，这在当时宫廷画人中是最高的。依例乾隆朝画院画家待遇是一等11两，二等9两，三等7两，不入等画人6两以

十美图-2

下，乾隆初期 1 两银可买 1 石米。据查清宫造办处活计档，乾隆朝冷枚的名字出现多达数十条。这期间冷枚画风更趋成熟，笔墨洁净，屋宇楼阁，描绘精细，多大幅巨作，有《圆明园四十景》等作品，为时人所肯定。据清人张庚《国朝画征录》载，清代早期出自山东的四大画家"唯秉贞与枚及胶州人法若真高风翰四人而已"。

冷枚作画深受西洋绘画影响，得力于西法写生，工中带写，典丽妍雅，糅合中西技法尤其注重阴影与透视的使用。《胶州志》卷三十载："工丹青，妙设色，画人物尤为一时冠。"其画作题材广泛，无所不能，所绘仕女美丽妍雅，尤为众人所赞赏。我馆所藏《十美图》就是其仕女画的代表。

《十美图》是一个很常见的题材，乾隆年间，皇帝曾将来自波西米亚及意大利的宫廷画师艾启蒙和郎世宁的传世佳作《十骏犬》与《十美图》两者合二为一，题为《十全十美》图。我馆所藏冷枚《十美图》是否还有《十骏犬》就不得而知了，但总归是寄托了人们美好的愿望。

此图共十幅，描绘了仕女优雅闲适的生活，如临镜、赏兰、吹箫、闻香、采芝、倚石、纫衣、梳妆、调羹、思远等。其一仕女绿衣茜裙，坐于檀几边，一手据镜，一手抚发，神态生动自然，有对花前后镜，花面交相映之致。几上瓶花、梳妆盒及仕女衣纹写工清妍细致。其二仕女席地而坐，地上横铺芭蕉叶两枝，持紫箫凝神吹奏，面部刻画尤细，巧妙的是仕女背后还有古书三卷相衬，幽雅清新，气韵天成。其三蓝衣仕女，坐床边正在缝补衣裳，衣带垂动，手指穿纫，极富生活气息。其四兰发葳蕤，奇石嶙峋，坐仕女一手托颐，一手轻拈盛放兰花，面色娇羞若有所思，石瘦兰草茂盛，人物雅洁，意在画外。其五一鹿一人，顾盼生香，衣袖飘动婉转，手里的芝草鲜艳硕大，仙鹿眼神和顺，寿福喜庆，嫣然浮动满纸。其六华服仕女眉目俊秀，玉脂凝霜，姗姗走过，裙钗珠颤玉人归，执一枝梅花，清香与欢乐四溢。其七红衣仕女斜倚太湖石上，执竹枝纨扇，溪风习习，裙上开满素雅的白花，从容舒缓，眼前一片清凉。其八仕女抱美人瓶，瓶花锦绣，步履急趋，衣带飘扬，动态娇妍。其九盛装仕女，捧玉盘，羹汤荡漾，熙熙攘攘的燕庆已在眼前。其十仕女凝伫，翩翩思远，柳絮寒烟拂过，眼角眉梢都是爱意惆怅。

冷枚的仕女大多写实，工笔覆彩，精微齐整，生动有致。笔墨洁净，赋色韵秀，画面处理多采取色彩渲染的手法，增加了层次感和立体效果，且十分注重人物神情的刻画，纹饰题材丰富，纹饰中有缠枝花、折枝花、四季花卉和几何纹图案，还普遍地采用西洋式卷草纹和百花纹为锦地，有吴带当风、曹衣出水之妙。诸家评论其惟用笔较为刻板，仍未脱画工描摹刻画之迹。

冷枚经历了康、雍、乾三朝，孜孜绘事不息。可惜的是，冷枚当年在圆明园的诸多精心之作，火烧圆明园后，他的诸多画作都已被付之一炬，存世极少。2005 年天津春季文物拍卖会上，冷枚的一幅《献寿图》以 220 万元高价成交，见者莫不叹绝称奇。

故宫博物院现藏有其《十宫词意册》《仕女梳妆图》及《避暑山庄图》，传世作品还有仿仇英《汉宫春晓图》《九思图》，山东博物馆还藏有他一幅《麻姑献寿图》。

《曹操集》遗落的残编断句*

岁末年初，人心是最易浮躁，满眼熙熙攘攘的人们都在忙碌着，盘点既往抑或预测将来。这时，河南曹操高陵的真伪之辩，成为2009岁末最引人注目的文化事件，虽有专家信誓旦旦，但质疑之声此起彼伏，给浮躁的时下又添了佐证。好在时间会剥去浮华，告诉我们真实的一切，我们只需拭目以待。

在政治、军事等诸多方面，曹操是一个颇有争议的历史人物，在今天又起了喧嚣和争议，也没什么。但作为“建安文学”的倡导者和实践者，他在文学艺术上开阔的胸襟，卓越的才华却为世所公认。

曹操一生南征北战，却非常喜欢读书，雅爱文学，且著述颇丰。《魏书》说他“御军三十余年，手不舍书，昼则讲武策，夜则思经传。登高必赋，及造新诗，被之管弦，皆成乐章”。曹丕《典论·自叙》也说：“上雅好诗书文籍，虽在军旅，

* 本文原载于《山东商报》,2010年2月1日。

手不释卷。”钟嵘《诗品》曰：“曹公古直，甚有悲凉之句。”《文心雕龙·时序篇》曰：“建安之末，区宇方辑，魏武以相王之尊，雅爱诗章。”当时的人们就给予了极高的评价。据《隋书·经籍志》《通志·艺文略》等著录曹操的著作主要有：一是军事类，有《太公阴谋解》3卷，《司马法注》，《孙子略解》3卷，《魏武王逡集解孙子兵法》1卷，《续孙子兵法》2卷，《兵书接要》10卷，《兵书要论》7卷，《兵书略要》9卷，《兵法接要》3卷，《魏武帝兵法》1卷；二是政书类，有《魏主奏事》10卷，《露布文》9卷；三是文集，有《魏武帝集》30卷，录1卷，《魏武帝逸集》10卷，《魏武帝集新撰》10卷；四是其他，有《自作家传》，《四时食制》等。可惜的是曹操的著作大都佚散了，现在我们能看到的除了《孙子注》之外，只有后人辑录的《魏武帝集》即《曹操集》了。

在唐宋之前，《逸集》10卷，已经亡佚。但大部分著作还在流传，到宋代时修《太平御览》等类书时，尚有征引，宋之后随着曹操评价的复杂化，渐渐湮灭佚散了。到了明张溥辑《汉魏六朝百三家集·魏武帝集》时只有1卷，凡令、教、乐府歌辞等综145篇。清代严可均《全三国文》辑魏武帝集3卷，150篇。1959年中华书局据丁福保本整理补充，增入《孙子注》，重新排印为《曹操集》，1979年安徽亳县《曹操集》译注小组辑佚整理，出版《曹操集译注》，这两个为目前较好的本子，让我们可以透过曹操诗文想见当时的情景。

想当年，铜雀台上，盛宴才刚刚开始，一片笙歌燕舞，长袖舒处，一大批青年才俊猬集邺下，落笔云烟，词采华茂；大战归来的曹孟德，横槊赋诗，豪气干云。他提倡去浮华而重朴质，于是一个文学的尖峰屹立于魏晋，是那个时代的文化符号，如果要了解魏晋文化，谁也绕不过去“建安七子”，而曹操是领袖，他改变了一个时代的文学取向和风格。虽然，历史上仁者见仁，对于曹操的诗文品鉴有上下，评价有高低，总也掩不住他作品夺目的光芒，照彻千古。毋庸置疑，曹操在中国文学史上占有重要的地位。

当时的乐府诗，可以配乐歌唱，《曹操集》中现存的诗约二十多首，肯定是他大量诗歌中的一少部分，《太平御览》引书中有《魏武乐府》一书，也已经失传，庆幸的是大浪淘沙，留下的多是脍炙人口的佳篇。曹操的诗歌内容大体上可分三类。一类是关涉时事的，如《薤露行》《蒿里行》等。《蒿里行》：“铠甲生虮虱，万姓以死亡，白骨露于野，千里无鸡鸣，生民百遗一，念之断人肠。”刻画深刻沉痛，被誉为“汉末实录，真诗史也”（钟惺

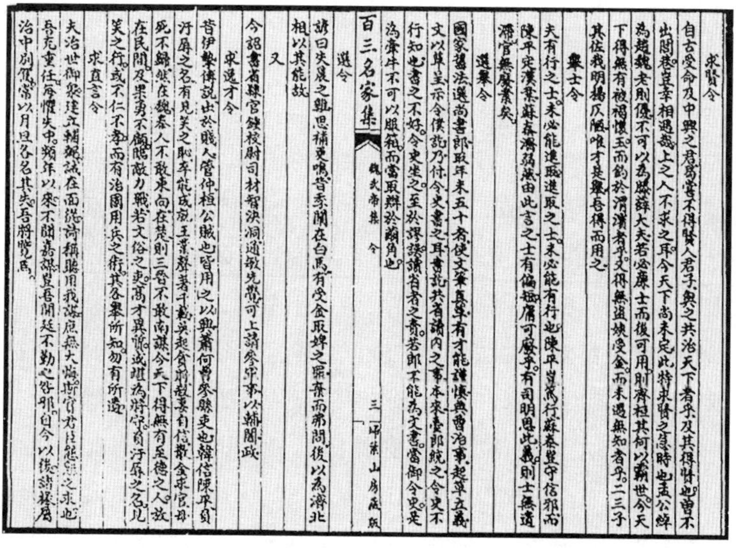
求賢令
自古受命及中興之君曷嘗不得賢人君子與之共治天下者乎及其得賢也曾不出閭巷豈幸相遇哉上之人不求之耳今天下尚未定此特求賢之急時也孟公綽為趙魏老則優不可以為滕薛大夫若必廉士而後可用則齊桓其何以霸世今天下得無有被褐懷玉而釣於渭濱者乎又得無盜嫂受金而未遇無知者乎二三子其佐我明揚仄陋唯才是舉吾得而用之

舉士令
夫有行之士未必能進取進取之士未必能有行也陳平豈篤行蘇秦豈守信邪而陳平定漢業蘇秦濟弱燕由此言之士有偏短庸可廢乎有司明思此義則士無遺滯官無廢業矣

選舉令
國家舊法選尚書郎取年未五十者使文筆真草有才能謹慎典曹治事起草立義文以草呈示令僕訖乃付令史書之耳書訖共省讀內之事本來臺郎統之令史不行知也書之不好令史坐之至於謬誤讀省者之責若郎不能為文書當御令史是為牽牛不可以服箱而當取辯於繭角也

百三名家集　魏武帝集　令　三　掃葉山房藏版

選令
詔曰失晨之雞思補更鳴昔季闓在白馬有受金取婢之罪棄而弗問後以為濟北相以其能故

又
今詔書省司隸官鍾校尉司材智決洞通敏先覺可上請參軍事以輔闕政

求逸才令
昔伊摯傅說出於賤人管仲桓公賊也皆用之以興蕭何曹參縣吏也韓信陳平負汙辱之名有見笑之恥卒能成就王業聲著千載吳起貪將殺妻自信散金求官母死不歸然在魏秦人不敢東向在楚則三晉不敢南謀今天下得無有至德之人放在民間及果勇不顧臨敵力戰若文俗之吏高才異質或堪為將守負汙辱之名見笑之行或不仁不孝而有治國用兵之術其各舉所知勿有所遺

求直言令
夫治世御眾建立輔弼誡在面從詩稱聽用我謀庶無大悔斯實君臣懇懇之求也吾充重任每懼失中頻年以來不聞嘉謀豈吾開延不勤之咎邪自今以後諸掾屬治中別駕常以月旦各言其失吾將覽焉

《古诗归》)。《步出夏门行》中的《观沧海》写大海:“秋风萧瑟,洪波涌起,日月之行,若出其中;星汉灿烂,若出其里”,格调雄放,气势磅礴。《龟虽寿》说:“老骥伏枥,志在千里,烈士暮年,壮心不已”,则是诗人积极进取精神的真实写照。一类是以表述理想为主的,如《对酒》《短歌行》等。《短歌行》主题是求贤,“对酒当歌,人生几何! 譬如朝露,去日苦多”、“山不厌高,水不厌深,周公吐哺,天下归心”等诗句,至今传诵。清人陈沆说:“此诗即汉高《大风歌》思猛士之旨也。”(《诗比兴笺》)一类是游仙诗,如《气出唱》《秋胡行》等。曹操“性不信天命之事”(《让县自明本志令》)。因此,他的游仙不过是排遣内心矛盾和苦恼的一种形式。曹操诗歌抒写真性情,朴实无华、不尚藻饰。在艺术风格上慷慨激昂,悲壮苍凉,以气韵沉雄取胜,极具感染力。曹操的散文多是应用性文字,平易自如、率真流畅,鲁迅曾称赞曹操是“改造文章的祖师”(《魏晋风度及文章与药及酒之关系》)毛泽东很喜欢曹操的诗文,称赞他:“气魄雄伟,慷慨悲凉,是真男子,大手笔。”

曹操还对书法、音乐等都有深湛的修养。他与著名书法家钟繇、梁鹄的关系密切,常一起谈论书学,钟繇随曹操平乱,献计献策,深得曹操重用。梁庾肩吾《书品》评论:“魏王笔墨雄瞻”,唐张怀瓘《书断》说:“武帝尤工章草,雄逸绝伦。”据记载,魏武帝曹操的书法作品,传世很少,到元代时,只有《贺捷表》尚存,理学大家朱熹就见过。朱熹的书法学的就是曹操,有一次他看好友刘珙学颜书《鹿脯帖》,就讥笑他学的人时代太近,没有古意。刘珙反唇相讥道:“我学的可是唐代的忠臣,你学的却是篡汉的奸臣。”现在存世曹操的唯一书迹为隶书“衮雪”

二字，这两个字在1970年出土时刻在陕西汉中褒河水中一块巨石上。建安二十年（215），曹操西征张鲁到汉中，经过栈道咽喉石门（今陕西褒城）时，看到河水冲击石块水花四散溅出，水大石众，犹如滚动之雪浪，故书“衮（滚）雪”，刻于河水礁石上。石现存陕西汉中博物馆。曹操还通药理、精美食，现《曹操集》中有《四时食制》十几则，谈的是海河鱼鲜，颇有趣味。

另外有点收获，与大家共享，我近日翻检文献得《曹操集补遗》几条，附此可供研究者参考： 一、《有南篇》云：“南上大石”。见《太平寰宇记》卷三河南道三。《三国志注补》卷四又引名《城南篇》。二、 魏武帝《与钟繇书》曰：“九月九日，草木偏枯，而黄菊纷然独秀，今奉一束。”《白氏六帖事类集》卷一赐菊条。三、魏武《诏》曰：“真定梨大如拳，甘如蜜。”《白氏六帖事类集》卷30真定条。四、 魏武帝《四时食制》曰：“滇池鲫鱼，冬至极美。”《古今游名山记》卷16,《图书编》卷67引。五、 魏武帝《选举令》曰：“国家旧法，选尚书郎以孝廉取也”。宋《翰苑新书前集》卷14。《古今合璧事类备要》后集26，六部门引。六、《魏王奏事》曰：“出入由里门面大道者名曰第，爵虽列侯，食邑不满万户，不得作第，其舍在里中皆不称宅。”《初学记》卷24居处部引。《文选》卷29,《太平御览》卷181居处部引。

王献唐《山居图》琐谈*

今年济南的初夏，虽偶或停电，天气奇热，却也挡不住来自海内外学者对先贤的景仰与崇敬。作为山东省图书馆百年馆庆的活动内容，王献唐等三位先生的研讨会刚刚圆满结束了。学者对先贤们的学术贡献给予了极高的评价，说可以比肩于那个时代诸多的学术领军人物。眼下我们这个社会颇多浮躁，"国学大师"满天飞，或自誉，或吹捧，熙熙攘攘，不一而足，但回头看看研究成果，令人汗颜。世间许多事，绚烂之极归于平淡，浮沤掠尽，一切总归回到真实的一面，王献唐先生的学术价值的重新认识，便是例证。王献唐先生是我国近现代著名的历史学家、考古学家、图书馆学家和版本目录学家。他学问淹博，精于古文字、音韵、金石、目录、版本，均有建树；于才艺无所不窥，兼长诗文、书画和治印，卓然成家。我们暂不谈献唐先生的学术，只谈

王献唐《山居图》

* 本文原载于《山东商报》，2009 年 7 月 13 日。

一谈他的绘画吧。

馆藏有《山居图》一幅，纸本设色，四尺横开。为当年王献唐赠屈万里，2001年屈万里先生哲嗣屈世钊先生捐赠入馆。1937年秋，日军入侵山东，王献唐率领编藏部主任屈万里和李义贵，辗转万里，将精选出的珍品运至四川乐山，保护了齐鲁珍贵文化，此画便是这次艰难跋涉中到达万县停留所绘。

图为设色山水，远处峦峰出没，洲渚隐约。近景则累石当山，点染苔树，有山麓面水延伸而下，古树桃花，数间茅屋掩映其间。细辨屋内有书案，有读书人，屋外有儿童戏水，有高士坐对空冥。画意简淡清远，悠长平和，尤其水面留白极大，有以简胜繁，以近致远之妙。留白处长篇题诗及跋，笔意纵横，体现了文人画的书画相宜，映衬生辉的特点。

画首题七绝三首，其一“连朝阴雨趁新晴，屋后青山只半程。睡起平明无个事，萧然一杖踏云行”。其二“薄有诗书便不贫，数间茅屋竹为邻。弥天旷劫风轮转，小住林泉得几人”。其三“茅堂静对日为僧，伏案摊书冷似冰。我已无家君亦尔，空山风雨老行滕”。后题跋曰：“二十六年十二月，偕翼鹏道兄避寇南下，携鲁图书馆文物，间关六千里，辗转抵川东万县，于山中赁一庑居之。梅竹清华，峰壑呈秀，校读之暇，辄事登眺，成截句数十什。适获素楮，点笔作《山居图》，录三什卷尾，奉之翼鹏，为吾二人西行鸿爪，不足言艺也。越岁二月廿五日，献唐灯下并记，时来万邑匝月矣。”有献唐、凤笙朱印。

诗及题跋把整个背景和过程说得十分明了，一如画意，许多惊心动魄的经历，平平淡淡一笔带过了，呈现出的只是冲淡的心境。王、屈两位先生，丧乱中昼则每相与游，夜则篝灯谈学，恒至夜分，苦中亦是一乐事也，今日思之，油然而生敬意。

王献唐的绘画，屈万里《王献唐先生事略》论曰："善丹青，法唐宋，喜为花卉尤喜作风荷，信笔点染，俨若弗弗飘风，骤出腕下。"山水则有五代董源的风貌，更兼元倪瓒的韵致。当时，诸多社会名流，都非常喜欢他的画。叶圣陶、黄炎培、丁惟汾、孔德成、李炳南、高亨、沈从文、王统照等都曾收藏献唐先生的画。王献唐先生流寓李庄时，借居板栗坳。山居寂寥，布衣粗食，研究学问外，几无所事，中研院史语所的傅斯年、李济、董作宾、劳干、王崇武、萧纶徽、梁思永等多是座上客，切磋学问，兴谈之余，泼墨赋情，增添了诸多诗情画意。其随性情而画，分赠诸人，大家也很珍重，求画者一时络绎不绝。一度使献唐先生平添了不少烦恼，但他还是有求必应，牺牲休息时间认真作画。

一次，所中的一位先生的西装被洗衣铺遗失，双方发生了争执，后由李庄镇长出面交涉赔款了事。为了答谢镇长，这位先生带了点礼物登门致谢，镇长不受，推辞再三，镇长说："我什么也不要，如果你非要表示一下，那么你能替我求一幅王献唐先生的画，我就非常满足了。"这位先生就托人找到王献唐，献唐先生认真画了一幅画，镇长非常高兴。献唐先生把这件事当作笑谈，也为能给人帮忙而欣慰。

后来，董作宾召集学人们办读书会，请王献唐作讲座，讲的题目是："怎样画中国画"，其画名当时已经不小了。

而王献唐先生仅仅把书画作为怡情抒怀的手段，又叠经战乱大多散失，其画遂为学问所掩，故不为人知。献唐先生为丁惟汾贺寿《画菊为鼎兄七十寿赋题一律》："未随仙侣拜桓荣，貌出霜葩远寄声，一任勋劳传万世，且将心迹比双清。谈经理向环中悟，履道身从物外行。百卷书成人共寿，不餐郦菊已彭铿。”也是他画品人品的写照。今天，我们希望能有更多人关注王献唐先生的书画，以及其在山东绘画史的地位，领略这位著名学者非凡的艺术风采。

下 篇

颂 · 纪念序跋

颂 济济多士，秉文之德

于穆清庙，肃雍显相。
济济多士，秉文之德。
对越在天，骏奔走在庙。
不显不承，无射于人斯。

《周颂·清庙》

从涉园涵芬楼到东方图书馆*

1. 坐拥书城

1926年5月2日，上午10点，闸北宝山路上车水马龙，热闹非凡。一座漂亮别致的钢骨水泥大楼拔地而起，耸立在人们的面前，商务印书馆的一大文化设施东方图书馆开馆仪式就要在这里举行了。

掌声响起，高凤池、张元济、鲍咸昌、高梦旦、王云五等商务首脑缓缓走来，大家纷纷表示祝贺。简短的开幕式后，在他们的引导下，人们参观了东方图书馆。报载，据说有千余人，还有许多闻讯而来的外国人。这座楼占地2 600平方米，耗资10万元。大楼底层为流通部和商务印书馆同仁俱乐部，依次上去，二楼为阅览室、办公室，三楼为善本室、装订室及本版保存室，四楼为书库，五楼庋藏杂志、报章、地图、照片等。“东方图书馆”之命名，是为了“聊示与西方并驾，发扬我国固有精神”，也是张

---

* 本文节选自《人淡如菊——张元济传》，李西宁著，山东画报出版社，1998年；中华书局（香港）有限公司，1999年。

元济的构思。

图书馆每日下午定时开张，长达40米的宽敞的大阅览室，全部实行开架。阅览室明亮整洁，除了一扇中门及卡片目录柜和出纳台外，两壁间多层的书架笔直排列，陈列着工具书、百科全书和一般常用的图书近二万册。漫游其中，自由取阅，坐拥书城的愉悦感注满心头。

当时东方图书馆的藏书已达48.8万册，是上海地区最大的图书馆，在全国也是首屈一指，即使那时的国家图书馆——京师图书馆也赶不上。

积涓流而成沧海，其中到底凝聚了张元济多少心血和汗水谁也说不清楚。厚厚一本《年谱》触目都是访书买书的记录，密密麻麻地让你无法绕过去，仅与傅增湘论书的信札就是厚厚的一本书。张元济走入商务印书馆，就是开始了这样琐碎凌乱、持久而漫长的聚书过程。传说中的愚公搬走的是山，而张元济搬来的是一种民族精神的结晶，一种文化的寄托。

“今海内学者，方倡多设图书馆补助教育之说。沪上为通商巨邑，天下行旅，皆出其途，黉舍林立，四方学子负笈而至者，无虑千万，其有需于图书馆者甚亟。是虽权兴，未始不可为土壤细流之助。后人之追念艰难，益有以光大之。故人有知，庶几稍慰于九泉之下乎”。张元济撰写的《东方图书馆概说·缘起》道出了他的苦心，这与他“扶助教育”是一脉相通的。

世事沧桑，人间仿佛轮回着许多相同的故事，盛事太平已成昨日的梦想，四海刀兵不息的乱世，聚散沉沦的书与人的命运连在一起，写着同样悲欢离合的故事，流着同样的泪和血。为文明的薪火续命，如此沉重的使命与责任就压在张元济的肩上。

而一个更为悠远的梦，也总是在他的心底时时泛起。涉园，有先祖的足迹，一如一片片破碎经年的陶片，吹去历史的尘灰，小心翼翼粘来，恢复到原来的模样，倾听旧时它清脆的击响。顺情感深处似曾相识的小溪，一路向上溯流而去，先人手泽的余温依然。在那个遥远的梦境中，看到了先祖们绝代的才华和人格的光芒正照在他的身上。

“夫以一书之微，阅数百年将就湮没。乃有人起而绵续之，而又故留其缺憾，待百数十年后，乃假其子孙之乎，使其先代所引缺憾者，而一弥之。其书欲亡，而卒不亡，是岂得造物之意耶！抑亦血脉相承，虽更历数世，精神有所契合，而古昔之人，与生存者固隐隐相通之道也”。这是张元济题在涉园旧藏《王荆公诗》前的跋语。他寻觅与他血脉和精神相通的东西，从民族的血脉和精神里，也从先祖那里，他预感到了书那是有生命的。将手轻轻放在泛黄的纸页上，仿佛就有隐隐的感觉流过来，注满全身；瞑目静心，就可以与百代以上的人们心灵相通。有写这本书的圣者，也有无数传递这本书的贤达，一双双手传动，像一条巨索，维系着他精神深处的东西，是什么，却说不清。

给书寻一个蔽风雨的家园，给无数迷乱的心灵一条延续的甘泉，一条相连支撑自己的空间，遂有了芳香持久，悠长不断的一脉文化的传承，于是中国近代图书馆事业的倡导和实践，在张元济手里开始了，作为保藏与流通一种民族文化和精神的事业。

时间回到 1897 年，通艺学堂年轻的章京张元济正胸怀大志，培养维新人才，启智国民。学堂内设有图书馆，张元济亲自制订了图书馆章程和阅报处章程。这里免费开放阅览，随时凭证借阅图书，这是我国迄今为止有文字可据使用“图书馆”名称且最早实行对外开放的记录。但旋即随戊戌变法的失败而消失了。

1903年张元济出任商务印书馆编译所长，次年便开始设立编译所图书资料室，广泛收集古今中外图书资料，以供编书之用。这不但能提高编辑人员的素质，也能保证书稿之质量。1909年，图书室扩大，起名叫涵芬楼，涵芬楼以收藏古籍善本著称。

涵芬楼所藏的珍本、善本主要是在1906—1924年期间购入的。当时帝国主义瓜分中国的狂潮迭起，从物质到文物珍宝，大肆掠夺，无所不用其极，手段之卑劣，令人气愤。而腐败的政府争权夺利正酣，对各界的呼吁不闻不问，从敦煌的卷子到皇宫珍宝字画，大量流向国外，秘籍珍本亦在劫难逃。许多爱国人士只能破家竞买，涵芬楼尽力收藏也正是为中国文明续命，保护传统文化，不使湮灭。图书馆办起来就要设法为大众服务。商务发行所曾在楼下沿交通路一边，专辟了一间图书阅览室，又称陈列室，陈列着全部本版图书及仪器、样本、模型，读者可以免费阅读。1926年又移至东方图书馆楼下，名为“商务印书馆陈列所”。在此前后，张元济又倡议举办“巡回图书馆”，派黄警顽、张敏逊两人将本版图书运至苏南和浙北杭嘉湖、宁绍地区的小市镇公开展览，影响良好。许多年之后，从那里走出来的学人都还记得，那启蒙的火光就是从这里燃起的。

2. 睹乔木而思故家

“睹乔木而思故家，考文献而爱旧邦，知新温故二者并重。自咸同以来，神州几经多故，旧籍日就沦亡。盖求书之难，国学

之微，未有甚于此时者”。（张元济《印行四部丛刊启》）

新与旧是相对的，从旧出乎新，从新而返于旧，时间的河流漫过滩头，停滞的东西都留在了身后。与世推移，而不数典忘祖，继承传统，又不拘泥于古，在那个时代张元济是杰出的一个，能游移于两者之间。知新温故需要心胸、眼光和艰辛的工作。

原先他并没有特别关注整理出版古籍的重大意义，这也有一个过程。近代私人藏书楼不复明清时的兴盛，渐渐被冲击凋落，书籍也开始散佚四方。战争、社会、经济等诸多因素是其重要原因，而近代图书馆理念思想传入，借启蒙民智，救国图强，各地纷纷建立图书馆也是无法回避的事实。他既是倡导者也是实践者，而保存国粹，莫重于抢救古籍文献在他的思想中渐渐明晰起来了，张元济努力收书的想法至少始于 1903 年。1909 年前后，涵芬楼图书馆建立，经蔡元培介绍购进绍兴徐氏熔经铸史斋的全部藏书，这是他大宗购书的开始。在此之前，也有许多痛心的失败教训。

1906 年春，清末四大藏书家之一的归安陆氏皕宋楼欲售。皕宋楼据说以拥有 200 种宋版珍籍名重书苑，稀世之宝一旦散佚，或流出国外，将为中国文化的大损失，故很为世人关注。在此之前，张元济曾两次赴湖州陆心源故宅，欲观其藏书，被其子陆树藩婉言拒绝。不久日本人岛田翰游历江南，两次登上皕宋楼，观赏藏书，大为惊叹，对随从说“如此珍稀，愿上大佑我，誓将此宝归我大日本所有”。许以重金，陆树藩先要价 50 万两白银，后减至 20 万两，他广泛宣传，动员日本各界斥资购买。

一天，任总经理的夏瑞芳拿着一张书目找张元济，说他得到消息，陆树藩要将这批书卖与日本人，“我打算筹集八万银元，买下这批书”。当年商务印书馆实际资本只有40.3万元，用资本的五分之一去买一批善本闲置，既不能带来效益，又耽误了发展，对于夏瑞芳这样一个排字工人出身的人来说，难能可贵。当时张元济的心情无法测度，感动和知音般深刻的印迹，却永远刻在他的记忆里。在他不多的文章里，曾多次提到这件事，尤其在工作不顺心时。

张元济亲自赶到湖州去见陆树藩，陆坚持最少10万两才能谈。张元济无奈，答应马上设法再去筹款，并晓以大义，叮嘱陆树藩千万不要卖给日本。张元济先到北京劝军机大臣协办大学士荣庆拨款购入，以充京师图书馆之基础。荣庆并不理睬，他只得四处张罗筹款。但等到凑足款，陆树藩却早以11.8万元的价格秘密与日本岩崎男爵成交了。

1907年夏天，这批珍贵的图书漂洋过海，归入日本静嘉堂文库。这在日本引起很大轰动，日本汉学家惊喜万分，岛田翰说这是日本的一大胜利。

张元济每一追思，为之心痛，海内士人也无不震惊痛心疾首。中国著名版本学家董康特印了日本岛田翰的《皕宋楼藏书源流考并购获本末》一文，并呼吁：“今陆氏书籍，船载而东，而史籍部始重。频年日本书估辇重金来都下，踵接相望，海内藏书楼与皕宋楼相埒者，如铁琴铜剑楼，如海源阁，如八千卷楼，如艺风楼，如长白某氏等，安知不为皕宋楼之续。前车可鉴，思之兹惧，故特印行《皕宋楼源流考》，以告有保存国粹之责者。”其中隐含的对民族文化衰落命运的叹息，于此时尤甚。在以后的许多年里，张元济下决心减少这种遗憾。

于是，在北京、上海、山西、山东、江苏等地都留下他躬自访书的身影。他还利用他的影响与海内知名的藏书家建立了亲密的联系，如傅增湘、缪荃孙、刘承幹等。他付出了大量的心血，艰辛苦乐，一言难尽。

到1932年遭战火前，涵芬楼善本已达5万册之多。先后收有吴县蒋氏“秦汉十印斋”，太湖顾氏“闻斋”，广东丰顺丁氏“持静斋”，清宗室盛氏“意园”，浭阳端方“宝华庵”，江阴缪荃孙“艺风堂”，巴陵方功惠“碧琳琅馆”，南海孔广陶“三十三万卷楼”，乌程蒋氏“密韵楼”，扬州何氏“梅余庵”以及荆州田氏、海宁孙氏等诸家散出珍本旧籍，名重天下。据统计，涵芬楼曾藏有宋本129种，元本179种，稿本71种，抄本460种，名批校本280种。其中珍贵者如宋刊本《六臣注文选》，宋黄善夫刊《史记》，南北宋刊合配的《南华真经》，宋刊元修的《资治通鉴》，宋庆元刊的《春秋左传正义》，抚州本的《春秋公羊传解诂》等，这些都是历经战火沧桑的善本。另外，他还锐意收集地方志，数量达2 600余种，为世所注目。

在一段时间里，几乎每天下午五点钟左右，总有几个旧书店的伙计挟着大包小包的古书，到商务印书馆发行所二楼美术柜前等张元济阅看。对一些版本，他反复翻阅，有时还带回家中精心鉴别，查核存目，批示价格。他匆匆忙忙的样子和不辞劳苦的神情，让当时许多人感动不已。

“吾辈生当斯世，他事无可为，惟保存吾国数千年之文明，不因时势而失坠，此为应尽之责。能使古书流传一部，即于保存上多一分效力。吾辈秉烛余光，能有几时，不能不努力为之也”。

道出了他的心声。

顺便说一下，1929年张元济远渡重洋去日本访书，在静嘉堂文库终于看见了皕宋楼的旧藏。

齐鲁文献珍宝播迁往事*

1937年日本帝国主义发动了震惊中外的“七七事变”，大举进攻中国，中华大地上被战火摧毁的文化珍宝不计其数。几乎在故宫博物院国宝南迁的同时，齐鲁大地上也有一段鲜为人知的秘籍珍宝南迁的往事。

1. 欲为吾鲁存兹一脉文献

1937年秋，平津失守，日军逼近黄河北岸，韩复榘不战而退。时任山东省立图书馆馆长的王献唐认为：“本馆为吾东文献所荟萃，脱有不测，吾辈将何以对齐鲁父老？”并誓言“欲为吾鲁存兹一脉文献”。此时省府要员忙于逃命，省立图书馆无人顾及，内迁经费无着。王献唐四处奔走，求亲告友，甚至不惜出卖自己收藏的珍贵文物，终于凑出一笔经费。于是选取馆藏文物图籍精品，与典藏部主任屈万里及李义贵一起决意护送这批文献南迁。

整个载书播迁可以分为两个阶段，第一阶段先是由济南至曲

---

* 本文原载《中国文化报》，2008年10月26日。

阜，第二阶段是由曲阜出发，途经兖州、开封、郑州，抵汉口，然后转宜昌，渡三峡，入万县，最后终于到达四川乐山。

10 月 12 日晚，派编藏部主任屈万里及工友李义贵先期将馆藏图籍文物 10 巨箱运往曲阜至圣奉祀官府保存。在运出的图书文物中，共有三大类。第一类为古籍珍善本，共有 438 种 2 659 册，其中宋元刊本 53 种，明刊本 93 种，清刊本 5 种，稿本 113 种，钞本 96 种，批校题跋本 64 种，拓本 9 种，钤印本 5 种，珍稀如唐人写经、宋赣州州学刊本《文选》、宋宝祐赵节斋刊本《通鉴纪事本末》、元益友书堂刊本《范德机诗集》，以及王渔洋、刘墉、李文藻等齐鲁地方名人的钞稿本等。第二类为书画类，共有 143 种 182 件，珍贵如王渔洋行书诗笺、刘石庵小楷五福颂、郑板桥行书堂幅、高南阜书画屏、石涛山水堂幅、恽南田山水画等。第三类为金石器物，包括陶瓷、玉器、铜器、砖瓦、甲骨等共 734 件，珍奇如商父乙鼎、商五戈足形鼎、商甲骨、秦二世元年诏版等。

其后，王献唐又于 10 月 23 日和 12 月 20 日分两次从馆藏中拣出 21 箱运往曲阜。不久，由于战事紧迫，南京陷落后，日军南侵津浦路，曲阜无日不闻敌机轰炸声，遂决定从曲阜南下迁移后方。限于运输条件，他们仅从转运到曲阜的珍藏中筛拣了 5 箱，余留至圣奉祀官府。据《四川运回古物目录》及《抽运曲阜旧存书籍金石细目清册》记载，“计：宋刊本 14 种、元刊本 32 种、稿本 27 种、钞校本 63 种、明清刊本 28 种，共计 164 种”。以及金石类 556 件，多属稀世文物图籍，是山东省图书馆数代人几十年的珍藏，也是齐鲁文化的瑰宝精华所在。

不久，他们在兖州搭乘省立医院的随军车辆，开始了漫长的艰辛历程。这一天是 1937 年 12 月 27 日，也正是济南陷落的那一天。由曲阜出发，他们途经兖州、开封、郑州，抵汉口，然后转宜昌，渡三峡，入万县，最后到达四川乐山，行程达 3 500 余公里，终于在 1938 年 11 月 24 日到达四川乐山，这次载书远播对于齐鲁之邦图书文物界具有重要意义。

2. 惊险历程恍如隔世

在这次载书播迁的途中，曾经遭受敌机轰炸、敌人追击、土匪抢掠、险滩恶阻，颠沛流离间历尽了千辛万苦。

屈万里在后来回忆时描述了他在滋阳遇险的经历："旋闻轧轧机声，自南而至，视之凡四架，予乃避入丛林，则见冢上洞孔密布，盖敌度林中必有匿人，以机枪射击所致也。因复趋出，偃卧道侧，以察其肆虐之状。是时我高射炮齐发，烟花缀空，如白云朵朵。机枪则密如连珠，时杂以轰炸声，俨置身战阵间也。"而在这以后的旅途中，武胜关八日之内三次被炸，三峡险滩险些触礁，"惊险历程恍如隔世"，其他如土豪兵痞的觊觎侵吞等，更是不胜枚数。在途中，常有敌机空袭的警报，大家都避入防空洞，王献唐却始终守着这些书物。朋友们劝他暂时躲避，他总是笑着说："这些东西，就是我的生命，一个人不能失去了生命！"抵达重庆，继办转运手续，继以小舟运书箱入船中。这时，发生了一件十分惊险的事，由于雨滑舷窄，屈万里于驳船上失足，幸亏他反应健捷，得攀缆以免，彼处江流迅急，一旦失手，必葬身鱼腹，据说避难入川之鲁籍同乡，在长江及汉水溺毙者，已达二十余人。

3. 洞穴藏宝困苦自守

武汉素称九省通衢，战乱给这里的港运带来沉重的负担。中转川黔的物资堆积如山，这批不为人知的齐鲁瑰宝，并无任何优先位置，只能由李义贵须臾不离地守护着。在经费拮据，筹运无策的窘况下，适逢山东大学撤往四川万县。王献唐先生竟以应聘任教的方便条件，取得校方同意，将这批箱件随同大学的书物一起载往万县。在万县停储近 10 个月，复去重庆，溯江直上，经泸州、过宜宾、入岷江，终达乐山。此后，他们将所带图书文物悄然密藏于临近乐山大佛的崖洞里，封好洞口，择地而居，日日守卫着这批珍宝。

到了四川以后，起初，他们还能定期收到汇寄的津贴，随着战乱的加剧，这仅有的生活来源也断绝了。迫于生计，王、屈二先生代人授课，李义贵只好给人帮工，去江岸搬运，清淤除污，担沙扛石，以至于摆地摊，卖香烟，售水果，朝出暮归不离职守，以微薄收入藉以糊口。然而，在这人口稠密，地僻偏远的山区，能够捧起饭碗，绝非易事。江岸上的行会、街市里的把头、游闲无赖，从不放过对异乡人的“光顾”。轻则明敲诈取，重则课以索罚，甚至拳脚相加。用李义贵的话说：“弄不好，就可能被撞入江底，给一个身首不见。”处于这种险恶环境中，忍气吞声自不待说，他竟以特有的机警谨慎和惊人的耐力，年复一年地熬过了 13 个冬秋。当他护送这批文化遗产绕道北京返达济南时，已经是 1950 年的 12 月份了。

4. 流离漂泊亦不废学

即使在这战火纷飞的岁月，载书播迁的王献唐、屈万里也没有放弃对国学的研究。所到之处访金石遗迹，参详图书，精进学问。当时屈万里一行刚到曲阜，王献唐先生即寄书信来，询问移运情况，兼及学术之探讨。提到宋人《东家杂记》《祖庭广记》《孔子家谱》等记载曲阜古迹的文献："可以书中未载宋代情形，逐条访求印证，以明今昔异同，可以汇成一文或一书。"他感慨道"学而居此圣贤之乡，宁非大事"？11月16日，王献唐来曲，二人"昼则相与偕游，夜则篝灯谈学，恒至夜分，实丧乱中一快乐事"。

一日，他们一同去圣庙观演礼，王献唐在东华门外的地摊上意外地发现了一钮汉薛司空半通官印，篆刻甚精，用了一块钱就买了下来，王先生喜出望外，爱不释手，一直把玩到深夜，并给他的好朋友墨学大师栾调甫先生赋诗一首，有"暖到心头是冷铜"之句。南迁途中，王献唐给屈万里讲述古音韵文字以及古物版本，一天吃饭的时候，王献唐笑着对屈万里说："一言君须牢记，予之学，齐派也；君之学，鲁派也。"言外之意，齐人思想活跃，而鲁人则惯于恪守陈规。从后来王、屈二位先生的著述来看，他们的许多经典之作都萌芽于此时。

5. 载书播迁金石同寿

在这批南迁的图书秘籍中有一部小说《剿闯小史》，是清初禁书，属于十分罕见的旧抄本。郭沫若先生在四川以偶然的机会读到，立即发生了兴趣，他放下正在从事的古代史研究，对《剿闯小史》加以整理标点，由重庆说文社出版，而且直接启发了他于 1944 年写出名扬天下的《甲申三百年祭》。

解放以后，这批图书文物又运回到山东，统由以王献唐先生为副主任的山东文物管理委员会保藏。在 20 世纪 70 年代末 80 年代初国家组织编纂《中国古籍善本书目》时，上述古籍已经收录。目前这些文物图书完好无损地存于山东省图书馆与博物馆。

卢松安先生与易庐易藏*

1979年7月21日,《光明日报》报道了我国著名易学家、易籍收藏家、原北京文史馆馆员卢松安先生慨然将其毕生收藏的易籍捐赠给山东省图书馆的消息，在齐鲁大地一时传为佳话。1998年，值卢松安先生诞辰一百年之际，一部倾注了先生无数心血，具有独创意义，代表先生易学水平的著作——《易庐易学书目》整理出版了，这不但是对卢松安先生嘉惠士林之举的最好纪念，而且也给后人研究卢松安先生的学术思想，利用易庐易籍藏书提供了不可多得的文献材料。

1. 清贫自守　古道热肠

卢松安（1898—1978）名荣林、榕林，别号松庵，晚年自号易万卷庐主人。早岁家境贫寒，幼年失怙，与祖父一起生活。他的祖父在北京西单绒线胡同开了一家小理发店，小本买卖，盈利微薄，仅能够糊口而已，生活颇为艰难。但倔强的老人还是省吃俭用积攒下零钱供孙子读书。卢松安先生7岁那年被送入绥水河塾

* 本文原载于《山东商报》,2007年12月17日,略有增补。

师王子良先生那里学经书，不久因为祖父的弃世而辍学，为生活所迫不得不到前门外一家鞋店去当了一名学徒。在起早贪黑、饥饿毒打中他品味到了人生的困苦与艰难，而社会最下层的生活经历也培养了卢松安勤朴向上、极富同情心的人格。对知识的渴求使他的学习从没间断过，工余灯下常常照见他孜孜不倦勤学的身影。1913 年卢松安考取了北京师范学校。这所在当时名气很大的学校，食宿和学习用具皆为官费供给，条件优渥，也培养出了一大批社会的栋梁之材，名闻遐迩。在这里卢松安先生系统地学习了文史哲、艺术、教育等方面的知识，学识素养与日俱增。和他一起学习的许多同窗好友后来都成了一时的文化名人，有成了著名作家的老舍、文学评论家罗常培、语言学家的白涤洲和著名画家的颜伯龙等。

卢松安先生尚义任侠，助人为乐，与他们保持了深厚的友谊，几十年如一日，始终不渝，不以他们的身世沉浮而改变。白涤洲于 1934 年去世，遗有六旬老母和四岁的儿子，卢松安尽管自家生活清贫，举家食粥，仍以慷慨助人为平生乐事，奉老扶孤，每月按时给白先生的老母送去生活费，一直坚持了十数载。

卢松安与老舍感情尤深，交情最厚，老舍夫人胡絜青有一段话说得好："两个人都是穷孩子，家境很差，命运相当，小小年纪就开始为家庭生计发愁，家境相同，命运相同，学历相同，在性格上也有些相同，这是他们相交一生的基础，可谓基础甚牢，以至任何风暴都难以摧毁。"抗战时期老舍身在重庆，音讯不通，留京的家属全仗卢松安照顾。老舍母亲病逝，打理后事也是卢松安一力承担。1949 年老舍从国外回来，卢松安就代为物色了丰盛胡同 10 号的房子，老舍十分满意，房价为当时的货币 1 050 万，顺房契交300万，老舍还拿出100万让卢松安代为修饰房子。从此老舍就在这里一住16年，度过了他创作的黄金时代。老舍在这里写了20多部剧本，包括著名的《龙须沟》《茶馆》。现在这所房子已成为老舍纪念馆，是北京市重点文物保护单位，也是卢松安与老舍友谊的最好见证。“文革”中老舍愤然投湖，离开人世，许多人都不敢与他的家人来往，而先生当时已是70多岁的人了，仍骑着自行车，走很远的路，堂而皇之地来探视老舍的家人，带来温暖与安慰。当时，他自己的处境却十分艰难，家破人亡，居无定所，身无工作，却安之若素，将一切置之度外，如此往来，一直到他病逝。胡絜青《京城其人卢松安》中说：“他有一颗菩萨心，为人极端热忱，是个少有的大好人，不管是为朋友两肋插刀，还是为公益事业奔走，都有一股拼命三郎的劲，勇往直前，在所不辞。”这是人们对先生最贴切的评价。

1918年夏天卢松安先生毕业后，因成绩优秀留任附属小学教员，1925年赴济南齐鲁大学广智院学习模型制造。后专任丰台、南口铁路职工学校教务主任、汉口平汉铁路公益课长等职。

1943年，先生的长女在北京医学院求学期间秘密参加抗日活动，并加入了中国共产党，先生闻讯后对女儿的革命行动表示理解和支持，他鼓励说：“你既然选择了这条路，无论怎样困难都要坚持走下去，干一辈子！”根据革命的需要，先生听从女儿和地下党组织的安排，在铁路部门积极为党工作，从此，他坐落于北京西城的住宅小院成了中共地下党的秘密联络点。先生掩护地下党领导干部、提供铁路系统资料、开展铁路系统上层人士工作等，为迎接北平解放作出了贡献。

解放后，先生历任京华美术学院教师、中央美术学院技术员。1953年调卫生部卫生宣教器材所工作，曾参加了武汉长江大桥模型、陶然亭改造模型、卫生部门生理模型的制作。先生在绘画方面还有一定的造诣，为北京中国画研究会会员。

2. 佛教居士　文物功臣

1954年，先生应老友、中国佛教协会副会长周叔迦之邀，到中国佛教协会负责文物保管和考古方面的工作。先生早年深受宗月大师影响，崇信佛教，成为佛门居士。宗月大师是誉满海内外的一代高僧，原名刘寿锦，身为皇族后裔，其不惜变卖家产施粥放赈，兴办义学，收容孤儿老人，广做善事。救助天下穷苦的人，直至一贫如洗，出家为僧。“七七事变”后，他举行大法会鼓励17军将士奋勇杀敌报国，华北沦陷后，他拒绝了汉奸王克敏、王揖唐等人高官厚禄的延揽，闭关不出，保持了中华民族的高风亮节。他戒律精严，单衣布袍，过午不食，把化来的所有钱财拿出来救助穷人。他圆寂后，受其恩惠的穷人倾城出动为他送殡，轰动一时。火葬后，人们在他的身上发现了许多舍利。

宗月大师无私无我，自我牺牲，老舍在《宗月大师》一文中说他“知道一点便去做一点，能做一点便做一点，所知道的都能见诸实行”。通过老舍先生的介绍，卢松安先生从宗月大师受优罗塞戒，成为佛门居士。从少年起他就和老舍一起帮助宗月大师做善事，宗月大师放赈施舍粮米，他们就帮着去调查和发放；宗月大师办贫儿学校，他们就去做义务老师。宗月大师的道德人品让先生终生服膺，并将之升华到完善和保护全民精神文明成果上，慈与善就有了更广阔的意义，其贡献便显得更加突出，虽然他以平常心为之，不求名，不求利，而其光辉的人格便在这个过程中得到了完善。

先生在广济寺佛教图书馆工作时，以其广博的学识，敏锐的鉴别力，身体力行，广泛收集文物和书籍，保护了许多稀世之宝和孤本、善本图书。为保存中华民族的重要遗产作出了贡献。

1956年在印度举行“纪念释迦牟尼诞辰2 500周年展览”，我国应邀参加。先生主持其事，甄别精选我国珍藏的历代佛教文物，先后在英、法、日、不丹等20余个国家和地区巡回展出，极获好评。在这个过程中先生还做了一件功德无量的好事：一天先生在故宫博物院仓库挑选参展品，发现了一包碎成一堆的佛画，凭着其厚积的学识和独特眼光，他断定这件文物具有非同寻常的价值，若长期无人过问，名画将随着时光的流逝破坏毁灭，造成无法弥补的损失。便申请将画调拨佛协，但当时修复的经费无法保证，先生于是将自己两个月的工资拿出来，请了荣宝斋的名师高手，几经周折，用了几十天的功夫终于将画托裱完整。此画名为《胜果妙音图》，为稀世之珍宝，高5米，宽10米，乃清代画家傅雯奉乾隆敕命所绘的指画。画上如来趺坐说法，数百罗汉、佛子神态各异，花语缤纷，绚烂无比。此画原为著名的京师佛教宝物，有法式善等名士题跋，屡见于前人著录，销声匿迹多年之后，而今异宝重光，悬挂于广济寺大雄殿三世佛后龛上，雄伟壮观，令人叹为观止。让每个来这里听到这个故事的人，心生感激和景仰之情。

北京的石经山，是风景幽绝之处，这里因藏了大批石经而得名。1955年中国佛教协会决定捶拓石经，先生首批带人进入山中作业。《房山石经》为我国唯一的石刻大藏经，始刻于隋，成于明。历时千余年，共 14 278 块经版，藏于 9 个岩洞中。洞多在山腰。上下开凿石窟两层，极其险峻。先生亲自打开涵洞，帮助工人捶拓经文，在野外作业三月有余，饥餐渴饮，都亲自动手，在恶劣条件下平淡处之，兢兢业业，认真工作，终于完成石经的拓印。为防止风化侵蚀，他们又重新闭固石室如初。这些珍贵清晰的拓片今存西四的广济寺，供学者研究。

之后先生主持了西山灵光寺佛牙塔的修建工作，还对觉生寺明永乐大钟进行研究。他将钟上所书 7 部佛经和 100 多汉文经咒，共计 20 余万字的内容拓印下来，经过对经文铭文进行校勘和严谨的考证，纠正了关于铭文经文历代著录的谬误。

不仅仅如此，先生作为一个学者还给我们留下了《房山石经整理记录》《督建佛牙塔日志》《大钟寺沿革》等严谨认真的工作记录和总结，是一笔珍贵的学术遗产。先生生前恬淡自适，从未想过将自己的研究成果刊刻出版，只是尽自己的能力，最大限度地为保护佛教和中华民族的灿烂瑰宝尽一分绵薄之力。“人至无求品自高”，先生的这些闪耀着独创光芒的著作，以其独特的价值，为我国文物研究和思想史研究提供了丰富的第一手资料。

3. 苦心藏易　卓然成家

我们无法从绘画、文物保护以及易籍收藏和研究诸方面评辨出先生在哪个领域里贡献更大些，然而毫无疑问，对于易籍的收藏和研究，先生倾注了毕生的心血，付出了更多的努力。

《易》自西汉列入学宫，为五经之首，群学之祖。历代对《易经》的诠释阐发代不乏陈，经久不衰。其著述汗牛充栋，蔚为大观。《易经》于中华文化之影响极为深远，自哲学、宗教、艺术、数学、中医、天文、地理、军事等诸多领域无所不在，成为其重要的理论依据和思想指导，构成了中国传统文化的重要组成部分。

卢松安先生自青年时代就对《易经》这部古奥而神秘的典籍十分感兴趣，潜心研索。师从易学大师尚秉和等诸先生，于治易独辟蹊径，多所建树。由于研究的需要，先生陆陆续续收集了一些易籍，在收集过程中，先生发现“五四”新文化运动之后，随着西学东渐的影响，传统中的许多东西被误认为是落后消极的，遭到人们的摒弃，尤其易学长期被认为是封建迷信荒诞不经，遂被冷遇，其重要性和价值没有得到充分认识，许多易学书籍正在渐渐消亡，易籍中的许多珍贵版本已成绝响，一种历史的责任感油然而生，先生作出了一个决定：用自己毕生的微薄之力，抢救流失的易籍，为传统文化传薪续命。这与他一贯的思想和信念是一致的，也与他保护文物的主张一脉相承。

从此，在北京琉璃厂、海淀旧书铺以及海王村常常能看见先生忙碌搜寻的背影。每每有所收获，喜不自禁，在灯下反复把玩品鉴，或请来朋友奇文共赏析。先生是一名普通的职员，薪水微薄，仅够一家老小果腹，而为了收藏易籍，一家人只得节衣缩食，粗茶淡饭。先生的夫人赵国瑞，贤惠端淑，勤俭持家，精打细算，还在自家的小院里随季节变换广种蔬菜来补贴伙食。省下的钱留给先生买书或资助亲友，毫无怨言。先生闲暇时常常将自己的研易心得用通俗的语言讲给夫人听，夫人从先生自豪的话语中，了解了深邃的易理和搜藏易籍的深远意义，对先生的行为全力支持，义无反顾。终于使先生以平生个人之力苦心收集易籍几十年，广罗古今中外各种易籍尽1 500余种，成为海内外第一藏易大家。

1959年，先生受聘为北京市文史馆馆员后，联合喜爱易经的同道好友组织了北京易经小组。大家各自研究，自成专题，定期集会，各抒己见，讨论发表各自的研究成果和心得体会。他们还和山东省的易学专家联系进行学术交流，得到刘子衡等诸先生的支持与肯定。

先生嗜易如命，每日必读，然后仔细揣摩，并查阅有关资料或请教易学大家，偶有所悟，必录于小纸条上，夹入书内。其易学研究见解深邃，卓然成家。从60年代初，先生对其收藏的1 500余部易籍进行了整理，积多年研易心得，反复推敲，探究版本，考镜源流，撰写提要，确定著录款目，以图表的形式，创编了《易庐易学书目》。这部书代表了先生研究的学术水平，也是先生易学成果的一次总结。当时为了省钱，先生买来了油印纸，裁成一张一张的，自己动手刻版，印上了整齐划一的注录款目表格，在先生的女儿甘英同志的资助下，又请了先生的两位朋友姜志超、陈季甫二位先生帮助著录校对，家里其他人有空了，都来帮忙干些杂事。这项工作成了全家人心目中最大的事，倾注了一家人的精力与心血。先生重实践与行动，其理论总结皆是为使用服务的，并不专注于著述，其又淡泊名利，无成名家之心。于是我们今天见到的先生遗著其实就是厚厚一摞行文严谨、著录详细的表格，无意付梓，也就未做更多的修饰与整理。这部朴实无华的《易庐易籍分类卡片》凝注了先生深厚的功力与学识，具有较高的学术价值。

《易庐易籍分类卡片》原以草稿形式存世，先生生前未能付梓，值先生诞辰百年之际，在各方的大力支持下，山东省图书馆与先生的哲嗣平和先生将之整理出版。并依 1978 年 7 月 21 日《光明日报》报道先生捐书消息所定名为《易庐易籍学目》。在今天看来，在易学文献的整理与研究这一领域中，这部著作可以称得上是开山之作，也是国内外第一部易学文献专题书目。其学术价值，一方面体现在先生对所藏易籍进行了精湛的阐释和形态描述，以便广大读者利用。另一方面也是先生对易籍分类理论、文献著录形式的一次创造性的尝试。具体来说有以下几个特点：

一是形式新颖、款目详细。以图表的形式来编制科题书目，独具匠心，颇为罕见。关键是具有诸多优点，极便利用。如直观清晰一目了然，各类款目具有固定位置，便于检索，言简意赅，含义深远，悦人眼目等。这是先生综合了诸家书目之长，着眼于实用，打破了传统题解书目的桎梏，别出机杼，自成一家之举，对于书目的发展创新具有重要意义。书目中款目详细，提供了颇为全面的文献信息。《书目》的款目有 13 条之多，较之后来的国家标准《古籍著录规则》更为详细，因而其所描述的文献状态便显得更为全面准确。如略历，详其仕宦过程，学术背景、人之品性，另附其他著述，广其作者身世环境；成书年代一般著录皆无，而《书目》详细标明，对于考释成书的前后背景提供了依据；提要则或只言片语，或长篇广论，极富见地，为书目之精髓。特点突出的是序者与目录二项，使书之眉目与结构尽显于前，一阅而得其大概，颇省翻检之功，使读者一卷在手，历遍群书，得益匪浅，这是形式上的进步与突破。

二是分类的进步。《书目》每表之右上方小字标明类目，有五六十种之多，大都取于书名，参以内容而定。因是草稿，未经雕琢，分类名目不甚统一，然而我们仍可从中窥见先生分类的趋向以及清晰的思想和观点。先生在继承了传统的思想，尤其是《四库全书》易籍归类的基础上，又有所突破和创新，使分类更趋合理与科学，这是又一贡献。古代各种目录中，易籍属于经类，二级类目的细分排列原则只是隐形的，多不注明，使人不辨其里。先生对易籍的分类已是一种十分自觉的行为，汲取了诸家所长，大抵以易经本身的特点、研究发展趋势以及便利使用这三个原则而定。因此自象、理、数、占，参以考订、集解、类例等诸类而分，鲜明地提出了其颇具特色的易籍分类原则。（1）图说类，有卦图等。（2）义理类，有义解、义释、广义、诠义、义要、通释等。（3）数与占大多相合，如数术、筮法、数筮、数等。（4）传说类，有传、传义、传等。（5）考订类，有考校、订文、校订等。（6）例类，有释例等。（7）纬类，有纬历等。（8）论说类，有说言、论略等。（9）易象，有说象等。图说、义理、数占、易象诸类围绕易经固有特点，随物赋形而定其类，传说、纬、考订、类例皆是依易经研究发展趋势所定，这样划分的目的归根结底是方便利用。

三是考辨源流、切中肯綮。提要作为《书目》的重要组成部分，也是全书精华之所在。最能反映先生的易学思想、治易之道，或片言只语，珠玑横陈，或长篇大论，华赡鸿富。有专谈书之版本情况，有考辨其学术源流的，有阐发归纳要点，有评价书籍特点的，皆风格质朴，持论公允。其言版本，功力老到，别出机杼。如《风仪易经》条："此覆刻朱本义，扉页题遵依正韵，则明人坊版也。"《羲经鸿宝》条："此书总题羲经鸿宝，内容乃明末两栏文章版式。以方应祥所纂宋大全要删。而上列张振渊说统，两者不可分割，殆意在参考也。"《焦氏易林》条："此明末所刊快阁藏本，改定坊刻卷数，间有订定，而字讹理似者，仍复阙疑"等。以洪武正韵等定明人坊版，以两栏文章版式及内容删减等定明版清印，而《焦氏易林》之快阁藏本改定卷数，间有订定，又非广见博闻，亲见对勘不能道，从中可见先生渊博的学识与深厚的功力。提要中对每部书的思想源流言之甚祥，为读者指引了一条捷径。如《虞翻周易注》条"此以李鼎祚集解为主，附以他书引辑者也"。《易例辑略》条："此书分别汉学门径，易于寻览。内容说孟、京、郑、荀、虞五家义例，根据李鼎祚集解，兼采乾凿度、稽览图、是类谋、易纬之说以补之。宋元诸家有发明古义者亦在甄录，可睹汉学崖略。"《太急集注》条："此书以周敦颐之图，说朱子之说。"《学易随笔》条："此宗宋学者也"等俯拾即是。文中凡见于《四库全书》者皆标明类目，指明出处，不加评论，只签出与《四库》著录不同者以补其漏，虽细微之处，亦见功力，如：《扬子太玄经》条："此刻系综合晋范望本、宋司马光本、明叶子奇本互证，精加圈点。按《太玄经》见《四库总目·子部·术数类一》，系范氏著本，此为赵如源阅而王道琨朱钦明校者。"言此本之优，有源流，有根据，点出与《四库》著录不同。另一个特点是道其原旨，贯彻了先生崇尚实用的思想。如《易萌气枢》条："内容大旨，与汉书五行志相类。"《太极真传》条："此阐发河洛义蕴者也。"《读易例言图解》条："此集前人象数诸图，按图详解。"《周易阐微》条："此书从训诂出发，证以史实。"《锈谷堂薰习录》条："此录所见易目之书"等不蔓不枝，直言其书原旨，一言中的，这也是先生治学的重要特点。

4. 书归奎虚　名传后世

整理易庐易学卡片的工作初步完成后，先生便打算将多年的治易心得梳理汇集起来，作为整理卡片工作的继续和深化，形成较为系统的易学研究文献。于是，先生摈弃百事，埋头研究易学。这时“文化大革命”开始了，先生的研究工作被打断，因女婿刘仁任当时的北京市委第二书记遭受迫害，先生亦被株连，身心倍受摧残：先是家被抄了，屋中的图书被封存，子女被关押下落不明，先生最后也被赶出了家门，几十年相濡以沫、患难与共的夫人终于经受不住一连串的打击，1969 年 1 月在寒风中含冤离开了人世。先生皓首漂萧，悲愤交集，居无定所，四处漂泊竟如异乡之客，却依然风骨凛然。他坚信他所追求的一切都是有益于民族，有益于文化事业，在无数劫难和困苦中先生以平常心待之，坦然面对生活，在胞妹卢荣月家中度过了最艰难的一段岁月，直到迎来了十年浩劫的结束。在这段日子里，经过太多的打击和颠沛流离，岁月沧桑，先生的身体每况愈下，为使自己毕生心血所集的易籍不致湮没散失，有益于后学，发扬光大易经研究，先生经过慎重考虑，决定捐献给国家。

经先生的好友原中央文史研究馆馆员孙墨佛先生和原全国方志编纂委员会副主任董一博先生的介绍，先生于 1969 年给山东省图书馆写了一封长信，诉其衷曲，感人至深：

> 松安以暮年多病，妻亡，子女不知所止，孤身一人。每虑五十年来所搜得之易学图书一千二三百种，内容虽无名贵版本，更少独特善珍，只是点滴成流，仅供

专业者参考而已。深恐后人不善处理，任其分散拆离，重椟轻珠，空耗半生心血也。为保存这些历史上纠纷重重的中华文化之瑰宝，故自觉自愿，毫无条件的献给贵馆。敬祈在这适当时期联系北京文史馆（在西长安街）馆长马溪山秘书孙志，提出将此书点收，妥善保管，依例上架。私愿者有二点：

一是使全部图书不失不散。

二是使爱好者取阅方便。

到暮年，人可以脱掉沉重包袱，争取轻装追上时代。甚盼贵馆大力帮助，期其必成，则感激无涯矣。

山东省图书馆为先生的义举所感动，积极行动起来，由于当时的社会环境等原因，直到1977年春天，才完成先生所捐易庐易籍图书的点收工作，共1064部3534册，并于山东省图书馆奎虚书藏楼内辟专室珍藏，向广大读者提供阅览，实现了先生的一大心愿。《光明日报》以“卢松安先生为国捐书”为题报道了先生的义举。先生的学问与品格得到海内外人士的景仰与称许。

先生于1978年重阳写了两首诗，赠答山东省图书馆馆长刘健民，表达自己的喜悦心情：

一

易学图书入海源，辛勤半世脱重担。

阅年二百追杨氏，七阁重兴仗鲁贤。

二

古籍归公不望酬，猥蒙厚蟾意偏优。

幸年拟续征三百，愿此余生再续筹。

先生还表示在自己的有生之年将继续致力于易学文献的收集工作，计划再征求300部易籍。先生以带病之身，以逾八十高龄，顶着寒风酷暑，四处奔波，并抓紧时间著述研究，奋力于易籍的收藏整理工作，终于积劳成疾，于1978年12月25日不幸以肝病去世，享年81岁。先生去了，先生留下的易籍成为极为宝贵的精神财富。

先生捐赠的这批珍贵易籍有两个显著特色：一是数量多，系统性强。基本上囊括了现存古今重要的易学典籍，从文献时代的分布上看，包括明以前350种（包括辑佚本），明96种，清592种，民国129种，建国后45种，日本25种。现存明以前之易籍大体齐备，明清现存主要易籍亦占绝大多数。二是质量精。包括相当多的珍善本书，其中珍贵的元代及明代精刻本，钞本稿本许多现在很难见到的明清学者的易著，都在这里完好地保存着，其中流传较少的稿本抄本私刻占了较大比重，据著名文献目录学家王绍曾先生《清史稿艺术志补编》核实，有40余种著作不见于各种目录的著录，有些可能已是海内孤本，因此先生所赠阅的这批易籍具有非同寻常的价值。

现在，随着“易庐专藏”被海内外越来越多学者所了解，先生的事迹被海内外越来越多的人所知晓，先生崇高的品德与渊博的学识，先生平凡的追求和不平凡的功业将永远垂范后世，长存史册。

哲人其萎　遗泽永长*

7月是多雨的季节，也是多伤感的季节，两位生于齐鲁大地的世纪老人，也是学术大师携手逍遥而去，举国悲恸。望着他们渐行渐远的背影，感谢他们留下来伟大的人格精神和丰富的学术成果，使人们心中文明的灯火依稀更加明亮。在这个浮躁的万丈红尘中，他们的离去，是对我们生活的震动，更是对我们思想的拯救。

记得那是周六，任继愈先生去世的消息传来，大家十分悲痛。作为国家图书馆名誉馆长的任继愈先生是图书馆界的泰斗，虽然知道任先生年初几次病重住院，没想到噩耗来得那么快。我们当天就以山东省图书馆的名义发了唁电，送了花篮。14日馆里派我专程赴京悼念任先生，一路兼程，下午两点多钟，当我们走进国家图书馆时，天气十分炎热，路上依然可见络绎不绝、默默行走着前来吊唁的人们。

任继愈先生的灵堂设在南区的学术报告厅，在走廊两旁肃立着年轻的馆员，国家图书馆的馆长们正迎候着大家。在张志清副

* 本文选自《哲人其萎　风范永存——任继愈先生追思录》，国家图书馆出版社，2009年。

馆长的带领下，我们佩戴白花来到吊唁大厅。迎面的正墙上方悬挂着黑底白字横幅“沉痛悼念任继愈先生”，横幅下的幕布上，一片白色、黄色菊花簇拥着任先生的巨幅遗像，照片上的任先生身着深色西装和白色的衬衣，戴着黑框眼镜，在静穆的花海之中目光睿智深邃，神情清寂。遗像两边有一副挽联：“老子出关，哲人逝矣，蓬莱柱下五千精妙谁藏守；释迦涅槃，宗师生焉，大藏大典四库文明有传人”，庶几可以概括任先生为民族的文化传承发展所做的不朽功绩。厅两边排列着各界敬献的花圈花篮，挽联挽幛如雪。

大厅里气氛庄严肃静。我手中拿着一枝洁白的菊花，怀着无比悲痛的心情，慢慢走到任先生的遗像前，双手献上，代表山东省图书馆界的同仁们恭恭敬敬鞠了三个躬，也表达家乡同仁对任先生的无限思念和缅怀。大厅里这时空寂无人，我默默伫立，抬头仰望任先生，他静穆的笑意，使我一时泪满脸颊。“完美真实地将祖先留下来的杰作传给子孙后代，是华夏儿女共同的责任”，任先生坚守着图书馆人的那种信念与我们是相通的。我在吊唁簿上写下了“学垂册府，文化百年推夫子；德被桑梓，故园千里感斯人”。虽直白了些，却写出了我的感受。

陪同我们的国家图书馆的志清馆长说：“任先生在病中时，我们去医院看他，他已神志不清了，嘴里含混不清地念叨着什么，只有‘图书馆’三字，反复说了几遍，我和同事们都听懂了。”这是他无法割舍的情缘。

从北京回来几天来，读了许多见诸报刊的文章，感觉精神灵魂得到了荡涤和洗礼。人们眼中的任继愈先生，为人低调，不为外物所役，不为荣辱所扰，从来蔼然冲淡，也少有慷慨激昂。尽管其学术成果对当代中国具有深远影响，却坚持不出自己的全集，也拒绝过生日，对身后事更是交代一切从简，他直到今年 2 月仍每周一和周四到国家图书馆上班，风雨无阻，他是中国知识分子的典型代表。

我生也晚，其学也浅，与大师们并没有什么亲密接触，和许多人一样，是读他的《中国哲学史》才知道任先生的，后来到图书馆工作知道他还是国家图书馆馆长，再后来参加会议多了，时常听任先生讲话。他给我的感觉是思路清晰，语言简洁，不啰嗦，不枝蔓，与一些老人长篇大论，喋喋不休不同，这里面一定有很深的克制和修养的功夫。

今年是山东省图书馆建馆一百周年，年初本想请任先生题字，可是听说任先生身体不好，不忍心打扰他，于是作罢。好在八十年馆庆时任先生曾题过字："石渠留宝笈，鲁壁出弦歌"，后来就收在《山东省图书馆馆藏书画集》中了。这两句诗我们曾经复制了挂在古籍部正面的墙上，凡是来访的人，都称赞字写得好，词也好，是任先生书法的精品。任先生给许多图书馆都题过字，如东莞，湖北，我省的平原、兖州等。任先生的书法气度雍容，清隽挺秀，不但骨气奇高，铁画银钩中极显现金石意味，而且书卷气浓郁，与他的雅致词语内容珠联璧合，堪称学者书法的翘楚。

任先生十分关心家乡图书馆的事业，多次给平原县图书馆捐书，每每开会遇到家乡人，都询问了解图书馆的情况。去年听说大明湖改造影响图书馆，就给馆里写了一封信："得知大明湖改造欲拆除山东省图书馆老馆的主体建筑，对此我颇为忧虑。省图书馆老馆不但是 20 世纪的老建筑，有历史保留价值，而且现在作为省少儿图书馆，仍对丰富当地群众精神文化生活起着积极作用。现在拆除，未必妥当。我中小学在济南度过，对大明湖周边的景物非常熟悉，很有感情。我希望，大明湖的改造，与保留历史老建筑，丰富群众文化生活和促进图书馆事业发展，并行不悖，相互协调，相得益彰。个人意见，妥否，请斟酌。任继愈，2008年8月22日。”殷殷之心，溢于言表。

我忽然想起毛主席那篇著名文章中称道的，一个高尚的人，一个纯粹的人，一个有益于人民的人，这样的人任先生做到了。外加他非凡的学术成就，高尚人格和品质使“仁者长寿”，这些造就了后人无法企及的高峰，也正是我们在这个时代正在快速缺失的东西。大师的远去，让我们在喧嚣之中宁静下来，思考着方向，努力着，等待着后世大师在我们中间出现。

《唐弢与读书》卷首语*

唐弢是杂文大家和鲁迅研究专家，又是个性鲜明、独树一帜的散文家和文学研究专家。他卓越的才华、深邃的识见、崇高的精神，浓缩在厚厚10卷的丰硕著作中，通过自学，他由一个邮务佐，成长为文化巨匠，丰富了人类文化宝库。

1913年3月3日唐弢出生于浙江省镇海县西乡古唐村。唐弢原名唐端毅，字越臣。他有两个姐姐和三个妹妹，他是家里唯一的男孩子。唐家几代都是农民，终日劳作，生活困苦。为了改变唐家的境况，父亲唐左决心送唐弢读书。6岁那年，唐弢在村里有钱人的讥笑中进入本村古唐小学。4年的小学生活在祠堂昏暗的光线中一逝而去，而作为课本骈四俪六的《秋水轩尺牍》中那回环抑扬的旋律和铿锵对仗的音调都留在他的记忆中，别有一番滋味。在这段时间，还有一件事对他影响比较大。一次，他随祖母去化城寺进香，住持净戒和尚给他取了个单名“弢”。

1923年秋天，唐弢拜别祖宗的牌位，来到几十里外邻村柏墅方陪玉小学学习。许多名流、学者如黄寄凡、程庚白、邬显章等都曾在此任教。在他们的指导下，唐弢选读了《梦笔生花》和胡

---

* 本文选自《唐弢与读书》，李西宁、唐桂艳编著，明天出版社，2001年。

适、鲁迅、沈尹默等人的新体诗，开阔了视野。图书室里有一部《夕阳红泪录》，讴歌了夏完淳、张煌言的爱国热情与民族情怀，这深深感染了他。此后，他又陆续阅读了《国粹丛书》《南社丛刻》，对南社以文学形式鼓吹革命十分赞同。

1926年，唐弢离开家乡，考取了上海华童公学。该校以教授英语为主，但唐弢的兴趣仍在中国文学方面。他酷爱古典诗词，喜欢李商隐、温庭筠的近体诗，并开始写作旧诗。

1929年，唐家生活陷入困境，16岁的唐弢被迫辍学，寻找工作，补贴家用。他投考上海邮局，被录取为邮务佐，担任分拣本埠信件的工作。在此期间，唐弢与几个邮务佐和志同道合的几个朋友组织读书会，阅读马克思主义的著作和一些“禁书”，感到前所未有的振奋。

1933年6月，唐弢的第一篇散文《故乡的雨》发表于《申报·自由谈》。以后，他陆续发表了杂文《好现象》《新脸谱》《略论英雄》等。他的杂文笔力雄健，文风颇似鲁迅，以至有人怀疑是鲁迅化名而写的。不久，唐弢结识了鲁迅，在鲁迅指导下学习日语和写作，成为鲁迅的私淑弟子和追随者。鲁迅病逝后，他参加了1938年版《鲁迅全集》的编辑工作。随后，他又独自积10余年之力辑录、考订鲁迅轶文，先后编辑了《鲁迅全集补遗》（1946）和《鲁迅全集补遗续编》（1952），撰写了一系列鲁迅研究论著，对鲁迅进行了全面、系统、深入的研究，成为鲁迅研究的奠基人之一和海内外公认的鲁迅研究权威。

1936年4月，唐弢第一本杂文集《推背集》出版，不久《海天集》出版。他的杂文不仅继承和发扬了鲁迅杂文的战斗性，而且意境深远，诗意浓郁，具有艺术独创性。

抗战爆发后，唐弢留在“孤岛”上海，冒着生命危险坚持抗日救亡斗争。1945 年，唐弢和柯灵等合作创办的《周报》是当时反内战、反饥饿运动中最早的刊物。后来他又主编《文汇报》副刊。期间，他写了大量的文章，为推动民主进步做出了积极贡献。

1949 年上海解放后，唐弢先后任复旦大学教授、上海戏剧专科学校教授、华东文化部文物处副处长、上海市文化局副局长、《文艺月报》副主编等。

1959 年，唐弢调入中国科学院文学研究所担任研究员。由于工作性质的变化，他决定放弃杂文写作，将时间和精力转移到文学研究上来。1979 年，唐弢主编的《中国现代文学史》出版。该书是高等学校中文系通用教材，获得学术界的普遍肯定。编者以丰富的史料、精辟的分析和史学家的眼光剖析了中国现代文学史上的许多文学现象，为中国现代文学史的建设奠定了坚实的基础。

唐弢还是一位著名的藏书家。他一生节衣缩食，搜求、购买“五四”以来的新文学书籍和报刊，用于现代文学的研究。1962 年，他的《书话》出版。该书融史料的缜密考证和史家的真知灼见于一体，是他研究成果的综合体现。

1983 年，唐弢开始写作准备多年的《鲁迅传》。在这期间，他还辅导现代文学专业博士研究生。

1992 年唐弢病逝，享年 79 岁。

《血荐中华》前言*

揭开厚重的中国历史，我们站在新千年的起点，回眸中华民族的发展进程，无数气势磅礴、恢弘壮丽的画面，奔来眼底，可歌可泣，惊天动地。改革作为其中的主旋律，贯穿于整个历史长河之中，推动了社会的进步和发展。

1. 改革的成败，改革家的荣辱，无不沐浴在激烈的斗争和腥风血雨之中

然而每位改革家都显示了其鲜明的个性，以“苟利社稷，生死以之”的改革精神薪火相传，成为中华民族宝贵的精神财富和文化遗产，铸成了我们中华民族的脊梁，千载之下，风节凛然，令人景仰。

一位历史学家曾经这样讲过：中国古代的改革，是人类智慧所做的最惊心动魄的魔术，它能使一个侏儒变成一个巨人，把一个没落的民族变成一个蓬勃奋发的民族，把一个弱小的国家变成

---

* 本文选自《百人归宿大记事：血荐中华》，李西宁、徐泳著，山西人民出版社，2001 年。

一个强大的国家。

纵观我国的历史，历朝历代的统治者为了稳定和巩固自己的政权而进行改革，仁人志士为振兴社会经济、救民于水火、抵抗侵略而进行的变法史不绝书。

春秋战国时，管仲为了富国强兵，进行了多方面的改革，使士、农、工、商各专其业，要求田畴分配均平，按土地美恶征收高低不同的赋税，严格军令，改订军事编制以及招揽人才等，成就了齐桓公“九合诸侯，一匡天下”的功绩，使其成为五霸之首。管仲洞悉于人性，卒获保命而全终。

战国初魏文侯任用李悝，推行尽地力之教，实行平籴；用吴起守西河，秦人不敢东向；用西门豹守邺，引漳水溉田。魏国大治，却不能守成，李悝绝尘而去，变法无疾而终。

商鞅是中国改革史上一位伟大的人物，他携李悝《法经》入秦，“挺身以任国事，抗群臣之廷议，逆一国之舆论”，废除世卿世禄制，奖励军功，编制户籍，奖励耕织，推行县制，制定秦律，废井田，开阡陌，统一度量衡，“卒以拓霸国之规模，立统一之基础”。商鞅变法使较为落后、本来归入戎狄蛮夷之列的弱秦，一跃而成为当时政治、经济、军事上最强大的封建国家。秦始皇后来之所以能够统一中国，正是由于商鞅变法的结果，而商鞅却落得个车裂的下场。血色殷然，像一面旗帜飘扬，却也鼓励着后人奋勇前行。

西汉文景时期的晁错，以谋臣之智挺身而出，为了国家的安定、国力的强盛，施展他非凡的治国才能，并甘冒杀身之险，力主削藩夺郡。结果“七国之乱”始发，汉景帝听信谗言，晁错蒙冤被杀。于是，在富国强兵的道路上，又多了一个冤魂。

汉武帝时期的桑弘羊，是一位坚定地沿着商鞅足迹前行的改革家。为加强中央集权，抑制商贾兼并，削弱地方势力，反对外来侵略，他果断采取了盐铁专卖、均输法、平准法、徙民边塞等一系列重大改革举措。但是，由于这一改革极大地触动了豪强地主、富商大贾的政治特权和经济利益，汉武帝死后不久，年逾古稀的桑弘羊便惨遭杀害，成为又一个改革的殉难者，昭示着改革的艰难与不可避免的生命代价。

北魏太和时的改革，与以往的改革不同。在君主支持下将相的改革，到这里，君主却站到了最前线。为了摆脱旧势力，进一步加速封建化与汉化的进程，使北魏可以成为“光宅中土”的文明国家，魏孝文帝迁都洛阳，进行诸多改革，激荡着王者之风。

2. 北宋世风靡弱，却是改革频起的历史阶段

仁宗庆历年间，为除积弊，范仲淹提出了 10 项改革内容：明黜陟、抑侥幸、精贡举、择官长、均公田、厚农桑、修武备、推恩信、减徭役、重命令，世称“庆历新政”。改革措施匆匆出台，匆匆收场。范仲淹谪守各地，郁郁而死。

被列宁成为“中国 11 世纪的改革家”的王安石，吟咏着“自古驱民在信诚，一言已定百金轻。至今未可非商鞅，商鞅政出令必行”，表达对商鞅的敬仰之情。他冲破阻力，推行农田水利、青苗、均输、保甲、免役、市易、方田等新法，在一定程度上取得了富国强兵的成效，同时，对发展农田水利事业，推动农村经济发展，增加政府收入，打击兼并势力等也起到了一定作用。然而，在当朝反对改革的势力强烈冲击下，王安石两度被罢职，变

法终告失败。王安石也因此被宋代大理学家朱熹斥为“迷国误朝”，明人周德恭更视之为“古今第一小人”。

明神宗万历年间，张居正以王安石为榜样，明知“害于身而利于国，又负天下后世之谤，而勇为之”，大胆推行改革。他整顿吏治，清除边患，巩固边防，俭以聚财，禁止奢侈。不过张居正死后，其家被抄，子孙被戮，除“一条鞭”外，其他改革尽被废除。

至于清末康有为、梁启超的变法维新，改革派内无奥援，外无强兵，在腐朽没落的封建政治走到了它尽头的时候，失败成为必然。

失败或成功的改革中，改革家的命运是让人深思的。因为中国的改革都是依附于君主而进行的，所以，君主们的态度和行动，最终决定了改革家们的大结局。有时君主的更替，成功之后功高震主，新旧力量对比的变化，乃至君王自身的动摇，都给改革家的命运蒙上了一层挥不去的阴影。中国古代的改革家因而鲜有善终者。或车裂腰斩，血溅苍原；或贬谪黜弃，在痛苦的回忆和悲愤中了此残生；或生前尊荣，死后祸及子孙；或远避海外；或隐于山野……然而他们所追求的图王争霸、中兴王朝、除积去弊、救亡图存的目标，在他们改革的大旗下，轰轰烈烈地展开了，推动了社会的发展和进步。一己之生死荣辱与国家民族的兴亡之间，他们义无反顾地选择了国家民族利益，前仆后继，勇往直前，不惜以自己之血浇改革进步之花。他们是我们国家和民族的骄傲，也是我们民族的英雄。这也是改革家震撼我们心灵之所在。

以一瓣心香遥祭已逝的改革家们，正是因为有了他们，才有我们今天的进步和发展，以后也还会有更多的人循着他们的足迹走下去，这是我们国家和民族的希望。

在编写这部书时，我们参考了许多学者和作家们的作品及研究成果，由于篇幅所限，无法一一列出，在此深表歉意。

毕友言先生是位学识精深、令人尊敬的老师，也是一位善良而严格的尊长。他从选材、布局、文字等方面不厌其烦地对本书进行了细致的指导，认真审读修改了全书，给予我们很多支持和鼓励。这部书能顺利出版，先生付出了很多心血，我们表示万分感谢。

我们的朋友钟琴兄在百忙之中常驰书问候，予以指点。另外我们的同事贾生祥、王晓鸣、周迎等同志提供了大量资料和许多建设性意见，在此一并感谢。由于我们才疏学浅，这本书一定还有许多疏漏和不足之处，望方家不吝赐教。

《喜马拉雅山探险》前言二则*

前　言

喜马拉雅山脉在色彩鲜艳的地图上是极浓重而有力的一笔，横亘千里，逶迤磅礴，激荡着一股雄壮豪迈、桀骜不驯之气。在它的周围绵延着一大片辽阔、宁静、神秘、圣洁而又生机盎然的土地。这里是世界上最高的高原，平均海拔 4 000 米，白雪皑皑的冰峰，湛蓝清澈的高原湖泊，茂密的原始森林，辽阔的高山草甸……这里奇异的地质地貌，繁衍生息了无数珍惜的动植物，生活在这里的人们坚强达观，勤劳勇敢，他们创造了灿烂的文明。而这片高原又是世界上生存条件极为恶劣的地区，有“生命禁区”、“地球第三极”之称。数千万年之前，当印度板块与亚欧板块在剧烈的撞击中酝酿着新的山脉时，喜马拉雅山诞生了，它从深深的海底慢慢地隆起，以极大的热情和耐心成长着。第十个或几十个一万年过去了，沧海桑田，桑田又成了山陵，成长为世界上最高的山脉。我们今天在高山之巅的岩壁间依然会发现已沉默

* 本文选自《喜马拉雅山探险》，李西宁编著，山东科技出版社，2001 年。

成化石的贝壳或鱼类，它们还保持着当初生命鲜活的一瞬的灵动。高山在永不停息地成长，高原也在永不停息的隆起，直到今天。

“高处不胜寒”。生命在隆起中逐步演变进化，有的绝迹了，有的却依然在此生存。崇山峻岭，冰山雪地，自然的力量隔绝了一切，衍生出一个个小的独特的生态环境单元。“一山有四季，十里不同天”，高山的植被垂直分布，山中的热带、亚热带、温带、寒带、冰原气候次第交叉出现。

而人的因素是最重要的，随着高原的崛起，人类的痕迹并未曾抹去，却剥离了粉饰，格外鲜明醒目。凝睇在荒原巨石上凸显的狂歌的人群、飞奔的骏马、怪异的神兽，仿佛看到人类的文明之火在熊熊燃烧。从阿里到察隅，文化传承闪烁着奇异光芒。自然的断层使文化断裂和错位，许多未解之谜一一展现，奇异的风俗习惯，扑朔迷离的王朝历史，遥远的部落迁移以及神秘的宗教等，充满了无限诱惑。生息在喜马拉雅山中的藏族、珞巴族、门巴族等所创造的灿烂文化，是人类宝库中最珍贵的财富。

从外边，我们要走进这个世界，去探寻物候、山川、人文之真谛，丰富我们的生命内涵。几个世纪以来，许多探险家、科学家对这片地质史、科学史、探险史上的空白进行了无数次不屈不挠的探索和征服，谱写了一曲曲悲壮的生命之歌。现在，随着科学考察和探险的进一步深入，这块土地神秘的面纱正在逐步被揭开。

今天有幸重温探险家们艰难的足迹，到这里领略美丽的自然风光，享受没有污染纯净无比的环境。在这里高山大川、荒野草原，我们以往许多审美经验已经无法解释其惊人的美丽，它已超出了我们的想象。空气格外透明，景物清晰，往往使人产生距离上的错觉，雄阔的山岩，辽阔的草甸，恍若置身在梦中一般。而浓郁的民族风情，静穆安详的宗教造像，又送来人间生命的深切关照和眷恋。许多朋友从雪域回来，都说那是一片人间的净土，是把人的灵魂都洗得无比纯洁的地方。

唤一片白云裁成哈达，
皈依，
喜马拉雅山和青藏高原，
随你去经历圣洁奇丽的精神之旅程。
抑或燃起一盏烛火，
俯瞰地球之巅，
便重温了人类内心对生命极限的艰难求证。

后　记

离开那片魂牵梦绕的地方已经许多年了。辽阔的青藏高原不但是养育我的故乡，也是我精神皈依的所在。

每每接触到一件件散发着浓郁雪域气息的图片和文字，甚至听到人们谈起青藏高原，心中就涌起一种亲切而温暖的感觉，久久激动不已。许多往事在这个奇异而雄壮的大背景下缓缓展开：草原，雪山，黄昏下赶着牛羊欲归的牧人，青葱的针叶林下整齐的城市以及十分熟悉的笑容。我曾经从这里走过，生命中最初的那一段轨迹就留在了这里，一直支撑着我在风雨中顽强地跋涉，这是我一生的财富。虽然我至今未曾亲历喜马拉雅山探险，但这是我一生的梦想。

我十分想念青藏高原，十分景仰喜马拉雅山。

在这本小书的写作过程中，我参考了大量中外科学家、探险家以及文学家们的研究成果和作品，在此表示敬意和感谢。因为有了他们的艰难开拓和剑履相及的实践，方使许多奇险被征服，许多奥秘被揭开，使人类自信和胜利的旗帜飘扬在生命极限之上。他们是人类的代表和精英，也是人类的骄傲。

十分感谢邵迅老师、王洪胜先生的悉心指导，还有我的同事和朋友们，他们提供了大量的资料及许多建设性的意见，在此表示感谢。

《契丹国志》《大金国志》校点后记*

《契丹国志》27卷，又称《辽志》或《契丹志》，旧题宋叶礼撰，是目前除官修《辽史》之外，仅存的记述辽代218年历史较有系统的纪传体史学著作。

作者叶隆礼，字士则，号渔林，嘉兴人，宋理宗淳祐七年进士。10年10月，以承奉郎任建康西厅通判。12年10月改除国子监簿。开庆元年10月调两浙转运判官，再以两浙转运判官兼知临安府，转朝奉大夫。景定元年除军器监，兼职如故，不久直宝文阁、知绍兴府，宋末谪居袁州，入元后隐迹无考。

本书不见于陈振孙《直斋书录题解》及《宋史・艺文志》，元袁桷《清荣集》卷41有《修辽金宋史搜访遗书条例事状》，所列遗书凡140余种，亦不见此书。然元苏天爵《滋溪文摘》卷25《三史质疑》已论及此书，《千顷堂书目》卷三亦有著录，且注为元人叶隆礼撰。或以为叶氏入元之后整理刊行，始公诸于世。

本书多为撮录司马光《资治通鉴》、李焘《续资治通鉴长编》、薛居正《旧五代史》、欧阳修《新五代史》，以及徐梦莘《三朝北盟会编》、洪皓《松汉记闻》、武圭《燕北杂记》《契丹疆

* 本文选自《二十五别史：契丹国志　大金国志》，李西宁点校，齐鲁书社，2000年。

字》等书而成。而这些书，至今有的尚有节本，有的已全部散佚，皆因《契丹国志》存，校勘拾遗，有补于辽代历史的研究，功不可掩。更重要的是其比官修之《辽史》还早约百年，又是《辽史》资料的重要来源，可补证《辽史》之阙误，或溯其渊源皆具有一定意义。

《契丹国志》版本，现存者以北京图书馆藏黄丕烈跋元刻本为最古。士礼居藏元刻先后两部，皆残本：一得之鲍渌饮，以述古堂藏曹彬侯手抄本补，后归铁琴铜剑楼；一易之试饮堂顾氏，亦以抄本补配并手校。另有清乾隆五十八年承恩堂刊本，嘉庆二年长沙席氏扫叶山房刻《四朝别史》本，系出《四库全书》，与元本及抄本不同，不惟删去胡安国说及上方小字标目，文中触目字样亦经改易。民国22年文殿阁据席本排印《国学文库》本，以席本流传最广，另有一些明、清的抄本。长洲章钰以海丰吴氏藏汪士钟艺芸精舍影抄元刻本，及扫叶山房本手校一过。我们这次以黄丕烈本为底本，删去小字标目，参校其他抄、刻本进行整理。

凡底本误说衍乱之处，统一以（　）标示误衍之字，以[　]出其正补文字，已存其真。原书目录与内文不全相应者，一仍其旧，囿于水平，谬误之处，尚祈读者教正。

《大金国志》40卷，又称《金国志》，是一部系统记载女真族建立金国始末的史书，最后成书约在元代中期。旧本题淮西归正人宇文懋昭撰，宇文懋昭，生平事迹无考。并存宋理宗端平元年（1234）进书表一通，称“偷生淮浦，窃禄金朝”。

《大金国志》由于全书对宋、元、金的称谓不同，加之所引称之书及史实有晚于宋端平元年的，故后人多疑为伪作，或经后人窜改。经今人考证，从时间上看，金海陵帝南伐的正陵六年（1161）是元书帝纪的结束，而卷16至26，文笔伪劣，显系入元之后续作。

本书成书要早于官修的《金史》，而且亦为《金史》之外唯一的系统金代史书，是研究金史必不可缺少的基本史料。从卷1至15的帝纪，写法有纲有目，条分缕析，简单明了地勾勒了金朝40多年的历史。其中迁都燕京之决策、宫阙制度、职官舆服、杂色仪制等皆详载无遗，可与《金史》相参照，对了解金朝的典章发展具有重要价值。本书在校勘方面的价值也不可低估，如汇录有关张邦昌、刘豫所建楚、齐政权的若干资料，辑录部分宋金往来誓书，于《三朝北盟会编》相校可补齐阙漏。至于本书撮抄宋元群书，不少今已散佚，皆赖此以存世。

本书版本现存最早的是三个抄本：罗振玉藏读画斋本，海堂吴氏藏五砚楼本，傅增湘藏天一阁本。其共同之处是皆有小字记事标目，有三个附录，与《契丹国志》相同的另一点，就是本书扫叶山房本，亦源于中秘阁本，违碍字样亦多删改，无天头标目。罗振玉、傅增湘皆以所藏扫叶山房本校勘，长洲章钰以天一阁本、五砚楼本及海堂吴氏藏11行22字旧抄本（有小字标目）三本统校席氏扫叶山房本，用力甚勤，我们取为底本。

本书校点过程中，我们参考了其他校本，对于底本讹误脱衍处，以（　）出其误衍，以［　］出其正补内容，其余一仍其旧，不敢臆改。囿于水平，错谬难免，仰祈读者郢正。

后 记

年初适逢去北京参加会议，遇见契阔已久的老朋友晓明兄，告知上海图书馆《图书馆杂志》社和上海科学技术文献出版社邀约出版自选文集一事，心下颇多感谢，亦多惶恐。

时间过得真快，在匆匆的叹息中，转瞬我从事图书馆工作已近30年，人也将进入知天命之时了。我庆幸生活在一个变革激荡、速疾多元的时代，那些年，那些事，那些人都陪伴我一起生长着，已经与我的生命和事业融为一体，成就了我个人多彩的生命经历和图书馆蓬勃的发展进程，也许回顾反思是对他们的致敬和感谢，而检点零星篇什，不揣略陈固陋，也是对过往似水流年的总结和回报。在整理文稿过程中，心里感思不可名状，一路走来，伴随着或喜或悲，或苦或甜，或满意或遗憾，或痛心或微笑，都淹没在文字里看不见踪影，但细心读也许可以感觉得到。本书共分三部分：一是以《风》为引，“如切如磋，如琢如磨”，所言“实践研究”，记录了几个工作片段和思考，如文化共享工程、古籍保护、书院建设这些在全国领一时之先的工作，浸透了全馆同仁的心血和不懈的追求。我总在想也许在风里，在大时代社会中，人确乎只是一枝会思考的芦苇，迎着风雨而起伏，艰难困苦，玉汝于成，而愈见其坚韧，见证其成长。二是以《雅》为题，“它山之石，可以攻玉”，所言“善本故实”，收录了部分探讨文献古籍方面的文字，书眉碎语，敝帚自珍，虽匆忙亦未敢忘学。也许雅就是一种态度，而高雅的东西怎么说也不会俗到哪里去。三是以《颂》为名，“济济多士，秉文之德”，所言“纪念序跋”，撷录了我的几本小书的序跋，以及回忆前贤的文字。我们走到今天无不承享前人的恩泽，赞颂先贤歌声中，我们也看见自己高贵的灵魂，而这些都是想借《诗经》结构来铺陈图书馆和图书馆人与文化艺术亲近相通的旨趣，图书馆不缺乏美，图书馆本身就是积淀的艺术。

我相信图书馆每本书都会找到他的读者，而每个出现在我们生命中的人都有理由。想起读过的书，遇见的人，我心里无比安静而温暖，亲人师长，朋友同仁，读者等等，在对他们的记忆中保存着我的人生温度和幸福故事。感谢王运堂、赵炳武两位馆长在我工作研究中给予的关心和支持，我最初撰写的几篇文章多是在他们指导下完成的；感谢我的老师鲍思陶先生、陈炎先生、徐超先生，他们严谨认真的治学精神，奠定了我研究学习的基础；尤其感谢王余光教授百忙之中赐序，为本书增色，颇多鼓励，他的鞭策是我以后努力前进的目标。

喜欢读书，喜爱图书馆，“寂寞书眉别字香”喜欢这句诗，念给大家听，有机会请告诉我你的感受，看看和我理解的是不是一样。另外，囿于学识水平等局限，一定存在许多错误缺陷，还请方家不吝赐教。

李西宁记于奎虚书藏